Klaus Beck
Till Büser
Christiane Schubert
Mediengenerationen

Klaus Beck
Till Büser
Christiane Schubert

Mediengenerationen

Biografische und kollektivbiografische Muster des Medienhandelns

UVK Verlagsgesellschaft Konstanz · München

Mit freundlicher Unterstützung der Deutschen Forschungsgemeinschaft.

Bibliografische Information der Deutschen Nationalbibliothek
Die Deutsche Nationalbibliothek verzeichnet diese Publikation in der Deutschen Nationalbibliografie; detaillierte bibliografische Daten sind im Internet über http://dnb.d-nb.de abrufbar.

ISBN 978-3-86764-575-1 (Print)
ISBN 978-3-86496-801-3 (EPUB)
ISBN 978-3-86496-802-0 (EPDF)

Einband: Susanne Fuellhaas, Konstanz
Satz: Daniel Gräßer, Simon Lübke, Berlin
Printed in Germany

UVK Verlagsgesellschaft mbH
Schützenstr. 24 · 78462 Konstanz · Deutschland
Tel.: 07531-9053-0 · Fax: 07531-9053-98
www.uvk.de

Inhalt

Einleitung

Gerade in Zeiten des von vielen Zeitgenossen[1] als rasant oder revolutionär empfundenen Wandels taucht der Topos Generation regelmäßig auf und prägt die öffentliche Debatte wie den fachlichen Diskurs. Generation erscheint als probates Mittel der Erklärung dafür, dass man sich selbst als anders – vielleicht als Avantgarde, vielleicht als vom Wandel abgehängt – betrachtet und nun andere, die Nachfolgenden, die »junge Generation« das Ruder übernommen hat und das Sagen hat. Generation mag nicht nur eine vermeintliche Erklärung für eine Andersartigkeit bieten, sie kann auch entlastend wirken. Wenn andere ohnehin »das Sagen« haben, dann muss man auch nicht mehr mitreden. Wenn man sich selbst zu denen rechnet, die wissen wo es jetzt und künftig langgeht, dann muss man vielleicht auch keine Rücksicht mehr auf die »Ewig-Gestrigen« und »Nostalgiker« nehmen.

In einer Gesellschaft, die in hohem Maße medialisiert kommuniziert, spielt der Medienwandel eine herausgehobene Rolle. Von daher kann es kaum verwundern, dass auch in dieser Debatte der Generationen-Topos auftaucht und eine sich beschleunigende Konjunktur verzeichnen kann: Immer rascher lösen sich angeblich nicht nur die Hard- und Software-»Generationen« ab, ohne dass man jede neue Version wirklich zurecht als Fortschritt preisen müsste. Auch die Nutzer werden in immer rascher aufeinander folgende Generationen eingeteilt (vgl. Kap. 1.1), so als ob dies schon eine *Erklärung* von unterschiedlichen Medienpraktiken und Einstellungen zu den Medien darstellen würde. Die verschiedenen »Mediengenerationen« werden in konzertierter Aktion von Journalisten, Trend- und Marktforschern als Fernsehgeneration, Internet-, Smartphone-, Facebook-Generation etc. proklamiert, obwohl solche Ansätze einer soliden sozialwissenschaftlichen Fundierung entbehren. In der empirischen Forschung allerdings erscheinen Lebensalter, Geburtskohorte, Milieu und – meist unterdefiniert – Generation auf der Ebene aggregierter Individualdaten soweit miteinander konfundiert, dass offen bleibt, *ob es überhaupt Generationeneffekte in Bezug auf das Medienverhalten gibt. Und selbst wenn diese sich identifizieren und valide beschreiben ließen, wäre noch nicht geklärt,* was eigentlich wirkt, wenn das Generationen-Argument angeführt wird: Was meint »Generation als Ursache«? Meint Generation die bloße Zugehörigkeit zu einem Geburtsjahr-

---

[1] Aus Gründen der besseren Lesbarkeit verzichten wir nicht nur an dieser Stelle auf die »Zeitgenossinnen«, sondern verwenden durchgehend die maskuline grammatische Form, wenn es nicht ausdrücklich um konkrete Personen weiblichen Geschlechts (unserer Befragten) geht. Das von uns gewählte generische Maskulinum mag aus genderpolitischer Sicht nicht die beste Lösung sein, wir halten sie hier jedoch für die am besten verständliche.

gang? Dann wäre der Schritt zur astrologischen Bestimmung weiterer Details ein vielversprechender Weg. Nur: mit einer sozialwissenschaftlichen Erklärung, mit dem Verstehen unterschiedlichen Medienhandelns hat das nichts zu tun. Niemand, der sozialwissenschaftlich ernst genommen werden möchte, würde *soziale* Unterschiede am *biologischen* Geschlecht begründen. In der *Genderforschung* geht man zu recht von einer *sozialen* Geschlechterkonstruktion aus, die wirksam wird. Auch das (heutzutage: mehr oder weniger) natürliche Faktum eines Geburtszeitpunktes muss erst zu einer *sozialen* Tatsache werden, damit sich hierauf Erklärungen aufbauen lassen, denn auch die *Generationenforschung* bedarf sozialer Tatsachen als Grundlage.

Das Ziel unseres von der Deutschen Forschungsgemeinschaft (DFG) geförderten Vorhabens[2] bestand darin, mehr Licht in den »Mythos Mediengeneration« zu bringen, zumindest aber zu prüfen, ob sich ein kommunikationswissenschaftlich tragfähiger und sozialwissenschaftlich begründeter Mediengenerationenbegriff entwickeln lässt, der tatsächlich zum Verstehen einer erst noch nachzuweisenden Unterschiedlichkeit von Medienhandeln beitragen kann. Neben der grundlegenden Theoriearbeit an dem durch den Alltagsgebrauch ausgefransten Mediengenerationenbegriff ging es konkret darum zu klären, wie sich biografisch stabile Mediennutzungsmuster und -präferenzen auf der Individualebene (Mikroebene) und der kollektivbiografischen Generationenebene (Mesoebene) empirisch valide beschreiben lassen und welche Bedeutung diese beiden Ebenen oder deren Wechselspiel für die Beschreibung und das Verstehen von Medienhandeln aufweisen. Ein solches tiefergehendes Verständnis könnte den Ausgangspunkt für eine erklärende Prognose künftigen Medienhandelns sein und damit auch für die langfristige Einschätzung der Entwicklung von Medieninnovationen, Medienmärkten und des Mediensystems insgesamt (Makroebene).

Zentral war für unsere Studie daher die Frage, welche Rolle die jeweilige individuelle Lebensphase (Lebensalter, Lebenslauf) und welche Rolle die *kollektive Generationszugehörigkeit* für das aktuell gezeigte Medienhandeln spielen. Sozialtheoretisch steht dahinter nicht nur die Aufgabe, einen soliden Generationenbegriff zu entwickeln, was hier im Anschluss an die Überlegungen von Karl Mannheim versucht wird (vgl. Kap. 1.2), und zu klären, was »Medien« in diesem Kompositum eigentlich meint (vgl. Kap. 1.3). Mindestens genauso groß ist das Problem der Vermittlung von sozialer Mikro- und Mesoebene, die nicht als einseitige Determination und empirisch nicht durch einfache Aggregation von Individualdaten modelliert werden kann (vgl. Quandt/ Scheufele 2011). Es bedarf vielmehr einer sozialtheoretischen Grundlage, eines heuristischen Modells der

[2] DFG-Projekt „Mediengenerationen: Biographische und kollektivbiographische Muster als Determinanten des Medienhandelns vor dem Hintergrund des demographischen Wandels (Förderkennzeichen BE3534/2-1).

wechselseitigen Vermittlung von individualbiografischen und kollektivbiografisch-generationellen Prozessen. Grundsätzlich geeignet erscheinen hierfür handlungstheoretische bzw. wissenssoziologische und sozialkonstruktivistische Ansätze im Anschluss an Berger und Luckmann (1989), strukturationstheoretische Konzepte im Anschluss an Anthony Giddens oder der Habitus-Feld-Ansatz von Pierre Bourdieu, für den wir uns bei der Entwicklung eines heuristischen Modells entschieden haben. Bei der Explikation dieses Modells (Kap. 1.4) sollen unsere Grundannahmen und Ausgangsdefinitionen offen gelegt sowie die Anwendung Bourdieuscher Grundbegriffe wie Habitus, Kapital und Feld begründet werden. Zudem sollen unsere Forschungsfragen im Kontext des bisherigen kommunikations- und medienwissenschaftlichen Forschungsstandes formuliert werden.

Dabei geht es uns im Folgenden nicht um eine orthodoxe Interpretation des Werkes von Bourdieu und im Kern auch nicht um die Weiterentwicklung der Habitus-Feld-Theorie, sondern darum zu prüfen, ob und wie die Grundbegriffe auf unseren Erkenntnisgegenstand nutzbringend angewandt werden können und als wie tragfähig sie sich beim Verstehen und Erklären des Verhältnisses von individuellem und kollektivem (eventuell generationellem) Medienhandeln erweisen. Bourdieus Arbeiten und die seiner »Schüler« reichen als theoretische Grundlage für unser Modell nicht aus und müssen deshalb ergänzt werden: Dem Generationenbegriff wird bei Bourdieu nahezu gar keine und dem Lebenslauf (»sozialer Laufbahn«; »trajectoire«) nur eingeschränkte Aufmerksamkeit zuteil. Wir greifen deshalb ergänzend auf die soziologische Generationenforschung, insbesondere im Anschluss an Karl Mannheim, sowie die (medien)biografische Forschung zurück. In der Publizistik-, Kommunikations- und Medienwissenschaft wurde Bourdieu zwar von einigen Autoren adaptiert, vorwiegend jedoch im Feld der Journalismusforschung. Die von Bourdieu selbst bzw. seinen Schülern vorliegenden soziologischen Arbeiten mit Medienbezug sind hingegen breiter angelegt und befassen sich aus kultursoziologischer Sicht mit differenzieller Mediennutzung (Distinktionsfragen) und aus medienkritischer Sicht mit Kommerzialisierungs- und Machtfragen – bis hin zu Kampfschriften (»Über das Fernsehen«) von eher begrenzter kommunikationswissenschaftlicher Validität. Gleichwohl integrieren wir die vorliegenden Ansätze, wo dies möglich und sinnvoll erscheint, in unser theoretisches Konzept.

Der von uns eingeschlagene methodische Weg wird in Kap. 2 ausführlich dargestellt. Im Kern ging es um eine explorative qualitative Studie, die sich unterschiedlicher Methoden der Befragung bediente. Neben standardisierten schriftlichen Elementen standen ausführliche individuelle Leitfadengespräche mit medienbiografischem Fokus sowie verschiedene Formen von Gruppengesprächsrunden im Mittelpunkt. In dieser Studie ging es nicht um die Prüfung von Hypothesen, sondern um das Entdecken von Zusammenhängen sowie weiteren Aufschluss darüber, ob es sich bei dem Konstrukt Mediengeneration um ein sinnvolles Konstrukt handelt. Sinnvoll erscheinen sozialwissenschaftliche Konstrukte nur dann, wenn sie sowohl begrifflich klar gefasst und theoretisch wohl begründet sind, als auch empirisch operationalisierbar. Sie müssen zudem einen Erkenntnisgewinn auf der Grundlage theoretischer Erklärung und empirischer Beobachtungen bieten, wenn sie nicht rein intellektuelle Gedankenspiele bleiben sollen.

Welche Befunde und Zusammenhänge unser Konstrukt Mediengeneration liefert, beschreibt Kapitel vier ausführlich. Die Ergebnisse haben uns zunächst enttäuscht und dies dürfte auch vielen Lesern dieser Monografie ähnlich gehen. Gerne hätten wir ein perfektes Raster einer überschaubaren Zahl klar definierter Mediengenerationen in Deutschland geliefert, bei dem unstrittig ist, welche Faktoren die jeweilige Mediengeneration ausmachen und empirisch bestimmen, was die einzelnen Generationsvertreter geprägt hat und weshalb sie heute (und in Zukunft) auf ganz spezifischen Weise Medien nutzen. Alles das können wir nicht liefern!

Auf den zweiten Blick aber, und das sehen hoffentlich die meisten Leser ähnlich, ist der Gewinn dieser Studie auch nicht zu unterschätzen: Obwohl wir mit einem sehr sensiblen Sensorium auf die Suche nach generationellen Prägungen, Formen und Zusammenhängen von Medienhandeln und Mediendispositionen gegangen sind, bieten die empirischen Befunde nur sehr geringe Anhaltspunkte für das Wirken von so etwas wie »Mediengeneration«, ja sogar für die Möglichkeit auf der Grundlage nachprüfbarer Kriterien Mediengenerationen überhaupt zu unterscheiden. Das bedeutet selbstverständlich keine endgültige Falsifikation des Konzepts Mediengeneration, denn hierfür wären langfristige Panelstudien notwendig. Allerdings denken wir nach dieser Studie schon, dass es wenig sinnvoll sein dürfte, den Topos aus dem öffentlichen Diskurs und den Marketinghandbüchern der Medienindustrie in die Kommunikations- und Medienwissenschaft zu importieren. Wir können weder erkennen, wie sich Mediengenerationen sinnvoll bestimmen lassen sollten noch, was durch die Zugehörigkeit zu einer solchen Generation tatsächlich besser erklärt werden kann als durch medienbiografische und demografische Faktoren, wie sie in der Mediennutzungsforschung geläufig sind – auch wenn hier sicherlich noch Differenzierungsmöglichkeiten bestehen (vgl. Kap. 4).

Unser Forschungsprojekt zur Mediengeneration hat eine lange Vorgeschichte, in deren Verlauf wir vielfältige Anregungen und vielfache Unterstützung erhalten haben. Dafür sowie für die Förderung seitens der DFG und vor allem für praktische Hilfe im Projekt haben wir vielen Kolleginnen und Kollegen zu danken.

Stellvertretend für alle hilfreichen Kritiker und kritischen Helfer möchten wir hier einige nennen: An erster Stelle ist Dörte Hein zu nennen, die maßgeblich an der Erstellung des Antrages mitgearbeitet hat. In einem frühen Stadium haben Michael Meyen und Alexander Görke eine Antragsversion gelesen und wertvolle Hinweise gegeben. Unser Dank gilt auch den studentischen Codierern der Einzel- und Gruppeninterviews – ohne diese Kärrnerarbeit wäre das Projekt nicht durchführbar gewesen. Und last but not least gilt unser Dank Claudia Hübner, die uns von der manchmal kniffligen Verwaltungsarbeit des mehrfach umstrukturierten Projektes entlastet und uns vor Formfehlern jeder Art sicher bewahrt hat.

1 Theorie der Mediengeneration

1.1 Einleitung: Generation und Mediengeneration

In der Öffentlichkeit ist vielfach die Rede von bestimmten Mediengenerationen, die meist als Impulsgeber und Innovatoren verstanden werden: Der kanadische Trendforscher und erfolgreiche Buchautor Don Tapscott hat diesen Topos in seinen Monografien sogar wiederholt aufgegriffen, zunächst 1998 mit »Net Kids: Die digitale Generation erobert Wirtschaft und Gesellschaft«, und rund zehn Jahre später erneut mit »Grown Up Digital: How the Net Generation is Changing Your World.« In Deutschland legte Thomas Feibel vor 15 Jahren den alarmistischen Titel »Die Internet-Generation. Wie wir von unseren Computern gefressen werden« vor, Lempp hat 2011 mit der »Generation 2.0« nachgelegt. Bereits lange vor der Verbreitung der Onlinemedien hatten Mitte der 1980er-Jahre Matthias Horx die »Chip Generation« (1984) verkündet, und Claus Eurich vor der Zerstörung der Kindheit in der Generation der »Computerkinder« (1985) gewarnt. Auch das Fernsehen (vgl. Wüllenweber 1994) oder pauschaler die Medien (vgl. Hörisch 1997) mussten als »Generationenbildner« herhalten. Edmunds und Turner (2002: 117-118) schreiben recht undifferenziert und ganz im Sinne von McLuhans Global Village dem globalen Fernsehen, aber auch dem Telefon und den Onlinemedien generationenbildende Wirkung: »Global communication is creating global generations« (Edmunds/ Turner 2002: 114; 12). Sie definieren Generationen aber letztlich anhand traumatisierender Erlebnisse oder Medienerfahrungen wie dem Anschlag vom 11. September 2001. Horst Opaschowski hat die »Generation@« mit einer »Medienrevolution« und einem neuen »Zeitalter« assoziiert – eine typische Verknüpfung die ganz auf Disruption setzt (manchmal mit apokalyptischer Tönung) und Kontinuität im Wandel ausblendet. Auch die seit rund 15 Jahren geführte Debatte über Digital Natives vs. Digital Immigrants spielt mit dem wenig hinterfragten Bild eines Generationenbruchs (vgl. Prensky 2001). Die pädagogische Sorge um einen möglicherweise medial bedingten Generationenbruch trieb sogar den 16. Kongress der Deutschen Gesellschaft für Erziehungswissenschaft an (vgl. Gogolin/ Lenzen 1999).

Solche Beispiele ließen sich vermehren. Sprachlich gleichen manche der populären und populärwissenschaftlichen Schriften damit auffallend der Marketingrhetorik von Hard- und Softwareherstellern, tragen aber einer aus sozialwissenschaftlicher Sicht notwendigen differenzierten und reflektieren Verwendung des Generationenbegriffs (etwa in Abgrenzung zur Altersgruppe oder Geburtskohorte) kaum Rechnung. Unterstellt wird meistens, dass dieselben Medientechniken auf die *jüngere* Generation grundlegend *andere* Auswirkungen hätten als auf allen anderen ko-präsenten Generationen, dass diese Auswirkungen nahezu *homogen* die gesamte fragliche Generation erfassten und dass diese sich *bereits heute* klar identifizieren ließen. So ist dann die Rede davon, dass eine Generation kognitive Muster wie Multitasking, Networking oder Gaming ausprägt, weil das medientechnische Potential dies erleichtert. Eher selten wird die Überlegung angestellt, wie nachhaltig solche vermeintlichen Prägungen sein werden, ob es sich also um Altersgruppen- bzw. Lebensphaseneffekte handelt oder wirklich um generationelle (vgl. Aroldi 2011: 61-62).

Eine Mediengenerationentheorie, die wissenschaftlichen Kriterien gerecht würde, liegt bislang jedenfalls nicht vor: In der soziologischen Generationentheorie spielen die Medien keine nennenswerte Rolle, und umgekehrt ist »Generation« auch keine definierte Kategorie in der Medien- und der Kommunikationswissenschaft (vgl. auch Kübler 2012: 46-47). In der vorliegenden Fachliteratur wird der Topos Mediengeneration nur vereinzelt aufgegriffen: Bereits 1996 hat Peiser versucht, mithilfe einer Sekundäranalyse von kohortenbezogenen und aggregierten Mediennutzungs- und Medienbewertungsdaten zu klären, ob die sog. Fernsehgeneration tatsächlich existiert. Sein negativer Befund darf allerdings nicht überbewertet werden, weil der von Peiser verwendete Generationenbegriff unterkomplex ist: Als fragliche bzw. für das Konstrukt »Fernsehgeneration« relevante Gruppe werden die Geburtskohorten verstanden, die »mit dem Fernsehen aufgewachsen« sind (Peiser 1996: 14). De facto handelt es sich also um eine Kohorten- und keine Generationenstudie, denn nach weiteren Gemeinsamkeiten oder Binnendifferenzierungen wird schon deshalb nicht gefragt, weil die aggregierten Daten hierauf keine Antwort geben würden. Empirisch fallen beim Vorgehen Peisers, wie er selbst bemerkt, »die Dimensionen Altersgruppe und Geburtskohorte zusammen« (Peiser 1996: 11), sodass Lebensphaseneffekte und individualbiografische Faktoren oder Milieus nicht beobachtet werden können. Peiser fragt also weniger nach generationellen Mustern als den Nachweis zu führen, dass die Korrelation von Geburtskohorte und Fernsehdiffusion (den einzigen statistisch erfassten Gemeinsamkeiten der Individuen) nicht zur Erklärung besonderer Muster der Fernsehnutzung und -bewertung ausreicht. In einer späteren Publikation wird dies deutlicher, wenn Peiser von der »besondere[n] Bedeutung der Kohortensukzession für den sozialen Wandel« und einer höheren Innovationsbereitschaft »von jüngeren Menschen« (Peiser 1999: 486; 487) ausgehend auf die Diffusion von Medien (primär des Fernsehens) abstellt, und dabei weniger von medialen Erfahrungen und Prägungen einer Generation spricht. Peiser steht damit in der durch die demografische Forschung entwickelten Tradition der *quantitativen Kohortenforschung*. Deren Vorteil besteht, die Verfügbarkeit von Langzeitstudien vorausgesetzt, in der Möglichkeit die aggregierte Mediennutzung einer bestimmten Altersgruppe (z.B. der Teenager) über die Jahrzehnte hinweg oder die Mediennutzung unterschiedlicher Alterskohorten zu einem gegebenen Zeitpunkt zu vergleichen. Schwierig ist es allerdings, die Kohorten sinnvoll voneinander abzugrenzen oder die Dauer einer Kohorte (Umfang in Jahren) zu begründen. Aus generationensoziologischer Sicht ist die seit längerem verbreitete, eher pragmatisch motivierte Operationalisierung von Generationen als Kohorten allerdings zweifelhaft, weil Kohorten eine notwendige aber keine hinreichende Bedingung für Generationen sind (vgl. auch Schäffer 2009: 35-36; 40). So bemerkte Ryder (1965: 847):

> »The attractive simplicity of birth cohort membership as signified by age cannot conceal the ways in which this identification is cross-cut and attenuated by differentiation with respect to education, occupation, marital status, parity status, and so forth. Every birth cohort is heterogeneous.«

Daher plädiert er für eine deutliche Unterscheidung bei der Verwendung der Begriffe Kohorte (cohort) für eine bloß altersmäßig definierte Menge von Personen, und Generation (generation) für eine »temporal unit of kinship structure« (Ryder 1965: 853).

Kohli (2007: 48) hat hierzu bemerkt, dass die »Suche nach klaren Generationsformationen, die man an der kulturellen oder sozialstrukturellen Realität ablesen kann, ... nur in den seltensten Fällen Erfolg« verspricht. Bei der Suche nach Generationszusammenhängen »müßte [es] eher darum gehen, bereichs- und themenspezifische generationale Lagerungen zu identifizieren und ihre Überlagerung durch Lebenslaufstrukturen sowie ihre Reichweite im Hinblick auf spezifische soziale Gruppen zu klären. Mannheims bisher wenig ausgeschöpfter Begriff der ›Generationseinheiten‹ könnte dafür einen Ausgangspunkt bieten« (Kohli 2007: 49). An diesen Hinweis knüpfen wir im folgenden Kap. 1.2 auf der Grundlage sozialwissenschaftlicher Theorien an.

Das Kompositum »Mediengeneration« wirft aber noch eine zweite Definitionsfrage auf: So basiert Peisers »Fernsehgeneration« auf aggregierten Diffusionsdaten für Fernsehempfangsgeräte in den Haushalten und für die Fernsehnutzungsdauern (de facto also: Betriebsdauern eines Elektrogerätes). Präferenzen für bestimmte Formate und Narrative, komplexere Funktionszuschreibungen und Attribuierungen, habitualisierte Fernsehnutzungsformen, Medienrepertoires jenseits des Fernsehens u.v.a.m. lassen sich aus den vorliegenden Daten nicht erschließen. Der von Peiser ebenso wie in der öffentlichen Debatte über Mediengenerationen zugrunde gelegte Medienbegriff bezieht sich meist auf technische Medien (z.B. das Fernsehen oder gar noch apparatefixierter der Fernseher), seltener auf bestimmte Medienmarken (Facebook, Twitter), trägt aber in all diesen Fällen weder der kommunikationswissenschaftlichen Begriffsdifferenzierung noch der Komplexität des Medienhandelns im Alltag Rechnung. Generationelle Spezifika oder generationenspezifische Prägungen können grundsätzlich auf ganz unterschiedlichen Medien-Ebenen erfolgen: Es macht einen Unterschied, ob Menschen in ihren Verhaltensweisen, Handlungen und Einstellungen »vom Fernsehen«, vom »öffentlich-rechtlichen Fernsehprogramm« oder von konkreten Sendungen wie der »Tagesschau« oder dem »Tatort« geprägt werden. Nicht nur der Generationenbegriff (vgl. Kap. 1.2), auch der Medienbegriff ist also differenziert zu definieren (vgl. Kap. 1.3), wenn die Rede von Mediengenerationen überhaupt wissenschaftlich sinnvoll sein soll.

1.2 Generationentheorie

Der alltagssprachliche Begriff Generation weist eine doppelte Semantik auf: Zum einen bezeichnet er eine – mehr oder weniger gut abgrenzbare – Altersgruppe (mit einer kollektiven Identität und individueller *Mitgliedschaft)* oder gar einen kollektiven Akteur, zum anderen die *Hervorbringung* (das Generieren, Erzeugen) im genealogischen Sinne eines substantivierten Verbs (gr. »genesis«, lat. »generatio«). Das Konzept »Generation« setzt voraus, dass sich ihre Angehörigen *qualitativ* von den Angehörigen anderer Generationen unterscheiden, also eine *kollektive Identität* aufweisen und wahrscheinlich anders handeln oder sich verhalten als vorangehende oder nachfolgende Generationen. Die Differenzen zwischen den Generationen und ihre Abfolge – oftmals verbunden mit einer 30- oder 33-Jahresrhythmik – werden mitunter als Motor des sozialen Wandels oder gar revolutionärer Umbrüche vorgestellt.

In der Rede von Mediengenerationen vermischen sich mitunter die beiden Aspekte von Zugehörigkeit (Identität) und Hervorbringung, auch wenn die Implikationen recht unterschiedlich sind: Bringen (bestimmte neue) Medien tatsächlich (bestimmte neue) Geschlechter, also qualitativ von ihren Vorfahren (und Nachfahren) unterscheidbare Menschen hervor? Nach allem, was wir über Medienwirkungen wissen, scheiden Medien als kausale »Generatoren« (generatives Prinzip) von Mediengenerationen in einem solch emphatischen Sinne aus. Erweist sich ein solches Verständnis von Mediengenerationen aus kommunikationswissenschaftlicher Sicht im Unterschied zur populären Essayistik und Trendforschung rasch als überzogen, bleibt vor allem die schwächere, eher deskriptive Variante: Mediengenerationen wären demnach geprägt (aber nicht generiert) durch bestimmte Medien bzw. bestimmte Formen der Medienaneignung und des Medienhandelns. Es müssten sich also trotz individueller Varianz *kollektive Muster des Medienhandelns und der Medienbewertung* finden lassen.

Legt man die Systematik der Generationenkonzepte von Beate Fietze (2009: 52) zugrunde, dann ließen sich Mediengenerationen nach unserem Verständnis am ehesten als »historische Generationen« verstehen, freilich im »postheroischen« Sinn, nämlich weniger als kollektive soziale Akteure, sondern als altersabhängige »Interpretationsgemeinschaften.« Fietze nennt fünf weitere Generationenkonzepte:

- Generation im Sinne einer biologisch und kalendarisch bestimmten *Geburtskohorte* und Teil einer demografischen Struktur;
- Generation im Sinne von *Zeitgenossenschaft* aller gegenwärtig Lebenden, unabhängig von ihrem Lebensalter;
- *Abstammungsgenerationen* im Sinne familialer Generationenfolgen (Eltern – Kinder – Enkel…) oder ganzer Stämme und Völker;
- Generationen im Sinne von *Lebensalter*, entweder im schon aus der Antike bekannten 30-Jahre-Rhythmus oder als persönliche Lebensphasen;
- Generationen im Sinne von Altersgruppen und *Altersklassen*, bestehend aus den Individuen des mehr oder weniger selben Alters, die als Gruppe betrachtet werden.

Einige dieser Konzepte können sich partiell überlagern, denn Geburtskohorten können – wie Mannheim gezeigt hat (s.u.) – als notwendige, aber nicht hinreichende Bedingung für historische Generationen betrachtet werden, die sich wiederum in Familiengenerationen spiegeln *können* usw.

Peter Sloterdijk hat das Denken in Generationen als typisch moderne Erscheinung analysiert und dabei vor allem auf diskontinuierliche, ja disruptive Generationenkonzepte bzw. -programmatiken hingewiesen. Die aktuelle Generation wird dann als rein gegenwärtig, allenfalls noch begrenzt zukunftsbezogen definiert, während alle Herkünfte und Traditionen, seien sie historischer oder familialer Natur, »abgeschnitten« werden (vgl. Sloterdijk 2014: 441-444).

Eine solch »antigenealogische« Konzeption von Generation steht im Einklang mit der (aus unserer Sicht äußerst fragwürdigen) programmatischen Metapher permanenter medientechnischer Revolution: Der »Hiatus« (Sloterdijk), der einen völligen Neubeginn setzt, scheint aber kaum vereinbar mit der biografischen Lebenswelt, in der Medienhandeln stattfindet. Hier gibt es nahezu immer ein »Vorher«, das die Voraussetzung schafft für das »Jetzt.« Wir beziehen daher biografische und familienbezogene Faktoren der Mediensozialisation in unsere theoretischen Überlegungen wie unsere empirische Forschung ein.

Bereits Friederich Schlegel hatte in seinen literaturgeschichtlichen Überlegungen Generation als wichtigen Einflussfaktor des geistigen Schaffens eingeführt und war davon ausgegangen, dass der herrschende Geist einer Epoche Schriftsteller *vor allem in jungen Jahren prägen* und bestimmen (vgl. Weigel 2006: 129). Auch Wilhelm Dilthey hatte sich mit dem Generationsbegriff aus einer qualitativen Sicht beschäftigt. Zunächst sei Generation »die Bezeichnung für einen Zeitraum, und zwar ... eine von innen abmessende Vorstellung« (Dilthey 1964: 36), die von der Geburt etwa 30 Jahre umfasse und dann nahezu organisch (wie ein neuer Jahresring am Baum) durch die folgende Generation abgelöst werde. Generation ist aber auch »die Bezeichnung für ein Verhältnis der Gleichzeitigkeit von Individuen; diejenigen, welche gewissermaßen nebeneinander emporwuchsen, d.h. ein gemeinsames Kindesalter hatten« und zeitparallele Biografien. Dilthey bringt damit das Argument der Prägung durch gemeinsame Erlebnisse und Erfahrungen vor allem in einer frühen, empfänglichen Lebensphase ins Spiel, die ein »tieferes Verhältnis« und eine »Verknüpfung« der Personen einer Generation schaffe:

> »Diejenigen, welche in den Jahren der Empfänglichkeit dieselben leitenden Einwirkungen erfahren, machen zusammen eine Generation aus. So gefaßt, bildet eine Generation einen engeren Kreis von Individuen, welche durch Abhängigkeit von denselben großen Tatsachen und Veränderungen, wie sie in dem Zeitalter der Empfänglichkeit auftraten, trotz der Verschiedenheit hinzutretender Faktoren zu einem homogenen Ganzen verbunden sind« (Dilthey 1964: 37).

Was schafft neben dem gemeinsamen oder doch zeitlich parallelen Heranwachsen die Gemeinsamkeit, was bringt eine Generation hervor? Für Dilthey sind es der »Besitzstand der intellektuellen Kultur«, auf den eine solche Generation trifft, also das kulturelle Erbe, und der »Einfluß ... des umgebenden Lebens, gesellschaftlicher, politischer, mannigfach unterschiedlicher Kulturzustände, insbesondere neu hinzutretender intellektueller Tatsachen« (Dilthey 1964: 37). Mit den Überlegungen Diltheys halten *geistige und soziale Faktoren* Einzug in das Generationendenken; Generation unterscheidet sich damit grundlegend, und zwar qualitativ von der bloß quantitativ messbaren, und zudem schwer abgrenzbaren, Kohorte, die ein sozialstrukturelles Merkmal bleibt (vgl. auch Fietze 2009: 52).

An die explizit geisteswissenschaftlich-hermeneutische Sichtweise Diltheys knüpfte Karl Mannheim mit seinem Aufsatz an, der sich scharf vom Positivismus »französischer« Provenienz abgrenzt (Mannheim 1964: 514-516; vgl. auch Weigel 2006: 117). Generation ist für Mannheim wie für Dilthey keine natürliche, sondern eine *Mentalitätskategorie.* Während die positivistische quantitative Auffassung von Generation und Zeit sich am linearen Fortschrittsbegriff orientiere, so Mannheim (1964: 515), gehe es in der »deutsch-romantischen«

Perspektive um die »qualitativ erfaßbare innere Lebenszeit« (Mannheim 1964: 515-516). Es geht nicht um »eine mystische Zahlenarithmetik« geteilter Geburtsjahrgänge, sondern um *geteilte Erfahrung gleichzeitig aufwachsender Individuen,* die insbesondere in ihren *Jugendjahren* eine gesellschaftlich bestimmte Prägung durch ihre individuellen Erlebnisse und Erfahrungen erhalten (vgl. Mannheim 1964: 516, 536). Dies legt unserer Ansicht nach eine individual- und kollektivbiografische Forschungsstrategie nah, deren Ziel nicht in einer kohortenbezogenen »Lebens(ve)rlaufsforschung« besteht, »die mit Hilfe quantitativer Verfahren eine objektive Ereignisgeschichte … analysiert« (Fietze 2009: 58; vgl. hierzu Kap. 2). Die angeeigneten Erinnerungen (Erfahrungen aus zweiter Hand) und die im Lebenslauf selbsterworbenen Erinnerungen können grundsätzlich individuell in der Narration rekonstruiert und kommuniziert werden, während dies für den »Zeitgeist« oder andere Aggregate nicht gilt (vgl. Fietze 2009: 114-115).

Mannheim widerspricht denn auch den Vorstellungen eines alle Individuen prägenden »Zeitgeistes« oder einer quasi vorherbestimmten »Generationenentelechie«, ihm geht es vielmehr um die formalsoziologische Aufklärung derjenigen gesellschaftlichen Kräfte, die eine gemeinsame Erfahrung hervorbringen oder zumindest ermöglichen (vgl. Mannheim 1964: 523). In derselben chronologischen Zeit leben verschiedene Generationen und die »Generationsrhythmik« ist nicht »mit ein für allemal fixierbaren zeitlichen Intervallen« zu erfassen; er verwirft auch die verbreitetet 30-Jahres-Periodisierung, die intergenerationellem Zusammenleben und Interaktionen nicht gerecht wird (Mannheim 1964: 517, 521, 540).

Karl Mannheim begreift Generation als einen neuartigen soziologischen Zugang zur Erklärung vorhandener Kultur, und nicht im Sinne einer Fortschritts- oder gar Revolutionskonzeption als Erklärung für die Hervorbringung neuer Kultur(produkte) und einen kulturellen (bzw. medialen) Wandel (vgl. Mannheim 1964: 531). Er betont die Notwendigkeit des Tradierens und Übertragens »des erlebten Kulturgutes« zwischen den älteren und jüngeren, synchron zusammenlebenden Generationen. Die Weitergabe erfolgt dabei weniger durch gezielte und formalisierte pädagogische Programme und Maßnahmen als vielmehr durch ein »Einsickern«, es wird »unbewußt, ungewollt vererbt« und kommt zu einer »Milieuwirkung« (Mannheim 1964: 538).

Für Mannheim begründet die Zugehörigkeit von Individuen zu bestimmten Geburtsjahrgängen, also einer wie auch immer abzugrenzenden und kultur- bzw. sozialräumlich einzugrenzenden Kohorte, lediglich eine *Generationslagerung* und damit das Potenzial für eine *Generationszusammenhang* mit möglicherweise polaren, d.h. geistig-kulturell widersprüchlichen *Generationseinheiten*. Aus kultur- und wissenssoziologischer Sicht wird das Niveau einer »historischen Generation« (Fietze 2009) erst mit den beiden auf der Generationslagerung aufbauenden Phänomenen erreicht. In Anlehnung an Weigel (2006: 116) kann man die Dreiteilung Mannheims wie folgt auffassen:

Abb. 1: Differenzierung des Generationenbegriffs nach Karl Mannheim

Begriffsdimension	**Bezugsebene**	**Semantik**
Generationslagerung	vital (biologisch)	Geburt, Existenz
Generationszusammenhang	sozial	Handlung, Erlebnis
Generationseinheit	geistig	Verarbeitung, Bewertung

Generationslagerung wird verstanden als durch natürliche Faktoren wie Geburt und Lebenslauf vergleichbare »Lagerung im sozialen Raum«, ohne dass damit ein individuelles oder kollektives Generationenbewusstsein verbunden sein muss. Die Zeitgenossenschaft, »Gleichaltrigkeit« (Fietze 2009: 42) bzw. *zeitliche Nähe oder Parallelität der Lebensläufe* begründet wissenssoziologisch einen potenziell ähnlichen »Spielraum möglichen Geschehens« (Mannheim 1964: 528, 536) und – wie man mit Blick auf die Bourdieu'sche Vorstellung von Feld und Habitus ergänzen kann – des möglichen Verhaltens und Handelns, vor allem im Unterschied zu anderen Generationen:

> »Eine jede Lagerung schaltet also primär eine große Zahl der möglichen Arten und Weisen des Erlebens, Denkens, Fühlens und Handelns überhaupt aus und beschränkt den Spielraum des sich Auswirkens der Individualität auf bestimmte umgrenzte Möglichkeiten … im positiven Sinne eine Tendenz auf bestimmte Verhaltungs-, Gefühls- und Denkweisen« (Mannheim 1964: 528).

Eine Reduktion des Generationenbegriffs auf extern festgelegte, kalendarisch-zufällige Geburtskohorten greift daher zu kurz (vgl. auch Kohli 2007: 48), sogar für die Ebene der Generationslagerung. Mannheim (1964: 542) schreibt,

> »daß die bloß chronologische Gleichzeitigkeit nicht einmal dazu ausreicht, eine verwandte Generations*lagerung* zu konstituieren. Man muß im selben historisch-sozialen Raume – in derselben historischen Lebensgemeinschaft – zur selben Zeit geboren worden sein.«

Die Zugehörigkeit zu einer Generationslagerung beruht nicht auf einer konkreten Gemeinschaft interagierender Individuen, deren bewussten Entscheidung (»Kürwillen« oder freiwilliger Mitgliedschaft) oder der extern aufgezwungenen Erfahrung eines historischen Großereignisses (vgl. Mannheim 1964: 528, 536 sowie Jureit 2006: 25), sie ergibt sich vielmehr aus dem biologischen Geburtszufall. Dieser gilt Mannheim als notwendige, aber nicht hinreichende Bedingung, denn bereits für die »Generationslagerung« muss die vergleichbare sozialen Einbettung bzw. eine Position im selben sozialen Feld hinzukommen (vgl. Kap. 1.4.3). Mannheim spricht mit dem »gemeinsame[n] historisch-soziale[n] Lebensraum« (Mannheim 1964: 536) auch die topologische Nähe an, die eine Voraussetzung für soziale Interaktion und Kommunikation darstellt (vgl. Mannheim 1964: 542 sowie Schäffer 2003: 88). Die sozialräumliche Distanz muss dabei nicht unbedingt so groß wie im Beispiel Mannheims (zwischen China und Preußen) sein, die Unterschiede zwischen West- und Ostdeutschland erscheinen bereits relevant. Eine große Rolle spielen eine gemeinsame Perspektive im handlungstheoretischen Sinne Meads (vgl. Lüscher/ Liegle 2003: 57), *ähnliche Bewusstseinsschichtungen* und *Erlebnisschichtungen*: Mit dem ersten sind *kollektive Wahrnehmungs- und Denkformen* gemeint, mit dem zweiten eine *ähnliche biografische Abfolge* prägender Jugend- und späterer Erlebnisse. Damit erweist sich nach Mannheim die chronologische Nähe der Geburt oder des Lebensverlaufs als noch nicht einmal ausreichend zur Begründung eines Generationslagers als schwächste Form des Generationenphänomens. Zur zeitlichen muss die räumliche Nähe (aber keineswegs Gemeinschaft) kommen, die für Geburtskohorten nicht automatisch gegeben ist. Das »natürliche Weltbild« wird demnach durch die biografisch frühen Erlebnisse geprägt und behält eine »Prädominanz«, auch wenn diese ersten Eindrücke negativ bewertet werden (vgl. Mannheim 1964: 536-537) und als Folie der Distinktion im gesellschaftlichen oder familiären Generationenkontext dienen. Das soziale und – so unsere Annahme auch das mediale – (Um)feld und die (Medien-)Biografie werden damit zu wichtigen Kriterien bei der Beschreibung von Mediengenerationen. Konstitutiv dafür sind selbst aktiv erworbene Erinnerungen, und nicht die diskursiv und medial angeeigneten kollektiven Erinnerungen (vgl. Bohnsack/ Schäffer 2002: 253).

Generationeller Wandel einer Gesellschaft erfolgt nach Mannheim nicht disruptiv, sondern *kontinuierlich*. Das gilt auch für den Zusammenhang von Generation und Innovation, denn eine Generationslagerung muss sich keineswegs dadurch auszeichnen und unterscheiden, dass sie etwas völlig Neues als »Kulturträger« hervorbringt. Die »neuen Jahrgänge« zeichnen sich vielmehr oftmals durch einen »neuen Zugang« zum bereits Akkumulierten, durch einen »neuartige[n] Ansatz bei der Aneignung, Verarbeitung und Fortbildung des Vorhandenen« (Mannheim 1964: 531) aus. Die populäre Verknüpfung von »neuen Medien« mit einer »neuen Generation« ist folglich durch Mannheims Generationenbegriff keineswegs gedeckt. Die Analyse von Mediengenerationen muss stattdessen die spezifischen Formen der Aneignung, Nutzung und Bewertung von durchaus bereits vorhandenen Medien des gesellschaftlichen Medienrepertoires beschreiben (vgl. hierzu auch Jäckel 2010: 252).

Gleichzeitigkeit und Kontinuität der Generationen finden ihren Ausdruck im »steten Tradieren« von lebensweltlichem Wissen und »das Hineinwachsenlassen der neuen Generation in die ererbten Lebenshaltungen, Gefühlsgehalte, Einstellungen«, wie Mannheim (1964: 538) schreibt:

> »Das bewußt Gelehrte ist demgegenüber quantitativ und der Bedeutung nach von beschränktem Umfange. Alle jene Gehalte und Einstellungen, die in der neuen Lebenssituation unproblematisch weiterfunktionieren, die den Fonds des Lebens ausmachen, werden unbewußt, ungewollt vererbt, übertragen; sie sickern ein«, sind Teil einer ›Milieuwirkung‹.«

Die Tradierung lebensweltlichen praktischen Wissens kann als Vererbung von »kulturellem Kapital« (vgl. Jureit 2006: 28; Lüscher/ Liegle 2003: 173) bzw. medialem Kapital (vgl. Kap. 1.4.2) begriffen werden. Die soziokulturelle Vererbung wird von Lüscher und Liegle (2003: 158, 172) als aktiver Prozess des »Ererbens« verstanden. Ganz im Sinne von Goethes »Faust« muss dabei das von der Vorgängergeneration »Ererbte« von der Nachfolgegeneration aktiv »erworben« werden, um es zu besitzen.

Über eine Generationslagerung hinaus *kann* ein *Generationszusammenhang* nach Mannheim dann entstehen, wenn insbesondere in Phasen des raschen gesellschaftlichen Wandels »reale soziale und geistige Gehalte … eine reale Verbindung zwischen den in der Generationslagerung befindlichen Individuen stiften« (Mannheim 1964: 543). Damit ist ausdrücklich noch keine reale soziale Gruppe aus interagierenden Individuen gemeint (vgl. Mannheim 1964: 546-547), wohl aber eine Erfahrungsgemeinschaft, oder »Gleichartigkeit« im Unterschied zur bloßen »Gleichaltrigkeit« (Fietze 2009: 42), die über eine bloß positionale Nähe (wie bei der Generationslagerung) hinausgeht. Die soziale Nähe findet ihren Ausdruck und ihre Grundlage in *geteilten Werten, Wahrnehmungsweisen und Semantiken* (vgl. Mannheim 1964: 546-547). Die Hürden, die Mannheim für das Entstehen eines neuen distinkten Generationszusammenhangs im Sinne einer historischen Generation errichtet, sind hoch: Nur wenn alltägliche, selbstverständliche Lern- und Adaptionsprozesse nicht mehr ausreichen, um gesellschaftliche oder geistige Veränderungen erfolgreich zu bewältigen, entwickeln nachfolgende Generationslager einen eigenen Generationszusammenhang (vgl. Fietze 2009: 80-81). Entscheidend für die Entstehung von Generationszusammenhängen sind von den Individuen geteilte, *konjunktive Erfahrungen.* Diese beanspruchen intersubjektive, aber keine objektive Gültigkeit und Mitteilbarkeit, sie basieren auf sozialer Teilhabe am Erfahrungs- und Erlebnisprozess, auf der Gemeinschaft des Erlebens und Interpretierens. Mannheim (1980: 207) spricht von einem »Fond, der unser Weltbild ausmacht.« Sprachlich findet dies nach Mannheim seinen Ausdruck im Personalpronomen »wir« (vgl. Mannheim 1980: 214-226).

Innerhalb eines Generationenzusammenhangs *können* schließlich konkretere *Generationseinheiten* auftreten, die widersprüchlich oder gar antagonistisch denken, fühlen, handeln usw. Mannheim unterscheidet »führende«, »umgelenkte« und »unterdrückte« Typen von Generationseinheiten mit unterschiedlichem Einfluss auf den jeweiligen Zeitgeist der Epoche. Diese Generationseinheiten sind als »polare Form der geistigen und sozialen Auseinandersetzung« geprägt durch »weitgehende Verwandtschaft der Gehalte, die das Bewußtsein der einzelnen erfüllen« (Mannheim 1964: 544), erst sie können – im Gegensatz zu Generationslagerungen und -zusammenhängen – als »Erlebnisgemeinschaften« (Gries 2008: 236) verstanden werden.

1.3 Medien: Dispositiv, Format, Narrativ

1.3.1 Die Medien der Mediengeneration

Was genau meint »Medien« in den verschiedenen Beiträgen der Mediengenerations-Debatte? Und was könnten in einer empirischen Untersuchung Befragte unter den Medien verstehen, die sie individuell oder als Generation besonders geprägt haben? Die meisten Publikationen im Mediengenerationen-Diskurs thematisieren diese Fragen nicht explizit und halten den Medienbegriff offensichtlich für keiner weiteren Klärung über das alltagssprachliche Verständnis hinaus bedürftig. Implizit gehen sowohl die fachwissenschaftlichen Autoren, etwa Peiser mit der »*Fernseh*generation«, als auch die populäreren Autoren von einem primär technisch definierten Medium (Varianten der »Internet-Generation«) oder gar von einem Apparat bzw. Endgerät wie dem »Handy« aus. Das wird weder der Varianz alltagssprachlicher Verwendung des Medienbegriffs gerecht, noch der Komplexität der Medien. »Fernsehen« oder »World Wide Web« zeichnen sich ebenso wie die Printmedien durch eine Vielfalt von Inhalten aus, deren Rezeption durchaus einen Unterschied macht. Wie sinnvoll kann also die Rede von einer Fernsehgeneration sein, nur weil vergleichbare Fernsehempfangsgeräte in den meisten Wohnzimmern einer Geburtskohorte stehen, die Nutzungsdauern, -häufigkeiten sowie die Inhalte und deren Bedeutung für die Zuschauer aber völlig unterschiedlich sind. Um ein überzeichnetes Beispiel zu konstruieren: Wird der gelegentliche Arte-Nutzer mit einer wöchentlichen Nutzungsdauer von drei Stunden (selektiv, nur am Abend, ohne parallele Nebentätigkeiten) wirklich vom gleichen »Fernsehen« geprägt wie der Intensivnutzer mit nahezu vollständig tagesbegleitender Nutzung von RTL2? Auch diesseits solcher Karikaturen dürfte »Fernsehen« sich als deutlich zu grob geschnittene Kategorie für die Konstruktion von Mediengenerationen erweisen. Wir gehen davon aus, dass einige Befragte vielleicht »Fernsehen«, andere »Vorabendserien« und wieder andere eher einen bestimmten Serientitel wie »GZSZ« nennen werden, wenn man sie nach ihren persönlichen medialen Schlüsselerfahrungen oder nach solchen, die sie als »typisch für meine Generation« ansehen, fragt.

Technische Medien wie Mobiltelefonie oder das Internet beinhalten eine Vielzahl sehr unterschiedlicher Medien und Funktionalitäten, eröffnen hoch selektive und individuelle Aneignungs-, Gebrauchs- und Nutzungsformen. Die Nutzung des Handy als reines Sprachmedium im Not- oder Bedarfsfall bedeutet offenkundig etwas anderes als die permanente Fixierung auf das Smartphone-Display und die Nutzung von Ohrhörern und Freisprechmikrophon. Für die Vielfalt der Onlinemedien im Internet gilt, dass ein nicht unbedeutender Teil der Nutzer Chats, Blogs und Microblogs nicht einmal aus eigener Nutzung oder Anschauung kennt – sich also in einem ganz anderen »Internet« bewegt als andere Nutzer.

Zumindest die Vielfalt der Inhalte fällt einigen in der Mediengenerationendebatte auf. So weist Aroldi implizit auf die Notwendigkeit hin, verschiedene Ebenen und Funktionen von Medien zu unterscheiden: Zum einen seien sie als Alltagstechniken tief in unsere Lebensvollzüge eingebettet, zum anderen ergeben ihre fiktionalen wie faktischen Inhalte, »news, facts, imageries, characters, celebrities, emotions, rituals, icons, music and brands« eine »generational semantic« und ein Repertoire kollektiv geteilter Erinnerungen (vgl. u. zit. Aroldi 2011: 58).

Möchte man Mediengenerationen empirisch beschreiben, kommt man um eine Differenzierung des Medienbegriffs also nicht herum. Aus publizistik- und kommunikationswissenschaftlicher Sicht kann analytisch zwischen der technischen, semiotischen, organisatorischen und institutionellen Dimension von Medien unterschieden werden (vgl. Beck 2010: 85-89). Aus der Sicht der Nutzer hingegen dürfte eine andere Dimensionierung sinnvoll erscheinen, die dem lebensweltlichen Medienhandeln und den alltäglichen Medienerfahrungen stärker angemessen ist. Wir schlagen deshalb zur Erfassung und Beschreibung dieser Nutzersicht auf verschiedene Erlebnis- und Erfahrungsebenen von Medien eine Dreiteilung in *Mediendispositive, Medienformate und Mediennarrative* vor und werden bei unseren Auswertungen versuchen, die Auskünfte der Befragten entsprechend zuzuordnen.

1.3.2 Mediendispositive

»Dispositiv meint in der französischen Theorietradition, die maßgeblich durch Michel Foucault geprägt wurde, eine zweckbezogene »Vorrichtung« oder »materielle und ideelle Infrastruktur« für Diskurse. Als Beispiele werden ideelle Regulierungen wie Maßnahmenbündel, Regelwerke, Gesetze, Lehrsätze etc., also Institutionen, aber auch materialisierte Formen wie Artefakte, Gebäude usw. genannt (vgl. Bührmann/ Schneider 2008: 51-52). In den Worten Foucaults handelt es sich bei Dispositiven um

> »ein entschieden heterogenes Ensemble, das Diskurse, Institutionen, architekturale Einrichtungen, reglementierende Entscheidungen, Gesetze, administrative Maßnahmen, wissenschaftliche Aussagen, philosophische, moralische oder philanthropische Leitsätze, kur: Gesagtes ebensowohl wie Ungesagtes umfasst. (...) Das Dispositiv selbst ist das Netz, das zwischen diesen Elementen verknüpft werden kann« (Foucault 1978: 119-120).

Bedeutsam sind nicht nur die einzelnen Elemente oder ihre Summe, sondern ausschlaggebend sind die Anordnungen und Beziehungen, ihre »Formation« (Foucault), weil diese denn *Möglichkeitsraum für Praktiken* aufspannen. Dispositive *ergeben* sich aus den Praktiken, werden also ausgehandelt und *rahmen* ihrerseits Handlungen nach bestimmten Regeln und Möglichkeiten. Dispositive erlangen *formative Macht;* dabei wirken sie nicht einfach restriktiv, sondern produktiv in dem Sinne, dass sie selbst etwas hervorbringen. Foucault zählt zu diesen möglichen Hervorbringungen »vor allem bestimmte Subjektivitätsformen bzw. -typen« (Bührmann/ Schneider 2008: 54). Es geht hier nicht allein um individuelle Subjekte, sondern um Formen und Typen, also kollektive Phänomene, die je nach Dispositiv variieren. Dispositive selbst sind, wie Deleuze betont, dynamische mehrdimensionale Gebilde aus variablen Linien; sie sind veränderbar und unterliegen einem historischen Wandel (vgl. Deleuze 1991: 57).

Bührmann und Schneider (2008: 72-73) stellen eine Verbindung zu Mannheims Wissenssoziologie und zu seiner Generationentheorie her: Dispositive (und damit auch Mediendispositive) sind Teil des »Seins« (also der institutionellen und materiellen intersubjektiven Welt), die das Bewusstsein prägen. Die Erfahrung des Subjektes, die durch Dispositive ermöglicht und begrenzt werden, sind kollektive Erfahrungen und begründen einen *»konjunktiven Erfahrungsraum«* mit spezifischen generationellen Prägungen. Konjunktive Erfahrungsräume sind keineswegs deckungsgleich mit welthistorischen Ereigniszeiträumen oder Epochen und Schlüsselereignissen; dies gilt umso mehr für die »postheroischen Generationen« der ausdifferenzierten Nachkriegsgesellschaft (vgl. Jureit

2006: 96-103). Der konjunktive Erfahrungsraum ist der geteilte und verbindende soziale Raum der Lebenswelt, also des selbstverständlichen, primordialen, impliziten und a-theoretischen Alltagswissens sowie der geteilten Lebens- und damit auch Medienpraxis. Burkhard Schäffer (2002, 2003, 2009) hat für den medienbezogenen konjunktiven Erfahrungsraum den Begriff »*Medienpraxiskultur*« geprägt, mit dem »für die jeweiligen Kohorten in ihrer Jugendzeit eigenständige Muster, Formen und Stile des Handelns mit den zeitgeschichtlich zur Verfügung stehenden Medien« (Schäffer 2009: 42) beschrieben werden.

Mediendispositive werden deutlich enger gefasst als die Dispositive der Macht bei Foucault, doch der Neologismus eignet sich, um die »Formen von Handlungsspielräumen« (vgl. Leppa/ Krotz/ Hoklas 2014: 130) der an der jeweiligen Medienkommunikation beteiligten Akteure zu beschreiben. Mediendispositive bezeichnen strukturell (nicht unbedingt historisch) stabile Organisations- und Institutionalisierungsweisen von Medienkommunikation, die oftmals aufgrund der technischen und semiotischen Gestalt der Medien bestimmte typische Domestizierungs-, Selektions-, Nutzungs- und Rezeptionsweisen vorgeben bzw. nahelegen. Der zunächst von Foucault geprägte Dispositiv-Begriff wurde von Jean-Louis Baudry für das Kino als medientheoretische Kategorie eingeführt (vgl. Baudry 1975) und von Knut Hickethier für das Fernsehen ausgearbeitet.

Jean-Louis Baudry vergleicht das Kino mit Platons Höhlengleichnis und interpretiert das Kinodispositiv psychoanalytisch (Höhle=Kinosaal=Mutterleib; Leinwand=Traumleinwand=Mutterbrust; vgl. Baudry 2000: 391-399). Auch wenn man diese Sichtweise (wie die Verfasser dieser Publikation) nicht teilt, kann man am Beispiel des Kinos gut nachvollziehen, wie die Formation von technischen, architektonischen und sozialen Faktoren die Rezeptionssituation prägen: Der abgedunkelte Raum, die frontale Ausrichtung des kopräsenten Publikums, die »Fesselung« im Kinosessel (vgl. Baudry 2000: 386) machen Kinorezeption zu einer von der heimischen Fernsehrezeption desselben Films sehr verschiedenen Situation mit anderen Erlebnisqualitäten. Weitere ästhetische und soziale Faktoren des Kinobesuchs wären sicherlich zu ergänzen, um das Dispositiv Kino vollständig zu beschreiben. Gemeint ist aber, soviel wird klar, die Makroebene des Kinos, unter Absehung von konkreten Filmgenres, -themen, -stories etc.

Der Hinweis von Deleuze auf die Dynamik von Mediendispositiven und die sozialen Rahmungen als Teil des Mediendispositivs greift Knut Hickethier (1995) bei seinen Überlegungen zum Fernsehdispositiv auf. Es geht dabei nicht nur um historisch variable »Mensch-Apparat-Anordnungen des Fernsehens«, sondern umfassender auch die soziale Rahmung, die Institutionalisierung als Staats-fernsehen, öffentliche-rechtliches oder privat-kommerzielles Fernsehen und die entsprechenden Programme. Im Unterschied zum Kinodispositiv fehlt beim Fernsehdispositiv (zunehmend) der abgedunkelte Raum, die hochauflösende und großformatige Projektion, die unverrückbare Perspektive des zugewiesenen Platzes (»Fixierung der Zuschauer«) sowie die entsprechenden Kinokonventionen (keine störenden Nebenbeschäftigungen und -gespräche, kein ständiges Kommen und Gehen etc.). Das Fernsehdispositiv gleicht in mancherlei Hinsicht dem älteren Radiodispositiv (vgl. Hickethier 1995: 64-66), womit Hickethier bereits andeutet, dass der Dispositivbegriff auch für andere (von ihm nicht untersuchte) Medien Geltung beanspruchen kann.

Mediendispositive können als Machtstrukturen verstanden werden und unterscheiden sich demnach: Mit der Unterscheidung in primäre, sekundäre und tertiäre Medien (vgl. Pross 1972) bietet sich hier ein Anknüpfungspunkt. Die Systematik von Pross orientiert sich ja am zunehmenden technischen, ökonomischen und organisatorischen Ressourcenaufwand, der betrieben wird und einhergeht mit einem zunehmenden Machtgewinn der Vermittlungsapparate (worunter auch die organisatorischen Apparate fallen). Im Ergebnis erlauben primäre Medien mit einfachen Dispositiven ein hohes Maß an Selbstbestimmung, während Kino, Rundfunk und Onlinemedien als tertiäre Formen tendenziell ein hohes Maß an Fremdbestimmung in der Kommunikation verursachen, weil sich die Machtverhältnisse (Dispositive) verschoben haben. Dispositive determinieren aber die Subjekte bzw. Mediennutzer nicht vollständig (vgl. Hickethier 2002: 29), auch wenn avancierte tertiäre Medien im Spiel sind. Individuelle Mediennutzer verhalten sich kontingent im und zum Dispositiv, also weder beliebig noch gleichförmig. Die Annahme von Varianz gilt inter- wie intragenerationell: Kino oder Fernsehen oder Zeitung bedeutet nicht für alle dasselbe, zumal auch die Mediendispositive selbst regional und historisch variieren. Fernseh- und Radiodispositive erlauben größere Freiheitsgrade in der Gestaltung der Rezeptionssituation als das (auf sinnliche »Überwältigung« angelegte) Kino; bei den sekundären Printmedien sind diese nochmals größer.

Am Beispiel des Fernsehens verdeutlicht Hickethier, was unter »sozialer Rahmung« jenseits der konkreten Rezeptionssituation, aber diese durchaus grundlegend prägend, zu verstehen ist: Das Fernsehen ist (zumindest bislang noch überwiegend) ein zeitstrukturiertes und zeitstrukturierendes Programm-Medium, das einen endlosen Fluss inhaltlich unterschiedlicher, zeitlich genormter Elemente (im 15-Minuten-Raster) produziert (vgl. Beck 1994: 203-333), und hinter dem Fernsehorganisationen mit normativen oder kommerziellen Funktionsaufträgen stehen. Das Programm ist die »Innenseite des Dispositivs« und »bildet die Schnittstelle einer Mensch-Maschine-Anordnung, und es unterscheidet das Fernseh-Dispositiv von dem anderer Bildschirmmedien wie dem Computer« (Hickethier 1995: 76). Verallgemeinernd lässt sich festhalten:

»Mediendispositive entstehen aus dem Zusammenwirken von technischen Bedingungen, gesellschaftlichen Ordnungsvorstellungen, normativ-kulturellen Faktoren und mentalen Entsprechungen auf der Seite der Zuschauer/innen, die aus dem Akzeptieren solcher macht- und ordnungspolitischer Rahmenbedingungen, den kulturellen Konventionen und psychischen Gestimmtheiten und Erwartungen entstehen« (Hickethier 2007a: 20).

Zunächst einmal unabhängig von den Medieninhalten und -aussagen ist hiermit die zum Teil durch die Medientechnik vorgegebene Anordnung von Medium und Mensch bezeichnet (vgl. Hickethier 1991: 430-432). Bei den Mediendispositiven handelt es sich dementsprechend um den raum-zeitlichen »Schaltplan« auf der Ebene der Einzelmedien Buch, Zeitung, Zeitschrift, Hörfunk, Fernsehen sowie verschiedenen Onlinemedien. Während das Zeitungsdispositiv z.B. bestimmte Nutzungszeiten und -orte nahelegt, der Hörfunk meist auf »Tagesbegleitung« und Nebenbeinutzung angelegt ist, unterscheiden sich kollektive Kinoerfahrung im abgedunkelten öffentlichen Raum maßgeblich vom programmbasierten Fernsehdispositiv (Push-Modus des kontinuierlichen Programmflusses) in der Privatsphäre oder der selektiven Nutzung von Onlinemedien an unterschiedlichen Endgeräten und Orten. Hieran dürften sich im Nutzungsalltag konkrete Gewohnheiten oder gar Rituale knüpfen sowie spezifische Funktionszuschreibungen und Medienbewertungen.

1.3.3 Medienformate

Der Begriff des Formats ist vor allem im Hörfunk und im Fernsehen gebräuchlich, aber wissenschaftlich nicht klar definiert. In der Hörfunkpraxis werden damit Genres bezeichnet, die das Programm (die »Welle«) eines Veranstalters durch eine bestimmte Musikrichtung bzw. -mischung und typische Wortanteile sowie Tonalität und Höreransprache kennzeichnen, um damit bestimmte Zielgruppen zu erreichen. Klaus Goldhammer nennt sechs weit verbreitete musikbasierte (wie Adult Contemporary oder Melodie Radio) und drei typische wortbasierte Formate (wie Info-Radio), die den Großteil des Radiomarktes bestimmen. Radioformate resultieren praktisch vollständig aus dem strategischen Marketing kommerzieller Betreiber: Der »Sender« wird zum Markenartikel, dessen höchster Wert Wiedererkennbarkeit und Hörerbindung im Interesse der werbetreibenden Wirtschaft sind. Diese Orientierung an einer definierten Zielgruppe bestimmt die Programmelemente bis hin zu einer regelmäßigen Programmuhr (Struktur der Sendestunde bzw. des -tages) und computergenerierter Musikauswahl (vgl. Goldhammer 1995: 95-223). Formate sind also ästhetisch-formale und musikalische bzw. thematisch inhaltliche Vorgaben für den Sendeablauf und die Gestaltung des Programms. Es geht um kostensparende Serienproduktion und Wiedererkennbarkeit für die Hörer.

Beim Fernsehen bedeuten Formate ebenfalls ein Set von Gestaltungsregeln für ein bestimmtes Genres bzw. ein Konzept für eine Reihe oder Serie von Sendungen gleichen Typs. Fernsehformate bezeichnen

> »die unveränderlichen Elemente serieller Produktion, also ... alles, was einzelne Folgen als Episoden der Gesamtproduktion erkennbar macht. (...) Zu einem Format gehören neben dem zugrundeliegenden Konzept beispielsweise auch das Erscheinungsbild einer Produktion, Sendungsabläufe, optische und akustische Signale oder Logos und nicht zuletzt die Vermarktung« (Hallenberger 2002: 131).

Durch die feste Struktur und Form bei veränderlichem Inhalt unterscheidet sich das Format auch vom Genre-Begriff, der sich eher auf den Inhalt (Krimi, Serie, Nachrichten) bezieht und diesen variiert: »Geht es beim Genre um eine fortdauernde Variation eines oder mehrerer Grundmuster, so zielt das Format auf die strikte Einhaltung des vorgegebenen und vertraglich festgeschriebenen Musters« (Hickethier 2006: 127). Nach Göttlich (2006: 125) bezieht sich der Formatbegriff im Fernsehen auf Sendungen, die »einen fest vorgegebenen formalen Rahmen haben – angefangen bei den Logos bis hin zur Musik, dem Spielregelkatalog und der Internetpräsenz ... Dieser vorgegebene Rahmen unterscheidet sich von Genres dadurch, daß bei letzteren allein die Grundidee vorgezeichnet ist...« Auch Fernsehformaten liegt also eine ökonomische Intention zugrunde (vgl. Ottinger 2011: 187; Bucher et al. 2010: 20; Lünenborg 2006: 74). Insbesondere erweisen sie sich im internationalen Programmhandel als Vorteil, denn hier können dieselben Formate nahezu global vertrieben werden, aber in lokal adaptierten Formen (Inhalte, Themen, Personen). Konkret geht es um non-fiktionale Unterhaltungsformate wie Gameshows, Talkshows, Casting Shows, Informationsformate (z.B. Nachrichtenmagazine) und fiktionale Serienformate, z.B. Daily Soaps.

Im Rundfunk beschreiben Formate die Ebene der *regelhaften Gestaltung von Medienangeboten,* ihre *wiederkehrenden Elemente* und deren für ein Medienformat jeweils spezifische raumzeitliche *Kombination*, etwa als Rubriken (Spiegel der Ressortstruktur und -regeln) oder als Programm (Kombination von Elementen im Sendeablauf). Altheide und Snow wenden den Begriff »Media Formats« auch auf die Printmedien an. Sie definieren wie folgt:

> »Formats consist, in part, of how material is organized, the style in which it is presented, the focus or emphasis on particular characteristics of behaviour, and the grammar of media communication« (Altheide/ Snow 1979: 10).

Formate werden von den Mediennutzern aller Medien demnach aufgrund einer typischen Mediengrammatik, einer Machart und ihrer typischen Inhalte im Alltag leicht erkannt. Man muss die sich daran anschließende Medienwirkungstheorie von Altheide und Snow nicht in allen Aspekten teilen, aber die von ihnen genannten Merkmale lassen sich tatsächlich auch gut auf Kino, Print- und Onlinemedien übertragen. Gegenüber den aus der Literatur- und Kunstwissenschaft stammenden Begriffen Genre und Gattung hat der Format-Begriff aus unserer Sicht den Vorteil, dass Formate sehr stark an der einfachen Wiedererkennbarkeit durch Mediennutzer orientiert sind und in einer Befragung vermutlich konkreter benannt werden können.

Diese strikte Trennung nach formalen, inhaltlichen und funktionellen Aspekten, wie sie in der Filmwissenschaft oder auch der Inhaltsanalyse erfolgt, ist einer Untersuchung des Medienhandelns im Alltag aus Nutzersicht jedoch nicht zuträglich, denn sie erscheint sehr kleinteilig und erschwert die medienübergreifende Vergleichbarkeit. Formate oder Genres werden hier deswegen synonym genutzt, es geht um eine – auch nutzerseitig wiedererkennbare und mit Präferenzen bzw. Geschmacksurteilen belegte – Einordnung konkreter Medienangebote. Auf der medienanalytischen Ebene eignet sich der Format-Begriff gut für eine mediendispositivübergreifende Verwendung, da »er erstens Form, Funktions- und Inhaltsaspekte gleichermaßen umfasst und zweitens auf einer mittleren Ebene zwischen den Makrostrukturen eines Mediums [Dispositiv] und den Mikrostrukturen medialer Beiträge [Narrative] angesiedelt ist« (Bucher et al. 2010: 21).

1.3.4 Mediennarrative

Der Begriff Narrativ (lat. *narrare=erzählen)* stammt ursprünglich aus der Literaturwissenschaft bzw. der Erzähltheorie (Narratologie). Häufig gleichgesetzt mit dem Begriff Erzählung steht Narrativ für eine (erzählte) Abfolge von Ereignissen, die in einem zeitlichen Bezug (zueinander) stehen. Dabei wird zwischen der Handlungseinheiten (Plot/ Story) und dem Narrativ als der Darstellung der Geschichte unterschieden (vgl. Abbott 2002: 16). Im Unterschied zu einer bloßen verbalen, bildlichen oder sonstigen Beschreibung (Deskription) ist eine »Minimalbedingung der Narrativität ..., dass mindestens eine Veränderung eines Zustandes in einem gegebenem zeitlichen Moment dargestellt wird« (Schmid 2005:13). Narrative müssen keine »klassischen« wort-textgebundene Erzählungen sein, können ebenso auch in Form von Bild, Performance, Film etc. vorkommen (vgl. Hickethier 2007a: 106; Jahn 2005: N2.1.2 sowie grundlegend Barthes 1988: 102).

Mediennarrative bezeichnen auf der Mikroebene des hier verwendeten Medienbegriffs konkrete »Inhalte«, also »Erzählungen« seien sie fiktionaler oder non-fiktionaler, faktischer Natur (vgl. Jahn 2005: N2.2.2.). Bestandteile von Mediennarrationen sind reale oder fiktionale Ereignisse und Akteure (Protagonisten und Antagonisten, »Helden« etc.) mit bestimmten Eigenschaften, die Handlungen ausführen, Erfahrungen machen, Entwicklungen durchlaufen. Narrative können unterschiedliche semiotische Gestalt aufweisen, sich also aller mögliche Zeichentypen und deren Kombination bedienen: Steh- und Bewegbild, mit und ohne Ton, fotografisch oder in anderer, ggf. künstlerisch gestalteter Form. Auch bestimmte Bilder können »generationenprägend«, also identitätsstiftend (oder auch Generationseinheiten polarisierend) wirken, etwa Bildikonen von historisch-politischen Ereignissen, die für fiktionale oder faktische Narrationen stehen. Man denke etwa an das Foto des erschossenen Benno Ohnesorg, an die Aufnahmen vom Atombombenangriff auf Hiroshima oder markante Bild- und Videoikonen der Terroranschläge vom 11. September 2001 in New York (vgl. Jureit 2006: 93-95; Kraft/ Weishaupt 2009: 37).

Mediennarrative können genrespezifisch sein, aber auch crossmedial verwendet werden, so dass Narrative bestimmter »Heldenfiguren« in einer Vielzahl unterschiedlicher Formate verwendet werden.

Auf dieser konkreten Ebene können ebenfalls prägende biografische und ggf. kollektivbiografische, generationelle Erfahrungen erworben werden, die von den Teilnehmern unserer Studie erinnert werden könnten: Diese könnten sich nicht nur als »Fernsehgeneration« begreifen oder als Generation, in deren Jugend vielleicht Western das »angesagte Format« waren, sondern auch sehr viel konkreter als diejenigen, die »Bonanza« oder »Die Leute von der Shiloh-Ranch« verfolgt und darüber geredet haben.

Mediennarrative können auch crossmedial funktionieren, man denke an Märchen, »Asterix«- und Walt Disney-Stoffe, die als Comics, Zeichentrick- oder Realfilme und als Tonträger eine Rolle im Medienrepertoire von Kindern und Jugendlichen spielen. Ähnliches gilt für non-fiktionale Narrative, etwa die Mondlandung, die Maueröffnung oder den »11. September«. Gerade ökonomisch erfolgreiche oder politisch relevante, als »historisch« apostrophierte Narrative könnten damit besonders prägend auf eine etwaige Mediengeneration wirken. Bei den non-fiktionalen Mediennarrativen stellt sich allerdings das forschungslogische Problem, dass eine historische Generation (etwa die Zeitzeugen des Mauerfalls) das reale Ereignis – wenn auch medienvermittelt – etwa als »Wendegeneration« als prägend empfunden hat, aber deshalb nicht durch das

Mediennarrativ zu einer Generation geworden sein muss. Im Sinne unseres Konstruktes von »Mediengeneration« geht es aber um die prägende Kraft der Medien, und nicht um die von dahinter stehenden Objekten bzw. historischen Fakten der Berichterstattung. Im Vordergrund wird deshalb die Suche nach solchen Mediennarrativen stehen, die in der individuellen und kollektiven Medienbiografie als *spezifisch medial,* als Teil des Mediendiskurse erinnert und als prägend für habituelle Medienrezeptionsgewohnheiten, Fankulturen sowie die (medien)ästhetische Wahrnehmung bewertet werden (vgl. hierzu Müller-Funk 2008: 174).

Abb. 2: Differenzierung des Medienbegriffs

Ebene	**Begriff**	**Definition**	**Beispiel**
Makreobene	Mediendispositiv	semiotische und technische Grundstruktur, Organisations- und Institutionalisierungsweise, »Schaltplan« als Möglichkeits- und Wahrscheinlichkeitsraum für Medienaneignung und -nutzung	Buch Kinofilm Hörfunk Fernsehen World Wide Web
Mesoebene	Medienformat	Typ (Genre) der leicht wiedererkennbaren formalen Gestaltung und medialen Präsentationsform	Kriminalroman Fantasy-Film Fernsehnachrichten Doku Soap
Mikroebene	Mediennarrativ	verbale, visuelle oder andere Erzählungen von fiktionalen oder non-fiktionalen Ereignissen	»Asterix der Gallier« »Raumschiff Enterprise« »Der Mauerfall 1989«

In den medienbiografischen Interviews (vgl. Kap. 2) sollen alle drei Ebenen Berücksichtigung finden, wobei zunächst offen bleiben muss, ob individualbiografische Erinnerungen eher bei den Dispositiven (z.B. Fernseher als Möbelstück im Wohnzimmer), den Formaten (z.B. Samstagsabend-Show) oder den Narrativen (z.B. »Bonanza«, »Lassie« oder »Flipper«) ansetzen, und wo ggf. generationelle Gemeinsamkeiten – auch im kollektiv reflexions-, identitäts- und distinktionsstiftenden Sinne von Generationeneinheiten bzw. einem »Mediengenerationsbewusstsein« – zu beobachten sind. Letztlich entscheiden das die Befragten individuell bzw. in den Gruppengesprächen selbst, notwendig ist hierfür aber eine Begriffsdifferenzierung von »Medium« sowie ein entsprechend flexibles und sensibles Erhebungsinstrument.

1.4 Das Feld der Medien, mediales Kapital und medialer Habitus

1.4.1 Einleitung: mediale Strukturen und mediales Handeln

Wie eingangs skizziert unterstellen viele populäre Beiträge zur Frage der Mediengenerationen, dass Medien eine Generation hervorbringen. Zugespitzt wären also die (meist nicht weiter differenzierten) Medien die unabhängige Variable mit starken und eindeutigen Kausalwirkungen auf eine Generation oder gar deren individuelle Mitglieder, die quasi als Produkt dieser Medien entstehen. Die Medien oder bestimme Medien treten damit logisch an die Stelle welthistorischer Einschnitte (Kriege, Revolutionen), die historische Generationen traditionellerweise begründen. Den Medien wird eine überragende und disruptive Bedeutung beigemessen, die in einem Kontrast zum alltäglichen Gebrauch von Medien und ihrer differenzierten Aneignung stehen. Eine solche Sichtweise starker, womöglich deterministischer Medienwirkung auf individueller wie sozialer Ebene lässt sich kaum mit dem erreichten Stand der Medienwirkungsforschung vereinbaren.

Das Bild eines aktiven Rezipienten, der nicht nur auf mediale Stimuli reagiert, gehört seit rund einem halben Jahrhundert zum Kern unterschiedlicher motivationalen Ansätze der Kommunikations- und Medienforschung. Dies gilt grundsätzlich für die Forschungstradition des Uses-and-Gratifications-Approach, und stärker noch für den handlungstheoretisch fundierten Nutzenansatz, wie er von Teichert und Renckstorf entwickelt wurde. Der Uses-and-Gratifications-Approach setzt bekanntlich individuell bei den psychologisch zu verstehenden Bedürfnissen potentieller Mediennutzer an, ohne über eine Bedürfnistheorie zu verfügen (vgl. Teichert 1973: 361) oder soziale Kontexte zu thematisieren. Letztlich bestimmen die Bedürfnisse als unabhängige Variablen nach dieser Sichtweise die Mediennutzung als abhängige Variable, das »Handeln des Zuschauers ist in diesem Modell wie in der Forschungsperspektive des Wirkungsansatzes reaktiv: es ist abhängig von der Distribution bedürfnisrelevanter Informationen« (Teichert 1973: 363; vgl. zur Kritik individualpsychologischer Forschung auch Teichert 1972: 425). Deshalb schlagen Teichert und Renckstorf einen anderen Weg und eine soziologische Fundierung (Symbolischer Interaktionismus, Sozialkonstruktivismus) vor: Individuelles Medienhandeln wird als mit subjektiv gemeintem Sinn versehenes soziales Handeln aufgefasst, das ziel- und normorientiert ist. Aktive Mediennutzer interpretieren die mediale Kommunikationssituation einschließlich des aktuellen Medienangebotes als Kommunikationssituation an der (typisierte und generalisierte) andere beteiligt sind, die ihrerseits intentional handeln, also subjektiv gemeinten Sinn mit ihrer Handlung verbinden (vgl. Renckstorf 1973: 189): »Vom Rezipienten und dessen soziokulturellen Hintergrund hängt es ab, wie eine bestimmte Botschaft ... interpretiert, definiert wird. Erst seine Bedeutungszuweisungen machen die für ihn gültige Botschaft aus...«, und zwar in »relativer Unabhängigkeit« von den Kommunikatoren oder gar »objektiven Inhalten« (Renckstorf 1973: 90). »Rezipientenverhalten ist immer eingegliedert in umfassendere soziale Prozesse und unterliegt Bedingungen sozialer Systeme. Die Beziehung zwischen Zuschauer und dem jeweils aktuellen System ist durch Interdependenz gekennzeichnet« (Teichert 1972: 434).

Hier ist nicht der Ort für eine vertiefende Grundsatzdebatte über Medienwirkungs- und Mediennutzungstheorien. Vielmehr geht es uns darum, zu verdeutlichen von welchen Annahmen wir bezüglich der generationellen Prägung von Medienhandeln ausgehen. Dabei favorisieren wir den Nutzenansatz im Sinne von Teichert und Renckstorf, weil dieser weder von deterministischen Wirkungen der Medien (auf eine Generation) ausgeht noch von reaktiver Bedürfnisbefriedigung wie die Uses-and-Gratifications-Forschung. Im Nutzenansatz stehen weniger individuelle psychische Bedürfnisse (die keineswegs bestritten werden sollen) sondern sozialen Tatsachen und intentionales Handeln innerhalb gesellschaftlicher Strukturen im Mittelpunkt. Für die Frage nach den Mediengenerationen sehen wir hier die geeignetere Fundierung. Letztlich geht es darum, was genau wirkt eigentlich, wenn von »generationaler Prägung« die Rede ist. Das Datum der Geburt zur Ursache zu erheben, was – zugespitzt formuliert – die Logik des Kohortenansatzes wäre, erinnert mehr an Astrologie als an Sozialwissenschaft. Eine identische oder zumindest sehr ähnliche Bedürfnisstruktur und Motivationslage (oder gar das kollektive Unbewusste) zu unterstellen, die jeweils bestimmte Generationen spezifisch prägen, wie es der Uses-and-Gratifications-Approach nahe legt, erscheint uns wenig zielführend. Es bedarf offensichtlich *sozialer Vermittlungsprozesse,* die aus einer bloßen Generationslagerung einen Generationszusammenhang oder gar Generationseinheiten im Sinne Mannheims werden lässt. Ziel dieser Studie ist es daher, in Anlehnung an Mannheim nach einem *Mediengenerationsstil,* einer *geteilten »Medienpraxiskultur«* (vgl. Kap. 1.4.3) als Ergebnis von Medienhandeln im Sinne sozialer Interaktion einer Generation zu suchen, die Raum lässt für individuelle Varianz.

Wir gehen nicht von monokausal zu erklärenden Mediengenerationen aus: Soziale, hier mediale Strukturen mit den drei beschriebenen Dimensionen Dispositiv, Format und Narrativ bestimmen und verursachen individuelles wie kollektives Medienhandeln nicht. Umgekehrt findet dieses Medienhandeln nicht in einem soziokulturellen Vakuum statt, sondern in einem Möglichkeitsraum, der von den sozialen und medialen Strukturen (insbesondere den formativ wirkenden Mediendispositiven) umgrenzt und geordnet wird. Die soziologische Theorie bietet für dieses Vermittlungsproblem zwischen den Struktur- und Handlungsebenen oder der sozialen Makro- und der Mikroebene unterschiedliche Lösungsvorschläge an. Neben den derzeit prominenteren strukturations- oder systemtheoretischen Ansätzen zählt auch der Ansatz von Pierre Bourdieu hierzu, der uns aus einer Reihe von im Folgenden ausführlich dargestellten Gründen besonders geeignet erscheint (vgl. hierzu auch Beck/ Büser /Schubert 2013).

Bourdieu selbst hat keine Theorie der Mediennutzung oder gar der Mediengeneration vorgelegt, seine unmittelbar auf Medien und Journalismus bezogenen Beiträge, insbesondere zum Fernsehen, sind aus kommunikationswissenschaftlicher Sicht nicht sehr erhellend. Sein theoretisches Konzept und das hieraus resultierende begriffliche Instrumentarium können aber, so unsere These, nicht nur wie verbreitet auf das journalistische Feld angewendet werden, sondern auf ein *umfassenderes Feld der Medien.* Was Bourdieu unter Kapital, Habitus, Position und Feld versteht, und wie dies für die uns interessierende Frage nach den Mediengenerationen fruchtbar gemacht werden kann, ist beginnend mit dem Kapital-Begriff Gegenstand der Kapitel 2.4.2 bis 2.4.4. Die theoretischen und analytischen Vorteile der Übertragung bzw. Anwendung des Boudieuschen Habitus-Kapital-Konzepts im Rahmen unseres Projektes bestehen vor allem darin, dass individuelles Medienhandeln weder auf rational motivierte Nutzungsentscheidungen eingeengt, noch als bloße Reaktion auf ein objektiv vorhandenes Medienangebot interpretiert wird. Rational intendiertes Medienhandeln wird keineswegs ausgeschlossen, aber der Habitusbegriff bezieht auch unreflektiertes, im Lebenslauf habitualisiertes oder gelerntes, »inkorporiertes« Medienhandeln ein. Vergleichsweise dauerhafte Muster und Strukturen des Medienhandelns lassen sich nicht hinreichend situationistisch bzw. episodisch und allein selektions- und rezeptionspsychologisch erklären, der »Modus operandi« des Medienhandelns wird durch soziale Strukturen, die wiederum das Ergebnis von Handlungen sind (Opus operatum), nämlich sozialen Positionen im Feld und deren Genese erklärt (vgl. auch Meyen/ Pfaff-Rüdiger 2009: 19-21). Dabei übernehmen wir die These, dass der individuelle Habitus auch hinsichtlich seiner »Medienseite« an die Position im Feld, also die Sozialstruktur, gebunden ist. Im Falle unseres Projektes soll diese Position im Feld auch durch die Generationslagerung und ggf. eine Zugehörigkeit zu einem Generationszusammenhang beschrieben werden.

Der Begriff des Habitus ermöglicht eine Vermittlung verschiedener sozialer Ebenen und vermeidet einseitige Determinationshypothesen. Mithilfe des Habitus können medienbezogene kollektiv geteilte Handlungs-, Verhaltens-, Denk- und Bewertungsmuster aufgrund ähnlicher sozialer Positionen und biografischer Laufbahnen erklärt und möglicherweise als Generationenspezifika verstanden werden. Zugleich bietet der Habitus aber genügend Spielraum für das Verständnis individueller Variationen von Medienstilen, die auf individuelle medienbiografische Inkorporationen des Medienhabitus zurückgeführt werden können.

1.4.2 Kapital und mediales Kapital

Bourdieu beschreibt die Ressourcen individueller Akteure als Kapital, dessen Art und Höhe über die Handlungsmöglichkeiten in einem sozialen Feld entscheidet, und umgekehrt von der individuellen Position des Handelnden in diesem Feld abhängt. Es handelt sich um ein Konzept wechselseitiger Vermittlung zwischen Mikroebene (soziales Handeln) und Makroebene (Sozialstruktur), das wir im Folgenden auf die Mediennutzung übertragen und anwenden möchten.

Grundsätzlich unterscheidet Bourdieu zwischen *ökonomischen, sozialem und kulturellem Kapital* als Hauptkapital*sorten,* die untereinander begrenzt konvertibel sind und sich durch Transformationsarbeit in unterschiedlichem Maße ineinander umwandeln lassen: Soziales Kapital kann sich ökonomisch auszahlen und ökonomisches Kapital kann zum Erwerb von kulturellem Kapital (zum Beispiel formale Bildung, Kauf von Kunstwerken) eingesetzt werden.

Nur das *ökonomische Kapital* ist unmittelbar und direkt in Geld zu bemessen, es wird in Gestalt des Eigentumsrechts institutionalisiert. Ökonomisches Kapital ist für Bourdieu, ähnlich wie für Karl Marx, *ein* Schlüssel zum Verständnis bürgerlicher, kapitalistischer Gesellschaften, aber Bourdieu geht weiter. Er wählt den Kapital-Begriff, um drei Grundannahmen zum Ausdruck zu bringen, die sich anhand des ökonomischen Kapitals leicht nachvollziehen lassen: Erstens sind Ressourcen gesellschaftlich *ungleich* verteilt. Hieraus resultierenden Kämpfe um Profite und Regeln sowie Machtfragen. Zweites kann Kapital durch menschliche Arbeit, also den Aufwand von Zeit *akkumuliert* werden (vgl. Bourdieu 1983a: 183). Und drittens folgt aus der menschlichen Wertschöpfung von Kapital eine historische *Kontinuität* (Vererbung von Kapital) *und Veränderbarkeit* der Kapitalverhältnisse und -verteilungen (durch Arbeit, Tausch, Raub etc.), wobei die »Gewinne auf einem Gebiet notwendigerweise mit Kosten auf einem anderen Gebiet bezahlt werden« (Bourdieu 1983a: 196).

Bourdieu argumentiert aber nicht ökonomistisch und verkürzt die Logik des Handelns auch nicht auf die zweckrationale Nutzenmaximierung im Sinne wirtschaftlichen Eigennutzes. Das ökonomische Kapital liegt zwar »einerseits allen anderen Kapitalarten zugrunde,« aber andererseits lassen sich diese niemals vollständig auf das ökonomische Kapital zurückführen, »weil sie ihre spezifischen Wirkungen überhaupt nur in dem Maße hervorbringen können, wie sie verbergen ..., daß das ökonomische Kapital ihnen zugrundeliegt und insofern, wenn auch nur in letzter Instanz, ihre Wirkungen bestimmt« (Bourdieu 1983a: 196).

Soziales Kapital wird durch Beziehungsarbeit akkumuliert und bezeichnet

> »die Gesamtheit der aktuellen und potentiellen Ressourcen, die mit dem Besitz eines dauerhaften Netzes von mehr oder weniger institutionalisierten *Beziehungen* gegenseitigen Kennens oder Anerkennens verbunden sind; oder, anders ausgedrückt, es handelt sich dabei um Ressourcen, die auf der *Zugehörigkeit zu einer Gruppe* beruhen« (Bourdieu 1983a: 190-191).

In Gestalt des guten Familiennamens kann Sozialkapital auch institutionalisiert werden, so dass Träger des Namens einen Vertrauensvorschuss bzw. -kredit genießen.

Kulturelles Kapital wird wie alle anderen Kapitalsorten durch menschliche Arbeitszeit im Lebenslauf akkumuliert und ist begrenzt konvertibel. Es kann sich aus inkorporiertem, objektivierten und institutionalisierten *Formen* zusammensetzen: Unmittelbar mit der Investition von (Lern-, Produktions-, Rezeptions-) Zeit verbunden und nur in Persona möglich ist die *Inkorporation* von kulturellem Kapital, nämlich durch Lern- und Bildungsprozesse. Diese Akkumulations- und Inkorporationsprozesse können nicht delegiert und auch durch den Einsatz anderer Kapitalsorten nicht beliebig beschleunigt oder vereinfacht werden, weil sie an den Körper des Akteurs gebunden sind und *Teil seines Habitus* werden. Kulturelles Kapital im *objektivierten* Zustand bezeichnet Kulturgüter und Kunstwerke in materieller Form, aber auch Theorien, Kritiken, Problematiken, Ideen, sofern diese materiell bzw. medial als Artefakte mit Eigentums- oder Nutzungsrechten übertragbar sind. Die *Institutionalisierung* von kulturellem Kapital erfolgt insbesondere durch formale Bildungstitel und -abschlüsse, wie sie von den Bildungsinstitutionen vergeben werden. Kulturelles Kapital in Gestalt persönlicher, inkorporierter Kompetenzen wird hierdurch objektiviert und standardisiert, die formalen Bildungstitel sind sehr viel leichter in soziales und vor allem ökonomisches Kapital konvertierbar, weil sie den Zugang zu bestimmten Berufen und Erwerbsmöglichkeiten eröffnen.

Umgekehrt setzt ihr Erwerb mitunter die Investition ökonomischen Kapitals (Schul- und Studiengebühren, Kauf objektivierten kulturellen Kapitals etc.) voraus (vgl. Bourdieu 1983a: 185-190).

Jenseits der drei Hauptkapitalsorten verwendet Bourdieu den Begriff des *symbolischen Kapitals,* der in der Literatur unterschiedlich verstanden und verwendet wird: Oft wird er nahezu synonym mit Reputation, Ansehen, Prestige usw. verwendet und wäre damit sehr nahe am sozialen Kapital (vgl. Fröhlich 1994: 37). In Bourdieus Ausführungen zum ökonomischen Kapital gelten beispielsweise in ähnlicher Weise Bekanntheit und Image von Marken sowie Markentreue als symbolisches Kapital – zumindest innerhalb des ökonomischen Feldes (vgl. Bourdieu 1998c: 174-178). In einer ausführlicheren Erörterung hingegen wird deutlich, dass symbolisches Kapital keine Kapital*sorte,* sondern eine *Funktion bzw. »Form« des Kapitals* ist, die ökonomisches, kulturelles oder soziales Kapital annehmen *können, wenn* sie als ausschlaggebend, Herrschaft legitimierend, als Trumpf im Spiel anerkannt werden und zugleich die Willkür ihrer Akkumulation und ihres Besitzes verkannt wird. Eine Kapitalsorte wird zum symbolischen Kapital, wenn sie *symbolische Macht* erhält, die darauf beruht, dass die Legitimität, Zufälligkeit etc. des Erwerbs gar nicht mehr hinterfragt werden; sie gilt selbstverständlich und sichert so Herrschaft (vgl. Bourdieu/ Wacquant 1996: 151; Willems 2007: 224).

Weil Bourdieu sein Kapital-Konzept vor allem als »generatives Schema« (vgl. Bourdieu 2001a: 283-285) und analytisches Instrumentarium (und nicht als Grundbegriff einer systematischen Theorie) versteht (vgl. Schwingel 1995: 94-95), werden die Hauptkapitalsorten jeweils forschungspragmatisch ergänzt um *spezifische Kapitalsorten* spezieller Felder bzw. Unterfelder (z. B. politisches Kapital, vgl. Bourdieu 2001; auch technisches, juristisches, wissenschaftliches, literarisches Kapital etc., vgl. Bourdieu 1998b: 174-175, 178 sowie Fuchs-Heinritz/ König 2005: 157-171). Bourdieus Bezeichnung des kulturellen Kapitals als »Informationskapital« (vgl. Bourdieu/ Wacquant 1996: 151) oder das speziellere linguistische Kapital (vgl. Fuchs-Heinritz/ König 2005: 157-171) sowie das »journalistische Kapital« (Meyen/ Riesmeyer 2009: 31-35) verweisen auf die *Möglichkeit, das Kapitalkonzept analog und feldspezifisch auf Medien anzuwenden.*

Patrick Champagne hat denn auch im Anschluss an Bourdieu den Begriff *Medienkapital (capital médiatique)* eingeführt und damit das Vermögen von Akteuren oder Gruppen bezeichnet, mediale Aufmerksamkeit auf sich zu ziehen, Öffentlichkeit für sich und die eigenen Belange herzustellen und auf die journalistische Berichterstattung Einfluss zu nehmen (vgl. Champagne 1990, 236ff.; Couldry 2003: 662). Es geht dabei entweder um persönliche Medienpräsenz oder um »Kommunikationsrepräsentanz« in dem Sinne, dass die eigenen Themen, Interessen und Positionen in den publizistischen Medien (re-)präsentiert werden. Dies muss nicht allein die politischen oder gesellschaftlichen Anliegen betreffen, die im Journalismus bearbeitet werden (vgl. Wagner 1978), es geht auch um die

Repräsentanz von Lebenslagen, ästhetischen Präferenzen (»Geschmack«), Lebensstilen, Moden etc.

Nick Couldry (2003) hat aus der Perspektive der Medienwirkungsforschung den Vorschlag gemacht, Medienkapital als »Meta-Kapital« zu begreifen, das als symbolisches Kapital in allen sozialen Feldern Wert besitzt. Die gesellschaftliche Macht der Medien versteht er als Definitionsmacht darüber, was die soziale Realität ist (allerdings ohne hierbei auf den Sozialkonstruktivismus oder den Radikalen Konstruktivismus Bezug zu nehmen). Es geht ihm de facto um Agenda-Setting-Prozesse und den Einfluss der Medien auf die öffentliche Meinung (vgl. Couldry 2003: 664-668).

In Anbetracht der Konvertabilität unterschiedlicher Kapitalsorten erscheint diese Auszeichnung von Medienkapital als Meta-Kapital theoretisch nicht zwingend. Für unseren Forschungszusammenhang muss auch nicht entschieden werden, ob nun politische Macht, Geld oder Medieneinfluss die entscheidende Kapitalsorte im übergeordneten »Feld der Macht« darstellt. Der Grundgedanke eines medialen Kapitals[3] jedoch erscheint plausibel, allerdings ist er auf das *gesamte mediale Feld* auszuweiten, also über den politischen Journalismus der klassischen »Massenmedien« (vgl. Couldry 2003: 656) hinaus und daher umfassender skaliert: Es geht nicht allein um tatsächliche Medienpräsenz, sondern bereits um den Zugang zu den Kommunikationsmedien, sei er rezeptiver, responsiver oder aktiv-gestaltender Natur. Einen Hinweis in diese Richtung liefert Park (2009: 10), der ausgehend vom Habituskonzept Bourdieus das »field of communication« umreißt und konstatiert, dass es bei der Medienrezeption um den Gewinn von symbolischen Kapital (»symbolic profit«) geht, hierin liege der »Einsatz« (»sense of the game«) im Sinne Bourdieus. Was im Feld der neueren Medien als »Produsage« (Axel Bruns) beschrieben wird, begreift Park (2009: 13) als Kapital- und letztlich Machtgewinn der Mediennutzer im Feld der Medien.

Wir greifen den Begriff des medialen Kapitals auf und erweitern ihn mit Bezug auf das Feld der Medien im Rahmen unseres heuristischen Modells:

> *Mediales Kapital umfasst das gesamte Spektrum inkorporierter, objektivierter und institutionalisierter Formen des kulturellen, ökonomischen und sozialen Kapitals, das durch Medienkommunikation (als feldspezifischer Art der Arbeit) akkumuliert wird und sich in der Medienkommunikation realisiert, also im medialen Feld einen Mehrwert als symbolisches Kapital entfaltet.*

[3] Der Begriff Medienkapital ist aus der Medienökonomie und der Politischen Ökonomie der Medien bekannt, aber anders, nämlich als rein ökonomisches Kapital (etwa wie Industriekapital, Finanzkapital etc.), konnotiert. Wir verwenden deshalb die Formulierung »mediales Kapital«.

Das mediale Kapital ist dabei eng verwandt mit der Grundsorte des kulturellen Kapitals, unterscheidet sich aber von diesem durch seinen klaren Bezug auf die Mediendispositive, Medienformate und Mediennarrative (vgl. Kap. 1.3). Wie das kulturelle Kapital (und die anderen Kapitalsorten) kann mediales Kapital im Lebenslauf durch Arbeit akkumuliert werden und im familiären Kontext tradiert, z.B. ge- und vererbt oder praktisch vermittelt, also gelernt und gelehrt werden, oder im institutionellen Kontext von (Medien-)Bildungseinrichtungen erworben werden. Unter »Arbeit« kann hier die Mediennutzung verstanden werden (vgl. Meyen/ Pfaff-Rüdiger 2009: 22-24), bei der Kraft und Zeit investiert wird, die zum Teil spezialisiert erfolgt und partiell fremdbestimmt ist (nämlich durch die Möglichkeitsstrukturen des medialen Feldes, insbesondere der Mediendispositive). »Arbeit« muss dabei keineswegs negativ konnotiert oder ausschließlich als produktiv definiert werden, denn zunächst geht es analog der physikalischen Arbeitsdefinition (Kraft x Weg) um den Einsatz sozialer Energie über einen Zeitraum (Lebenslauf), und nicht allein um ökonomisch notwendige Erwerbsarbeit. Neben der Produktionsarbeit zählt auch die Reproduktionsarbeit hinzu; auch Mediennutzung und -rezeption bedeuten Einsatz von Kraft und Zeit und können daher als Medienarbeit gelten. In Anlehnung an Schweigers Zwiebelmodell der Mediennutzung (vgl. Schweiger 2007: 29-32) setzt sich diese aus drei Schichten zusammen. Die »innerste« Schicht ist dabei die jeweilige Mediennutzungsepisode, die direkte bzw. situative Interaktion mit einem Medienangebot. Wiederholt oder regelmäßig stattfindend ergeben sich konkrete Mediennutzungsmuster, die als »die situationsübergreifende, generelle Mediennutzung einer Person, d.h. ihr typisches Medienverhalten und ihre entsprechenden Gewohnheiten« zu verstehen sind (Schweiger 2007: 31). In Verbindung mit anderen Erfahrungsquellen entwickeln sich darüber hinaus stabilere persönliche Medienbewertungen und Medienkompetenzen. Medienarbeit unterliegt partiell der Fremdbestimmung, die wiederum von der Position im medialen Feld abhängt: Während Rezipienten sich an den Zeit- und Angebotsstrukturen der Medien im Sinne von Möglichkeitsstrukturen und Spielräumen orientieren, sind die Gestaltungsspielräume für Medienproduzenten insgesamt (wenngleich nicht für jeden einzelnen Journalisten) größer (vgl. Beck 1994).

Der Wert der (Medien-)Arbeit bemisst sich dabei nicht alleine am abstrakten Zeitquantum (Extension: Dauer und Häufigkeit), sondern auch an der Intensität der Energie (Aufmerksamkeit, Reflexivität) und an der Effizienz ihres Einsatzes. Dies kann aufgrund unterschiedlicher Ausgangsbedingungen variieren, denn Akteure, die bereits über eine hohen Bestand an akkumuliertem medialen Kapital (z.B. inkorporiert als Medienkompetenz) verfügen, dürften sich objektiv oder subjektiv neue Medienangebote bzw. -kompetenzen »leichter« und schneller aneignen; ihre »Medienarbeitszeit« wird also »produktiver« eingesetzt.

Die professionelle Produktionssphäre (das journalistische Feld; vgl. Kap. 1.4.4) muss ausgehend vom Arbeitsbegriff durch die Rezeptionssphäre und die dazwischen liegenden Handlungsfelder der semiprofessionellen Medienkommunikation erweitert werden. Der Begriff des journalistischen Kapitals als professionelle Selektions-, Präsentations- und Gestaltungskompetenz und das *capital médiatique* im Sinne von Champagne als Publizitätschance von Akteuren sind nur bestimmte *Ausprägungen* (bzw. Akkumulationen) *eines medialen Kapitals,* das bei den Medienkompetenzen der Rezipienten beginnt. Erst die Erweiterung des – meist nur als journalistisches verstandenen – Feldes um die Rezeptions- und Partizipationshandlungen zeigt auch die eigentliche Machtverteilung im medialen Feld.

Der symbolische Lohn für die aufgebrachte Medienarbeit bzw. der symbolische Profit des eingesetzten Medienkapitals kann in Informationen, Unterhaltung, Bildung, Beratung oder sozialen Kontakten und Unterstützung bestehen; im Grunde sind hier alle Nutzen und Gratifikationen subsumierbar. Das akkumulierte mediale Kapital kann partiell in ökonomisches und soziales Kapital konvertiert werden, etwa durch die Nutzung von Finanz- und Börseninformationen, Preisvergleiche oder berufliche Vorteile (bis hin zur professionellen Medienproduktionsarbeit) bzw. den Aufbau und die Stärkung sozialer Bindungen. Mediales Kapital wird eingesetzt, um Lebensstile zu kultivieren und Distinktionsgewinne zu erzielen (vgl. Meyen 2007: 340).

Mediales Kapital kann der *Inflation* unterliegen. In Anbetracht eines sich rasch wandelnden medialen Feldes können beispielsweise bestimmte Medienkompetenzen an Wert verlieren (»Kreative Zerstörung« durch Innovation) und neue Kompetenzanforderungen entstehen. Es kann also zwischen einer *absoluten* und einer *relativen Akkumulation* von Medienkapital unterschieden werden: Die absolute Summe des medialen Kapitals eines Akteurs kann gleich bleiben, während ihr relativer Wert – gemessen am Kapital anderer Akteure, die sich beispielsweise neue Medienkompetenzen rascher aneignen – abnimmt.

Mediales Kapital ist, wie alle anderen Kapitalsorten, begrenzt *konvertibel*, d.h. durch den Einsatz von ökonomischem Kapital können Medienprodukte oder gar Produktionsmittel erworben werden, inkorporierte Medienkompetenzen hingegen sind in erster Linie das Ergebnis persönlicher Arbeit im Sinne eines Zeitaufwandes für und mit den Medien. Soziales Kapital kann hilfreich sein beim Zugang zu Medien und dabei partiell ökonomisches Kapital ersetzen. Das gilt vom Teilen und Leihen von Medienprodukten bis hin zum Zugang zu Publikationschancen, der durch Faktoren wie Reputation und Prominenz erleichtert wird. Zentral ist sicherlich für die Medienkommunikation das medienbezogene kulturelle Kapital, zumal Medien in Gesellschaften wie der deutschen als öffentliches Gut oder zumindest in aller Regel nicht zu prohibitiven Preisen gehandelt werden. Umgekehrt gilt, dass ökonomisches Kapital zwar den Erwerb von Medienprodukten ermöglicht, aber keineswegs ihre nutzbringende Rezeption garantiert, wenn hierfür bestimmte Medienkompetenzen notwendig sind. Insgesamt speist sich mediales Kapital als das für das Feld der Medien ausgezeichnete, symbolische Kapital also aus unterschiedlichen Quellen und es ist *individuell verschieden zusammengesetzt (Komposition).*

Als zunächst theoretisches Konstrukt stellt sich nun die Frage, wie mediales Kapital in der Forschung operationalisiert und empirisch beobachtbar oder gar messbar gemacht werden kann. Einen Überblick hierzu bietet Abbildung 3. Mediales Kapital kann in *objektivierter Form* mithilfe ökonomischen Kapitals erworben oder es kann familial vererbt werden (Besitz bzw. Eigentum an Medienprodukten, -artefakten, -geräten etc.). Objektiviertes Medienkapital findet seinen Ausdruck vor allem auf der Ebene der Mediendispositive, nämlich in der Medienausstattung, also dem Besitz von Mediengeräten und Medienzugängen sowie der Verfügbarkeit von Medieninhalten.

In seiner *inkorporierten Form* muss mediales Kapital zwar persönlich erworben werden, aber auch diese Akkumulationsformen sind von der sozialen Position insgesamt und damit vom akkumulierten sozialen und ökonomischen Kapital abhängig. Der Erwerb von Medienkompetenzen erfolgt im Lebenslauf und steht damit im sozialen Kontext von Familie, Peers und institutionalisierten Bildungseinrichtungen. Unter inkorporiertem Medienkapital verstehen wir Medienkompetenz, die empirisch anhand der Fertigkeiten und Fähigkeiten zur Nutzung von Mediendispositiven, der Kenntnisse und Bewertungskompetenzen von Medienformaten und -narrativen erfasst werden soll.

Bei dieser Operationalisierung schließen wir an die medienpädagogische Tradition der Medienkompetenzforschung an. Das allgemein gefasste Konzept der Medienkompetenz geht damit über die rein quantitative Beschreibung von Mediennutzung (handlungsbezogene Episoden und Muster) hinaus und integriert qualitative Aspekte (kognitive Kompetenzen) des aktiven Nutzers. Die theoretischen Wurzeln des Kompetenzbegriffs liegen bekanntlich in Chomskys Sprachtheorie und dessen Unterscheidung von Kompetenz und Performanz. Habermas überträgt den Begriff auf das kommunikative Handeln; Baacke schließlich formuliert darauf bezogen einen pädagogischen Ansatz mit den handlungsorientierten Dimensionen Medienkritik, Medienkunde, Mediennutzung und Mediengestaltung (vgl. Süss u.a. 2010). Kommunikative Kompetenz – erweitert um den Gebrauch von Medien, die das Kommunikations- und Handlungsrepertoire der Menschen ergänzen – versteht er einerseits als »voraussetzendes Vermögen« des Menschen, andererseits als »auszubildende Fähigkeit« (vgl. Tulodziecki u.a. 2010: 173-174). Neben einer pädagogischen Ausbildung betont Baacke biografische, sozialstrukturelle und kulturell-gesellschaftliche »Ablagerungen« als prägend (vgl. Moser 2010: 241). Medienkompetenz wird nicht nur durch institutionelle Vermittler erworben, sondern auch durch selbstorganisiertes Handeln und lebenslanges informelles Lernen (vgl. Moser 2010: 59).

Abb. 3: Formen und Operationalisierung medialen Kapitals

Kapitalform	**Operationalisierung**
inkorporiertes mediales Kapital	pragmatische und kognitive Medienkompetenzen zur • affektiven, kognitiven, ästhetischen und ethischen (Folgen-)Bewertung und Auswahl von Medienangeboten und in Bezug auf Produktions- und Organisationsweisen von Medien • Nutzung vorhandener Medienangebote • Medieninnovation • Medienkritik • Gestaltung und Verbreitung eigener Medienangebote (Bürgermedien, »Social Media«)
institutionalisiertes mediales Kapital	formale Medienbildung allgemeinschulische Medienkompetenzbildung (Lese-, Schreib-, Fremdsprachenkompetenz) Amateuraus- und -fortbildungen (VHS, Offene Kanäle etc.) professionelle oder akademische Medienausbildungen
objektiviertes mediales Kapital	materielle Medienausstattung und -besitz sowie immaterieller Medienzugang Eigentum, Besitz, Kontrolle von Medienproduktionsmitteln Eigentum, Besitz, Kontrolle von Medienunternehmen

Aufenanger (1997) bezieht das Medienkompetenzkonzept auf alte wie neue Medien. Ähnlich wie Baacke formuliert er eine moralische Dimension (Kritik, Medien unter ethischen Aspekten betrachten und beurteilen), eine kognitive Dimension (Kenntnisse, Verstehen, Analyse im Medienzusammenhang), eine Handlungsdimension (Nutzung, grundlegende Handhabung, auch um sich selbst auszudrücken) und eine ästhetische Dimension (Gestaltung, Medien als Ausdrucksmittel). Zusätzlich verweist er auf die soziale Dimension als den Raum des sozialen und politischen Handelns, der erst Kritik und Kenntnis (Mediensozialisation) ermöglicht. Mit der affektiven Dimension geht er stärker als andere Autoren weg von der doch sehr stark bildungsorientierten Perspektive und integriert auch die Funktion der Medien für Unterhaltung und Genuss (vgl. Aufenanger 1997; auch Tulodziecki u.a. 2010; Süss u.a. 2010). Tulodziecki formuliert schließlich für die Medienpädagogik eine auf konkrete Anforderungen und Kompetenzen bezogene Struktur des Konzepts der Medienkompetenz, die uns als Anhaltspunkt für die Identifizierung von *medialem Kapital* dienen soll. Die zwei grundsätzlichen Handlungszusammenhänge wie »Auswahl und Nutzung vorhandener Medienangebote« und »Gestaltung und Verbreitung eigener Medienbeiträge« sind über unterschiedliche Niveaus von Kenntnissen und Analyse- und Urteilsfähigkeit verbunden mit den Inhaltsbereichen der »Möglichkeit Medien zu gestalten«, »Medieneinflüsse zu erkennen« (sowohl individuell als auch gesellschaftlich) und »Bedingungen der Medienproduktion und Medienverbreitung zu durchschauen und zu beurteilen« (Tulodziecki 2010: 180-182).

Bourdieu hat die Kompetenzdebatte um soziologische Aspekte (Herkunft und Bildung, die sich im Habitus entfalten) erweitert und führt mit dem Gedanken, dass kulturelle Präferenzen aus der sozialen Herkunft, primär aber aus dem Ausbildungsgrad resultieren, ein bildungstheoretisches Argument hinsichtlich des Umgangs mit Kulturprodukten ein (vgl. Treumann et.al. 2002: 22). Der bei ihm formulierte Zusammenhang zwischen Schulbildung, Familienherkunft und Geschmacksvorlieben ist Anknüpfungspunkt für das Konzept der Medienkompetenz. Treumann et al. verstehen Medienkompetenz als kulturelles Kapital, welches als verinnerlichter Besitz und fester Bestandteil der Person durch Zeit und Lernanstrengungen zu inkorporierten Kapital wird (ebd. Treumann et.al. 2002).

Institutionalisierte Formen des medialen Kapitals finden ihren Ausdruck vor allem in professionellen Akteursrollen und Ausbildungen, die formalisiert und ggf. sogar zertifiziert sind: semiprofessionelle Weiterbildungen in Schulen oder Volkshochschulen, Video- oder Web-AGs und Medienprojekte, medienbezogene (nicht ausschließlich journalistische) Berufsausbildungen, Fachhochschul- und Universitätsabschlüsse.

Das Konstrukt des medialen Kapitals und seine empirische Bestimmung dienen uns im Folgenden als ein *strukturbezogener* Baustein zur Charakterisierung der individuellen Teilnehmer an der Studie. Anhand des medialen Kapitals lassen sich die *individuellen Positionen im medialen Feld* und damit auch ihre relationale Nähe zueinander bestimmen. Als zweiten wichtigen Baustein zur Beschreibung zunächst wiederum des individuellen Medienhandelns begreifen wir in Anlehnung an Bourdieu den medialen Habitus. Mediales Kapital und individuelle Position im Feld determinieren ja das Medienhandeln der Einzelnen nicht, sondern es bedarf der Vermittlung zwischen diesen Strukturkomponenten und dem eigentlichem Medienhandeln. Umgekehrt gilt aber auch, dass der mediale Habitus sich nicht unabhängig vom jeweiligen medialen Kapital bzw. der je eigenen Position im Feld entwickelt. Auf der Suche nach kollektiven Mustern des Medienhandelns, genauer nach generationellen Mustern, können wir uns nicht mit dem Vergleich individueller Medienkapitale begnügen. Ähnlichkeiten auf dieser Ebene des Medienbesitzes bzw. -zugangs und der Medienkompetenzen dürften eher analog zu Positionierung im sozialen Feld insgesamt zu erwarten sein. Allenfalls bei den Medienkompetenzen als Teil des inkorporierten medialen Kapitals erschiene die Annahme einer generationalen Prägung noch sinnvoll, und wird in der empirischen Studie auch berücksichtigt. Entscheidender scheint uns aber die Ebene des medialen Habitus zu sein, denn hier müssten sich generationale Gemeinsamkeiten am ehesten abzeichnen bzw. nachzeichnen lassen.

1.4.3 Das Feld der Medien

Soziale Felder geben als *objektive* Strukturen dem Akteur Rahmen und Grenzen der Möglichkeiten seines Handelns vor (vgl. Krais/ Gebauer 2002: 58) und haben sich – vergleichbar den Funktionssystemen bei Luhmann – als Ergebnis gesellschaftlicher Entwicklung ausdifferenziert (vgl. Bourdieu 1998c: 110, 142; Jurt 1995: 90). Ein Feld ist für Bourdieu (1987b: 123) eine »willkürliche und künstliche soziale Konstruktion,« in die man hineingeboren wird und die man als fraglos gegeben »glaubt.« Felder bestehen aus beobachtbaren Akteuren (»agents«) und aus ihren unsichtbaren Relationen, die erst zusammen ein Feld konstituieren. Soziale Felder sind mehr oder weniger autonome (aber eben nicht: autopoietisch geschlossene) Spielfelder und Kraftfelder, auf denen Kämpfe um Kapital und damit Positionen stattfinden (vgl. Bourdieu 1998c: 43, 49). Oftmals sind mehrere Kapitalsorten innerhalb eines Feldes »im Spiel« (also nicht bloße eine Währung oder Leitdifferenz), denn Felder sind wie Kraft- oder Magnetfelder zwischen verschiedenen *Polen* aufgespannt: In der horizontalen Dimension geht es um die *Kapitalmischung*, etwa zwischen den Polen ökonomisches und kulturelles Kapital. In der vertikalen Ausdehnung lässt sich die *Kapitalakkumulation,* also die Gesamtsumme des Kapitals bestimmen, d.h. »oben« auch im Sinne von Herrschaft oder Macht stehen die Akteure mit dem größten Kapital (vgl. Benson/ Neveau 2005: 4).

Die Definition von Feldern ist letztlich eine Frage der handelnden Akteure und ihrer Interessen; sie »wird immer im Feld selbst gestellt und läßt folglich keine Antwort *a priori* zu« (Bourdieu/ Wacquant 1996: 130). Im Zuge gesellschaftlicher Differenzierung können soziale Felder sich in verschiedene Unterfelder aufteilen und an Autonomie gegenüber anderen Feldern gewinnen oder verlieren. Vor diesem Hintergrund hat bei Bourdieu und in seiner Folge das journalistische, aber auch das weiter zu fassende mediale Feld an Bedeutung gewonnen.

Hieran können wir anknüpfen, um ein Feld der Medien abzustecken, das sich nicht auf den Journalismus und nicht auf die Produktionsseite begrenzen lässt, sondern als umfassendes Handlungsfeld zu verstehen ist. Für unsere breiter angelegte Fragestellung wäre das »journalistische Feld« aus zwei Gründen zu eng definiert: Die erste Begrenzung auf Journalismus schließt unterhaltende, fiktionale und interpersonale Kommunikationsformen weitestgehend aus, erfasst also das Medienrepertoire (Formate und Narrative) nicht vollständig. Die zweite Begrenzung resultiert aus der Fokussierung auf die Produktionsseite und das professionelle Handeln in der Berufsrolle des Journalisten, sodass rezeptives Medienhandeln von »Laien« allenfalls als eine Begrenzung des journalistischen Feldes berücksichtigt wird. Für unsere Forschungsfrage, die ja maßgeblich an der Mediennutzung ansetzt, muss das relevante Handlungsfeld entsprechend wieter modelliert werden. Dies ist sehr gut mit den Überlegungen Bourdieus und einiger an ihn anschließenden Autoren vereinbar. Wir schlagen deshalb den Begriff *»Feld der Medien«* oder *»mediales Feld«* vor. Im Folgenden skizzieren wir ausgehend vom journalistischen Feld, was unter dem Feld der Medien genau zu verstehen ist.

Das *journalistische Feld* spielt in Bourdieus Werk eine eher untergeordnete Rolle. Bastin stellt fest, »dass das journalistische Feld bei Bourdieu ipso facto gar nicht existiert und es sich vielmehr in der Betrachtung des Journalismus und der Medien als Operatoren der sozialen Magie innerhalb der verschiedenen anderen Felder (politisches Feld, Feld der Intellektuellen etc.) verflüchtigt« (Bastin 2003: 271). Bourdieu ordnet den Journalismus zunächst nicht dem intellektuellen oder dem kulturellen Feld zu, weil Journalismus abhängig von ökonomischen Zwängen ist (vgl. Bastin 2003: 258). Das Verhältnis von Journalisten und Intellektuellen wird als »Allodoxia« (gegenseitige Aufwertung) beschrieben. Erst in den 1980er-Jahren erfährt der Journalismus einen funktionellen Machtzugewinn und wird zu einem »Agenten (opérateur) der internen Funktionsweisen und des Zusammenspiels verschiedener Felder«, der als »Verteiler von Legitimitätsansprüchen« fungiert (Bastin 2003: 259, 263). Auch wenn sich das journalistische Feld durch eine vergleichsweise geringe Autonomie auszeichnet, weil hier die Logiken (und Kapitale) anderer Felder, insbesondere des ökonomischen und des politischen eine große und wachsende Rolle spielen (vgl. Bourdieu 2005: 33, 41-43), so lässt sich doch ein wachsendes Interesse an diesem Feld konstatieren. Dies belegt nicht nur Bourdieus Streitschrift über das Fernsehen, sondern auch eine ganze Reihe von Ansätzen in der Journalismusforschung in Frankreich,

Deutschland und darüber hinaus (vgl. Raabe 2000, 2004, 2007; Schäfer 2004; Hanitzsch 2007; Willems 2007; Benson/ Neveu 2005). Bourdieu selbst hat dann schließlich neben dem politischen und ökonomischen (Bourdieu 1998b) auch das »journalistische Feld« thematisiert (Bourdieu 1998a: 55, 75; Bourdieu 2001: 33; auch Meyen/ Riesmeyer 2009: 25-46).

Das journalistische Feld ist Teil des Feldes kultureller *Produktion;* es ist zwischen den Machtpolen des ökonomischen (kommerzieller Pol) und des kulturellen Kapitals (intellektueller Pol), also zwischen den bekannten Kräften der Kommerzialisierung und des publizistischen Anspruchs aufgespannt. Der Journalismus ist Teil der professionellen Kulturproduktion mit großer Nähe zur eher reproduktiven Massenproduktion, und einiger Entfernung zur kreativen Kulturproduktion individueller Schöpfer. Das journalistische Feld umfasst bei Champagne (2005: 55) den Markt für symbolische Güter, wobei er zwischen geistigen Schöpfern und Urhebern (creators, artists, scientists, writers), die für einen begrenzten intellektuellen Markt produzieren, und den am Massenmarkt orientierten »vulgarizers« und »reproducers« unterscheidet (vgl. Champagne 2005: 57). Der kulturelle Anspruch eines Journalisten bzw. seines Mediums begründet symbolisches Kapital, sodass Hanitzsch verschiedene Medien (konkret: Printtitel) entsprechend ihrer eher kommerziellen oder eher publizistischen Wertigkeit und des Gesamtkapitals im journalistischen Feld anordnet (vgl. Hanitzsch 2007: 244-251).

Bourdieu hat 1995 in einer Vorlesung selbst von einem *»Feld der Medien«*[4] gesprochen und das Konzept der Felder immer als Forschungs- und Denkwerkzeug, und nicht als essentialistische Beschreibung, begriffen (vgl. Bourdieu 2005: 30). Felder können sich wie »russische Puppen« umschließen (Benson/ Neveu 2005: 4; Champagne 2005: 55), d.h. *das journalistische Feld kann als Teil des medialen Feldes begriffen werden, das wiederum Teil des kulturellen Feldes ist.* Diese »Ausweitung« des journalistischen hin zu einem auch andere Inhalte und vor allem die Rezeptionsseite umfassenden Feld der Medien findet eine begründete Zustimmung bei verschiedenen Autoren:

Für Neveu gehören Produktions- und Rezeptionsseite zusammen, sodass er de facto das journalistische Feld über das Feld journalistischer Produktion hinaus erweitert:

> »A field approach thus invites us to think about media and cultural production … It is necessary to question its reception and its social uses…« (Neveu 2005: 203), wobei er von »structural homologies between the

[4] Der Text ist in einer englischsprachigen Fassung als Buchkapitel in Benson/ Neveu 2005 publiziert, wo es dann »the field of the media« (S. 29) heißt.

structure of production … and the space of reception« ausgeht (Neveu 2005: 206-207).

Als einen Pol des Feldes der Medien sieht Neveu (2005: 210) den »pole of reception«, der dem »pole of production« gegenübersteht.

Nick Couldry (2003: 657-658) konstruiert ein mediales Feld (»media field«) und beruft sich dabei auf die in der Forschungstradition Bourdieus verbreiteten Begriffe »champ médiatique« und »champ journalistique« sowie den heuristischen Charakter des Feldkonzeptes im Allgemeinen. Das mediale Feld ist für Couldry Teil des kulturellen Feldes, und wird von der Spannung zwischen dem kulturellen und dem ökonomischen Pol sowie den Polen »mass production or specialist« (Couldry 2003: 669) aufgespannt. Ähnlich geht Park vor, der von einem umfassenden Feld der Medien ausgeht, auf dem auch die Nutzer handeln. Diese positionieren sich aufgrund ihres medienrelevanten kulturellen Kapitals also auf *demselben* Feld, auch wenn dies nicht über die realen Machtverhältnisse hinwegtäuschen sollte (vgl. Park 2014: 55, 60-68).

In einem Review-Essay erläutert Benson (1998: 463) die Vorteile eines auch das Publikum umfassenden, über das journalistische Feld hinausgehenden »Media field« als »both a theoretical and empirical bridge" zwischen Makro- und Mikrolevel der Kommunikations- und Medienforschung. Während der Journalismus einen vergleichsweise nahe am Pol der politischen Macht gelegenen und auf Massenproduktion gerichteten Teil des »field of cultural production« darstellt (Benson 1998: 466), berücksichtigt das Feld der Medien auch die Konsumtions- bzw. Rezeptionsseite. Benson (1998: 484, 486) postuliert hier ein »aktives« Publikum, wobei Medienproduktion und Medienrezeption in einem komplementären, homologen Verhältnis stehen, wie Bourdieu es selbst in den »feinen Unterschieden« ausführt: »… every change in tastes resulting from a transformation of the conditions of existence and of the corresponding dispositions will tend to induce … a transformation of the field of production« (Bourdieu: Distinction: 231; zit. nach Benson 1998: 485).

Auch in den kultursoziologischen Schriften Bourdieus über Distinktion stehen die Konsum- und Rezeptionsaspekte kultureller Güter im Mittelpunkt (Benson/ Neveu 2005: 7), und weniger die Produktionsseite. Bourdieu hat bereits in den 1960er-Jahren das Konzept der Massenkommunikation kritisiert, um auf die sozialen Unterschiede der Rezeption und Aneignung kultureller Güter, die sich aus Erziehung, Klassen- und Generationenzugehörigkeit ergeben, hinzuweisen. Das Konzept der homogenen Masse wird der Tatsache nicht gerecht, dass »social agents do not consume the same things and derive distinct meanings and experiences from similar cultural practices« (Neveu 2005: 200).

Theoretisch stellt sich nun die Frage, wie das Feld der Medien zu dimensionieren ist, zumal die bislang vorliegenden Ansätze hierzu nicht sehr elaboriert sind. Allerdings können mithilfe von Analogieschlüssen (vgl. hierzu Jurt 1995: 82) auf der Grundlage von Bourdieus ausführlicher Analyse des literarischen Feldes einige hypothetische Aussagen über die Konturen des medialen Feldes abgeleitet werden.

Bourdieu betont, dass die Positionen von Akteuren in spezifischen sozialen Feldern im engen Zusammenhang mit deren genereller sozialer Position innerhalb des gesellschaftlichen Macht-Feldes stehen, so dass es uns sinnvoll erscheint nicht nur das unmittelbare mediale Kapital unserer Befragten zu erfassen, sondern auch ihre gesellschaftliche Stellung und vor allem die medienrelevanten kulturellen Bildungskapitale (vgl. Bourdieu 2001a: 119, 237) sowie ihr ökonomisches Kapital. Das mediale Feld teilt mit dem von Bourdieu eingehend analysierten literarischen Feld als eine wichtige Grundeigenschaft die »dualistische Struktur« (Bourdieu 2001a: 187-192). Damit ist gemeint, dass in kapitalistischen Gesellschaften geistig-kulturelle Güter zum großen Teil zugleich als marktfähige Waren und Dienstleistungen gehandelt werden. Im Feld der Medien spielen also sowohl ökonomisches als auch kulturelles Kapital eine wesentlich Rolle, denn das mediale Kapital (vgl. Kap. 1.4.2) setzt sich aus diesen Kapitalsorten, sofern sie medienrelevant sind, zusammen (Kapitalkomposition). Symbolisch herrschen im Feld der Medien zwar der publizistische Pol, also der anspruchsvolle Journalismus, die Bildungsmedien und die Unterhaltungsangebote der Hochkultur. Im Selbstverständnis der Akteure, bei der kommunikationspolitischen Legitimation wie bei der öffentlichen Beurteilung von Medien werden die publizistischen Funktionen (insbesondere Information, Aufklärung und Bildung), die Erfüllung der öffentlichen Aufgabe (Kritik und Kontrolle von Macht) als ausschlaggebend angeführt; sie sind der »Trumpf im Spiel«, verschaffen Reputation und Prestige, sie dienen als internes Distinktionskriterium und umschreiben die Akkumulation von symbolischem Kapital im medialen Feld. Tatsächlich dominiert, im medialen Feld sicherlich noch stärker als bei Literatur und bildender Kunst, der wirtschaftliche Pol, also die kommerziellen Medien, die sich an der absehbaren Nachfrage auf den Publikums- und Werbemärkten orientieren (vgl. Bourdieu 2001a: 228-229). Der ökonomische Pol und die Verwertungslogik prägen das mediale Feld (Bourdieu 2001a: 343-345; 367), das wie alle kulturellen Felder nur eine begrenzte Autonomie aufweist. Vielfach wird ein Gegensatz zwischen einem hohen geistig-publizistischen Niveau und der massenhaften kommerziellen Verwertbarkeit angenommen: publizistische Qualität zahlt sich ökonomisch nicht aus. Manchmal wird auch der Umkehrschluss gezogen, dass wirtschaftlich erfolgreiche Medienangebote kein hohes publizistisches Niveau aufweisen könnten.

Das Feld der kulturellen, in unserem Fall der medialen Produktion spannt sich also in der horizontalen Dimension zwischen dem kulturell-publizistischen und dem ökonomischen Pol auf. Je näher die Position der Akteure am ökonomischen Pol liegt, umso geringer ist ihre Autonomie ausgeprägt, es ergibt sich im Feld der Produktion eine Hierarchie, an deren Spitze die Qualitäts- und Bildungsmedien stehen, gefolgt von der kommerziellen Massenpresse und dem werbefinanzierten Fernsehen (vgl. auch Bourdieu 2001a: 203). In der Vertikalen der Macht entscheidet die Höhe des akkumulierten medialen Kapitals (Kapitalsumme) über die soziale Position eines Akteurs im medialen Feld. Entscheidend ist dabei, welches Kapital als »Trumpf im Spiel« gilt, denn die »spezifische Logik eines jeden Feldes« wird bestimmt durch die jeweils relevante Kapitalsorte, die »im Kurs steht« (Bourdieu 1987b: 194).

Im medialen Feld geht es darum, öffentliche Aufmerksamkeit für die eigenen Themen und Meinungen zu erzielen, es geht um Artikulations- und kommunikative Partizipationschancen. Die feldspezifische »illusio« (vgl. Bourdieu 2001a: 360-361), die Akteure und ihr Handeln im medialen Feld motivieren, besteht in der kommunikativen Verständigung im Sinne von Teilhabe und (öffentliches) Gehör finden. Je mehr mediales Kapital ein Akteur akkumuliert hat, umso größer sind diese Chancen (Handlungsmöglichkeiten) und umso höher rangiert seine Position im medialen Feld. Das mediale Feld ist, wie alle anderen sozialen Felder, ein Macht- und Kampffeld: Die Zugangs-, Selektion-, Bewertungskompetenzen sind sozial ungleich verteilt; ebenso sind die Chancen selbst öffentlich zu kommunizieren bzw. Gegenstand öffentlicher Kommunikation zu werden nicht gleich verteilt, sondern an den Besitz von *inkorporiertem* (praktische Medienkompetenzen), *objektiviertem* (Besitz von Medienartefakten bzw. Medienproduktionsmitteln) und *institutionalisiertem* medialen Kapital (formale Berufsqualifikation, Position in einer Medienorganisation als Herausgeber, Verleger, Programmdirektor etc.) gebunden.

Die Akteure der Produktionsseite besitzen aufgrund ihres kulturell-medialen (z.B. Journalisten, Publizisten, Autoren) oder ihres ökonomisch-medialen Kapitals (Besitz von Produktionsmitteln, Verwertungsrechten, Vertriebsstrukturen etc.) also eine höhere Position im medialen Macht-Feld als die Rezipienten – auch unter Bedingungen des »Empowerment« durch Bürgermedien und »Social Media.« Die Position des Mediennutzers im medialen Feld wird durch die Summe des medialen Kapitals bestimmt, also sowohl seiner Medienausstattung und – zugangsmöglichkeiten als auch seiner Medienkompetenzen. Dabei wird deutlich, dass die professionellen Medienakteure (Kommunikatoren) über mehr objektiviertes, institutionalisiertes und – in den meisten Fällen – auch inkorporiertes mediales Kapital verfügen.

Mit Blick auf hierarchische Dimension sind die Kommunikatoren (Journalisten, Produzenten) sowie die Eigentümer der Produktionsmittel also »oben« anzusiedeln. Diese »Unwucht« (Michel 2015: 100) erscheint uns gerade nicht als Schwäche des hier vorgeschlagenen Modells, sondern im Gegenteil als treffende Strukturbeschreibung gesellschaftlicher Kommunikationsverhältnisse, die eben – trotz aller Social Media-Phantasien und Partizipations-Utopien – Machtverhältnisse sind.

Abb. 4: Struktur und Positionen im Feld der Medien

Kapitalkomposition horizontale Pole des Feldes	ökonomisch und kulturell ↔ kommerziell vs. publizistisch
Kapitalakkumulation vertikale Struktur der Macht (Handlungs- und Kommunikationsmöglichkeiten)	hoch vs. niedrig Medienproduzenten und professionelle Journalisten (journalistisches Feld) ↕ Bürgermedien, Laienjournalisten, »Social Media« ↕ Mediennutzer (Rezipienten und Konsumenten)

Bourdieu (2001a: 369, 395) geht nicht nur von einer strukturellen Homologie zwischen Akteurs- und Werkpositionen in den Feldern kultureller Produktion aus, sondern auch von einer »Homologie zwischen dem Raum der Produzenten und dem Konsumenten. Die Rezeptionsseite des medialen Feldes weist ebenfalls hierarchische Strukturen auf, weil auch hier mediales Kapital und damit die Handlungschancen ungleich verteilt sind: Die Rezeption von Qualitäts-, Prestige- oder Bildungsmedien verschafft gegenüber der Nutzung von Boulevard-, Unterhaltungs- und populären Medien Distinktionsgewinne, sie trägt so zur Akkumulation von symbolischem Kapital bei.

1.4.4 Habitus und Medienhabitus

Kapital, und zwar Kapitalhöhe (Akkumulation) wie Kapitalzusammensetzung (Komposition), beschreibt ein positionales Merkmal von Akteuren auf den sozialen Feldern, das empirisch vergleichsweise gut erfasst werden kann. Bourdieu unterscheidet nun zwischen solchen objektiven sozialen Strukturen (verstanden als intersubjektive Relationen) oder *Positionen* und den *Dispositionen*, also den Einstellungen, Sichtweisen, Werthaltungen und dem Wissen von Akteuren. Entgegen den Postulaten der meisten anderen Handlungstheorien handeln Individuen im sozialen Feld weder als völlig freie oder rationale Subjekte, noch wird ihr Verhalten durch die soziale Struktur determiniert. Auch psychische Bedürfnisse und Motive stellen keine »natürlichen« Ursachen für Handlungen dar.[5] Es findet vielmehr ein *dialektischer Vermittlungsprozess* zwischen den sozialen Strukturen (Makro- und Mesoebene) und dem situativen Akteurshandeln statt, wobei Bourdieu als wichtige Vermittlungsinstanz den *Habitus* eines Menschen einführt. Der biografisch erworbene – und in dieser Studie mittels biografischer Methoden zu re-konstruierende – Habitus beschreibt dabei die inkorporierten Strukturen und Dispositionen eines Akteurs (vgl. Bourdieu 1998a:73; Bourdieu 1987a: 98).

Der Habitus eines Menschen schließt *Wissen, Kompetenzen, Werthaltungen und Dispositionen* ein. Es handelt sich bei dieser Inkorporation des Habitus um einen präreflexiven Prozess der »Einverleibung« und körpergebunden-sinnlichen »Verinnerlichung« der sozialen Strukturen des Feldes und der eigenen sozialen Position darin (vgl. Bourdieu 1998a: 118-119; 145). Biografische Erfahrungen schlagen sich »in jedem Organismus in Gestalt von Wahrnehmungs-, Denk- und Handlungsschemata nieder...« (Bourdieu 1987a: 101). Entsprechende Einstellungen, Verhaltens- und Handlungsweisen sind individuell »in Fleisch und Blut übergegangen«, ohne dass es sich dabei um bewusste, intendierte oder reflexive Lernprozesse handeln muss. Der formale Erwerb von Kompetenzen stellt nur einen Weg unter anderen dar. Fröhlich (1994: 39) führt drei Formen der Verinnerlichung des Habitus an: (a) Lernen als einfaches, unmerkliches Vertrautwerden, (b) ausdrückliche Überlieferung kraft Anordnung und Vorschrift und (c) strukturale Übungen in Spielform.

Der Habitus ist aber immer auch das Ergebnis sozialer Faktoren, trägt also durchaus kollektive, und keine »privaten« Züge (vgl. Ebrecht 2002: 230-231). Er

[5] Insofern wäre der Uses-and-Gratifications-Approach auch weniger gut mit dem theoretischen Ansatz von Bourdieu vereinbar als der von uns gewählte Nutzenansatz; vgl. Kap. 1.4.1.

ist zugleich ein historisches und ein biografisches Produkt der »sozialen Laufbahn« (trajectoire), wobei die »Kollektivgeschichte ... unablässig in den Individualgeschichten reproduziert« wird (Bourdieu 1998b: 169). Das heißt, kollektive, generationelle Prägungen gehen als Faktoren in den individuellen Habitus ein. Die Akteure verfügen mit dem Habitus über eine »praktische Vernunft« und einen »Praxissinn« (le sense pratique; le sens du jeu),

> » ... über ein erworbenes Präferenzsystem, ein System von Wahrnehmungs- und Gliederungsprinzipien (das, was man gewöhnlich Geschmack nennt), von dauerhaften kognitiven Strukturen (die im wesentlichen das Produkt der Inkorporierung der objektiven Strukturen sind) und von Handlungsschemata, von denen sich die Wahrnehmung der Situation und die darauf abgestimmte Reaktion leiten läßt. Der Habitus ist jener Praxissinn, der einem sagt, was in einer bestimmten Situation zu tun ist...« (Bourdieu 1998a: 41-42),

ohne dass es sich dabei um explizite Normen handelt. Als »generatives Prinzip« bringt der Habitus Handlungen in spezifischer Form hervor (Modus operandi), zugleich ist er aber das Sediment, Produkt oder »Werk« (Opus operatum) individuellen Handelns im sozialen Feld.

Auch wenn sich der Habitus einer Person nicht unmittelbar beobachten lässt, so findet er seinen Ausdruck in einer »Einheitlichkeit des Stils« (Bourdieu 1987a: 187), der seinen Niederschlag im Handeln einer Person auf allen sozialen Feldern findet; Fröhlich (1994: 44) und Fuchs-Heinritz/ König (2005: 182) sprechen in diesem Zusammenhang von »Lebensstilen«, die empirischer Beschreibung zugänglich sind. Der Habitus realisiert sich also nur in einem konkreten sozialen Feld und im Handlungsvollzug (vgl. Fröhlich 1994: 39); er beschreibt das Repertoire für die aktuellen Improvisationen (vgl. Fuchs-Heinritz/ König 2005: 131). Empirisch beobachtbar sind die Folgen des Habitus in Gestalt der *Performanz* des Handelns sowie seiner *Interpretationen durch den Akteur selbst.* Ein Akteur besitzt (im Gegensatz zu feldspezifischen sozialen Rollen und ähnlich wie eine Handschrift) immer nur *einen* Habitus (vgl. Krais/ Gebauer 2002: 74-75).

Der Habitus eines Akteurs ist etwas im Lebenslauf erworbenes und *langfristig* veränderliches (vgl. Bourdieu 1987a: 98), er ist sozial variabel, d.h. von Individuum zu Individuum unterschiedlich (vgl. Bourdieu 1987a: 98; Fuchs-Heinritz/ König 2005: 120-123; 131), aber nicht das Ergebnis völlig freier individueller Entscheidung oder Stilisierung: Aufgrund der materiellen Gebundenheit an die Strukturen (Kapitalverhältnisse bzw. Positionen in den sozialen Feldern) bleibt ein individueller Habitus relativ stabil (vgl. auch Bourdieu/ Wacquant 1996:

168). Er verändert sich aber, wenn sich soziale Positionen und Felder verändern. Unterschiedliche Lebensläufe bewirken aber auch innerhalb einer Klasse oder Klassenfraktion unterschiedliche Habitusformen (vgl. Fuchs-Heinritz/ König 2005: 131). Denn: »Der Habitus ist nicht das Schicksal ... [sondern] ein offenes Dispositionssystem, das ständig mit neuen Erfahrungen konfrontiert und damit unentwegt von ihnen beeinflußt wird.« (Bourdieu/ Wacquant 1996: 167). Biografisch und kollektivbiografisch kann es dabei zu einem sog. Hysteresis-Effekt (vgl. Bourdieu 1998c: 198-201) kommen, wenn eine Habitusform noch den alten Strukturen und Positionen verhaftet ist. Bourdieu weist in diesem Kontext auch auf Generationenkonflikte hin, die durch unterschiedliche Habitusformen entstehen (vgl. Bourdieu 1987a: 116).

Individuelle Unterschiede der Habitusform versteht Bourdieu als strukturelle Varianten, während die Ähnlichkeit individueller Habitusformen auf das Leben in ähnlichen sozialen Strukturen, also benachbarte soziale Positionen, zurückgeführt werden kann. Bourdieu (1987a: 181) führt Klasse, Nation und Milieu explizit an; zu überprüfen wäre, ob auch die Generationslagerung (oder Generationseinheit) zu relativ ähnlichen Habitusformen in Bezug auf das Medienhandeln führt.

Wir schlagen nun vor, die *mediale Seite dieses Habitus* näher zu untersuchen, um möglichen *generationalen Prägungen des Medienhandelns* nicht nur auf der Verhaltensebene auf die Spur zu kommen, sondern auch auf der dahinter oder darunter liegenden Ebene der Dispositionen und Werthaltungen. Das Medienhandeln zählt in modernen medialisierten Gesellschaften zweifellos zum alltäglichen, lebensweltlichen Handeln, sodass es schlechterdings nicht vorstellbar wäre, dass es unbeeinflusst vom individuellen Habitus stattfände.

Bourdieu (1990: 62-63) selbst hat die Begriffe »sprachlicher Habitus« und »Sprachhabitus« verwendet; dieser sei Ausdruck des jeweiligen »Klassenhabitus« und im konkreten »Sprachstil« (Bourdieu 1990: 45) der empirischen Beobachtung zugänglich. In Analogie hierzu begreifen wir den medialen Habitus oder kurz »Medienhabitus« lediglich als *Ausdruck* des allgemeinen, einheitlichen Habitus im individuellen Handeln auf dem Feld der Medien, und nicht als eigenen Sonder- oder Spezialhabitus, der neben anderen »feldspezifischen« Habitus stünde:

> »Der mediale Habitus berücksichtigt also ein weitreichendes Konglomerat von Dispositionen des Habitus, die eine Relevanz für die Nutzung und Gestaltung von Medien haben. Dabei geht der mediale Habitus als Analyseinstrument über die alleinige Verwendung von Inhalts- und Rezeptionsanalysen hinaus« (Biermann 2009a: 73),

weil er dem Medienhandeln, seinen strukturellen (positionalen) Bedingungen und Folgen sowie seiner biografischen Genese Rechnung trägt. Im Habitus »durchdringen sich Vergangenheit, Gegenwart und Zukunft« (Wacquant 1996: 43) eines Akteurs; es handelt sich um biografisch erzeugte und relativ stabile Muster, die eine gewisse Prognosequalität vermuten lassen.

> »Das Habitus-Konzept von Bourdieu bietet Erklärungsansätze für … generationsspezifische Muster und Dispositionen des Medienhandels«, bemerkt auch Biermann (2009b: 52), und weiter: »Ein generationenspezifischer medialer Habitus wird dieser Logik folgend durch die historisch je unterschiedliche Verfügbarkeit von Medien und medialen Angeboten und hiermit verbundenen Geschmacks- und Bewertungsmustern begünstigt« (Biermann 2009b: 54).

Die bei Biermann nicht näher beschriebene Art der »Verbindung« kann mit dem Nutzenansatz als subjektive Definition der Situation und hierauf bezogenes Handeln mit einem subjektiven Sinn verstanden werden. Einen Generationszusammenhang müsste daher nicht nur ein ähnliches Medienhandeln, sondern eine ähnliche Definition der Situation und Interpretation der Mediendispositive, -formate und -narrative auszeichnen. Wie für den Habitus allgemein gilt nämlich auch für den Medienhabitus, dass er

> »verbunden [ist] mit einer Geschichte und darin mit einer wahrscheinlichen Zukunft, [er] ist die Trägheit, die Spur der bisher durchlaufenen Bahn, welche die Agenten den augenblicklichen Feldkräften entgegensetzen, so daß ihre Strategien nicht direkt von der augenblicklichen Situation abzuleiten sind« (Bourdieu 1998b: 198).

Die »soziale Laufbahn« (Trajectoire) bewirkt Habitusformen, die nicht allein auf Herkunftsfamilie und -milieu zurückzuführen sind (vgl. Fuchs-Heinritz/ König 2005: 194). Dieser biografische Fokus mit Bezug zum sozialen Feld der Medien und dem akkumulierten medialen Kapital kann Medienhandlungen jenseits situativer Stimuli oder als Ergebnis rationalen Kalküls besser erklären (vgl. Weiß 2001a: 351-353 sowie empirische Beispiele: 359-360). Gewohnheiten (habitude) und »kreative Momente einer ars vivendi« (Bourdieu/ Wacquant 1996: 154) des Ausprobierens der Spielräume (Grenzen) auf dem »Spielfeld« formen den Medienhabitus.

Das Habituskonzept wurde von Park (2009: 4-5) im Rahmen einer Politischen Ökonomie der Medien zunächst nur auf die Produktionsseite der Medienkommunikation übertragen, um dort die theoretische Lücke zwischen der gesellschaftlichen Markoebene bzw. dem Mediensystem und dem individuellen Akteurshandeln in der Organisation zu füllen, aber auch er plädiert im nächsten Schritt für eine Anwendung des Habitus auf der Publikums- und Rezeptionsseite:

> »Through a consideration of habitus, we could attempt to understand processes of production and reception as reciprocally-structuring (which is not to say that audiences and producers have equal power) events in the communication process...« (Park 2009: 10).

Ebenso hat Ralph Weiß wiederholt auf den »praktischen Sinn des Mediengebrauchs im Alltag« hingewiesen, mit dessen Hilfe differentielle Mediennutzungsmuster auch im Zusammenhang mit der Lebensphase und grundsätzlich vor dem Hintergrund unterschiedlicher Ressourcen an ökonomischem, kulturellem und sozialem Kapital verstanden werden können. Der Habitus strukturiert das Medienhandeln und umgekehrt wird er durch das Medienhandeln rekonfiguriert (vgl. Weiß 1999, 2000, 2001). Weiß plädiert dafür, nicht einfach auf Milieu- und Lebensstilstudien zurückzugreifen, sondern

> »grundlegende Orientierungen für das praktische Handeln wie für die alltagspraktischen Anschauungen *aus den Strukturen der sozialen Praxis selbst* zu erklären. (...) Statt solcher Typologien ist daher ein ... *System generativer Prinzipien* [zu entwickeln], das die praktische Logik handlungsleitender Anschauungen aus der Logik der Praxis entwickelt« (Weiß 2000: 46-47).

Eines dieser generativen Prinzipien des medialen Habitus ist, so unsere Vermutung, die Zugehörigkeit zu einem bestimmten Mediengenerationszusammenhang oder sogar zu einer Mediengenerationseinheit.

Wie der Habitus insgesamt, so ist auch der mediale Habitus nicht direkt beobachtbar. Empirisch im Rahmen unseres Projektes können aber Merkmale und Ausprägungen eines *Medienstils* beschrieben werden, der durch individualbiografische und kollektivbiografische Erfahrungen sowie die soziale Position vermittelt über den Habitus einer Person geprägt wird. Der Medienstil kann – analog zum Sprachstil – als Teil des Lebensstils betrachtet werden, während der »Medienhabitus« im Sinne der medienbezogenen Komponenten und der medienbezogenen Aktualisierungen (durchaus im Sinne von Handlungen) des Habitus begriffen werden soll. Der Medienhabitus fungiert dabei als Repertoire, aus dem das aktuelle Medienhandeln und -verhalten schöpft, und gibt damit auch die Grenzen möglichen Medienhandelns vor, denn er vermittelt die strukturierende Wirkung der sozialen Position. Der Vorteil dieser Modellierung besteht darin, dass individuelles Handeln mit der sozialen Meso- und Makroebene vermittelt wird.

Die biografische Genese des medialen Habitus versuchen wir mithilfe medienbiografischer Interviews zu rekonstruieren, in denen nicht nur das mediale Kapital, sondern die Mediensozialisation und die Erfahrungen mit Medien erhoben werden, die das aktuelle (und künftige) Medienhandeln strukturieren. In einem zweiten Schritt sollen aus der vergleichenden Analyse von individuellem medialen Habitus mögliche kollektive Muster erkannt werden (vgl. Kap. 2). Erst wenn sich solche spezifischen Muster des Medienhandelns einer Generationslagerung erkennen lassen, *kann* sich ein Mediengenerationszusammenhang hieraus ergeben. Einen Überblick der Operationalisierung des medialen Habitus gibt Abbildung 5.

Abb. 5: Wege zur Beschreibung des medialen Habitus

<table>
<tr><td rowspan="4">medialer Habitus</td><td>objektive Position im medialen Feld:
objektiviertes und institutionalisiertes mediales Kapital</td></tr>
<tr><td>individuelle Medienbiografie:
Genese und Stabilität</td></tr>
<tr><td>Medienhandeln:
Mediennutzung, Medienrepertoire, Medienstil, Medienbewertung</td></tr>
<tr><td>Medienkompetenz: inkorporiertes mediales Kapital</td></tr>
</table>

Ausgehend vom interaktionistischen Nutzenansatz stellen die klassischen Mediennutzungsdaten bzw. -parameter nur *eine* relevante Komponente dar, denn im Sinne Bourdieus gilt unser Interesse letztlich ja dem hinter dem beobachtbaren Verhalten liegenden Habitus. Deshalb spielt die Rolle der Genese des medialen Habitus in der Medienbiografie ebenso eine Rolle wie die *Qualitäten* und *akteursseitige Bewertungen* des Medienhandelns. Wir unterscheiden daher vier relevante Konstrukte: individuelle Medienrepertoires, Mediennutzungsmuster, Medienstile und subjektive Medienbewertungen (vgl. Abb. 6).

Mithilfe des *Medienrepertoires* soll der Komplexität des individuellen und ggf. generationalen Medienhandelns Rechnung getragen werden. Die feuilletonistische oder alarmistische Reduktion einer Generation auf ein monomediales Bestimmungsmerkmal, etwa als Fernseh- oder Internetgeneration, trägt weder der Komplexität des Generationen- noch der des Medienbegriffes Rechnung. Wir gehen weder davon aus, dass Medien eine Generation hinreichend oder gar in Abgrenzung zu anderen Generationen definieren, noch davon dass ein *einzelnes* Medium die generationellen Effekte determiniert. »Zum Katalog der Kriterien, die eine Generation an sich ausmachen können, gehört [aber] nicht zuletzt auch die jeweilige Spezifik der Mediennutzung«, und zwar »die je charakteristische Indienststellung eines *Medienmixes*« (Gries 2008: 248; Hervorh. d. Verf.). Wir bevorzugen anstelle des Begriffs »Medienmix« oder des »Medienmenüs« (Meyen 2007) im Anschluss an Hasebrink (Hasebrink/ Popp 2006; Hasebrink/ Domeyer 2006: 58-62) den Begriff Medienrepertoire, um medienübergreifende Nutzungskombination von Einzelmedien und deren Inhalten zu beschreiben.

Abb. 6: Kriterien individueller und kollektiver Medienpraxiskulturen

Mediennutzungsmuster	Nutzungshäufigkeit und -dauer der Mediendispositive Buch, Tageszeitung, Zeitschrift, Film, Hörfunk, Fernsehen, Onlinemedien
Medienstil	Modi und Qualitäten der Mediennutzung, Einbindung in den Alltag, Habitualisierung, Parallel- und Nebennutzung, Medienrituale, persönliche Medienregeln und -restriktionen, Medienverweigerungen, Reflexionsgrad der Aneignungs- und Selektionsentscheidungen (Einsatz von medialem Kapital)
Medienrepertoires	dispositiv-, format- und narrativübergreifende Mediennutzungskombination
Medienbewertungen	subjektive Medientheorien: Relevanz-, Wirkungs-, Nutzenannahmen und -erfahrungen, Attribution von Glaubwürdigkeit und Vertrauen, positive oder negative Vorbildfunktionen, Distinktionsfunktionen

Der Repertoirebegriff betont dabei – analog zum Repertoire eines Schauspielers oder Interpreten – die ausschlaggebende Bedeutung des Akteurs und seiner praktischen, performativen Kompetenzen, die wir als Element des inkorporierten medialen Kapitals begreifen, während das Konzept des Medienmenüs (Meyen 2007) oder des »transmedialen Nutzungsstils« (Schweiger 2006) stärker auf die Angebotssituation bzw. die Selektionsentscheidungen fokussieren. Medienrepertoires unterliegen einem sowohl biografisch wie durch die objektiven Veränderungen im medialen Feld beeinflussten Wandel. Das bedeutet, es kommt im Laufe der Medienbiografie und von Positionsveränderungen im medialen Feld zu Erweiterungen und Verschiebungen (ggf. auch zu Verengungen) des Nutzungsrepertoires, einerseits in Bezug auf genutzte Inhalte, Genres oder Titel (Mediennarrative und -formate), andererseits durch auf neue Art genutzte alte oder durch neue Mediendispositive. So lassen sich durch medienbiografische Rekonstruktionen Brüche und Wandlungen innerhalb des Medienrepertoires feststellen. Gründe für Veränderungen können hierbei neben Lebensphasen (Alters- bzw. Kohorteneffekte) auch generationale Prägungen oder medientechnische Entwicklungen sein (vgl. Busemann/ Engel 2012). Medienrepertoires dienen uns nicht als Grundlage einer (milieubezogenen) Nutzertypologie (vgl. Hasebrink/ Popp 2006: 373), sollen aber beitragen zur Rekonstruktion eines individuellen (und ggf. generationenspezifischen) medialen Habitus und dabei »the analytical distinction between structural, positional, and individual determinants of patterns of media use« (Hasebrink/ Popp 2006: 385) ermöglichen.

Mediennutzungsmuster beschreiben eher traditionell Häufigkeit und Dauer der Nutzung von Buch, Tageszeitung, Zeitschrift, Hörfunk, Fernsehen und Onlinemedien auf der Ebene der Mediendispositive. Die Erhebung erfolgt in Form einer standardisierten Befragung ergänzt um individuelle Selbstauskünfte, da eine Nutzungsmessung bzw. die Verknüpfung mit entsprechenden Daten nicht durchführbar ist.

Unter *Medienstil* verstehen wir den Modus sowie die raumzeitlichen und rezeptiven Qualitäten der Medienverwendung, einschließlich der Medienverweigerung oder -vermeidung. Zum Medienstil zählen Habitualisierung und Ritualisierung von Mediennutzungen, die zeitliche Parallelnutzung mehrere Medien (vgl. Best/ Engel 2011: 532), die Einbindung in den Alltag (vgl. auch Wittpoth 1999: 215) insbesondere durch tages- oder handlungsbegleitende Mediennutzung, persönliche oder soziale Normen und Restriktionen der Medienverwendung. Wir fragen zudem nach dem Einsatz von Medienkompetenzen (als Form inkorporierten Medienkapitals), zum Beispiel Ausmaß und Reflexionsgrad von Selektionsentscheidungen, nach der Aneignung von Medieninnovationen, Akzeptanzmustern und Innovationsbereitschaft (vgl. Jäckel 2010: 249) sowie die Teilhabe an »Medienmoden« (Jäckel 2010: 252).

Subjektive *Medienbewertungen* schließlich umfassen die persönliche Einschätzung (Relevanz, Wirkungsannahmen, Nutzenerwartungen) und Einbindung von Medien in den Alltag sowie die funktionalen, ästhetischen, affektiven und normativen Präferenzen. Hierbei geht es um Funktionszuschreibungen, etwa für Unterhaltung, aktuelle Information, Wissenserwerb, Beratung usw., um die Bindung an bestimmte Medien- bzw. Medienangebote, das Vertrauen in bestimmte Medien, die Einschätzung ihrer Glaubwürdigkeit sowie die Erfassung der Kriterien (persönliche Beweggründe) der Medienbewertung und der persönlichen »Leitmedien.« Erfasst werden sollen ggf. auch Hinweise auf parasoziale Interaktionen mit Medienpersonen, positive oder negative Vorbildfunktionen, Distinktionsmechanismen (sozialer Vergleich mit Medienpersonen oder mit anderen Mediennutzern).

In einem weiteren Schritt kann dann in Gruppeninterviews (vgl. Kap. 2) geprüft werden, in welchem Maße solche kollektiven Muster von den einzelnen Akteuren auch als kollektive Identität erfahren und interpretiert werden (Medienhabitus bestimmter Generationszusammenhänge oder gar -einheiten). Damit wäre zumindest ein Hinweis auf das gefunden, was Karl Mannheim (1964: 550) als den typischen »Generationenstil« als Produkt eines konjunktiven Erfahrungsraumes aufgefasst hat. Dabei handelt es sich um einen kollektiven Stil infolge generationaler Prägung und nicht um einen individuell völlig frei wählbaren Stil oder durch das Lebensalter bzw. die Lebensphase bestimmten Stil. Der Generationenstil ist ein längerfristig stabiler, kollektiver Stil, der individuell interpretierbar ist, aber den Lebenslauf durch verschiedene Lebensphasen (Lebensalter) biografisch begleitet. Mit Rekurs auf Bourdieu kann der Generationenstil als kollektiver Lebensstil einer Generationseinheit (vgl. Neun 2009: 221), mit Gerhard Schulze als »alltagsästhetisches Schema« aufgefasst werden, die individuell durch den jeweiligen Habitus interpretiert und durch vergleichbare Positionen im sozialen Feld bzw. soziale Milieus geprägt wird.

Allerdings erweist sich die bislang vorliegende Lebensstil- und Milieuforschung trotz ihrer zunehmenden Resonanz in der Mediennutzungsforschung für unser Anliegen als wenig hilfreich, weil »Generation« dabei ein blinder Fleck geblieben ist und die üblichen soziodemografischen Variablen sowie Einstellungsmuster dominieren. So hat Rosengren (1995: 14-15; 23-24) Bourdieus »Lebensstil« (»life style«) als zusammengesetzten Begriff verstanden, unter dem »ways of life« (Lebenshaltung) und »forms of life« (Lebensform) subsumiert werden: *Forms of life* meint demnach makro-strukturell bestimmte Handlungsmuster, die eng mit der historischen oder gesellschaftlichen Entwicklung insgesamt (aber nicht mit der Medienentwicklung) verknüpft sind. *Ways of life* hingegen beschreiben individuelle Handlungsmuster, die durch die soziale Position innerhalb einer Gesellschaft (soziodemografische Variablen wie Alter, Geschlecht, Beruf, formale Bildung etc.), also Faktoren der Mesoebene geprägt werden. Hinzu kommen individuelle Merkmale (Mikroebene), die durch Faktoren der Makro- und der Mesoebene gerahmt und strukturiert werden, also nicht völlig frei und individuell gewählt werden können. Rosengren folgt Bourdieu also insoweit als er die (Medien-)Handlungsmuster für sozial bestimmt hält, ohne jedoch eine Determination durch strukturelle Faktoren (insbesondere ein starres Modell der Klassengesellschaft) zu behaupten. Die auf der Mikroebene ansetzenden empirischen Erhebungen Rosengrens werden in begründeter Form mit Befunden auf der Mesoebene und zumindest hypothetisch auch mit der Makroebene in Verbindung gebracht, statt Daten der Individualebene lediglich statistisch »hochzurechnen«. Individuelle Akteure werden nicht »rationalistisch« auf einen völlig frei und vernünftig kalkulierenden Handelnden verkürzt, sondern in ihrem sozialen Kontext betrachtet, der jedoch nicht – wie in den obsoleten materialistischen Ansätzen – das Denken, Fühlen und Handeln des Individuums vollständig determiniert (vgl. Bourdieu 1997: 63). Das Verhältnis von Makro-Struktur und Mikro-Handlung als Prozess kann dann als ein wechselseitiger dialektischer Vermittlungsprozess verstanden werden, der sich im Habitus äußert. Die Idee einer generationalen Prägung spielt aber auch beim *way of life* keine Rolle.

Auch der Blick in die Grundlagenliteratur und die für Deutschland maßgeblichen empirischen Studien von SINUS und SIGMA enttäuscht unter Generationenaspekten: Ein *Lebensstil* ist demnach ein regelmäßig wiederkehrender Gesamtzusammenhang von Verhaltensweisen, Interaktionen, Meinungen, Wissensbeständen und bewertenden Einstellungen eines Menschen. Nicht jeder Mensch hat einen anderen Lebensstil. Ähnlichkeiten ergeben sich u.a. deshalb, weil sich Menschen bei der Gestaltung ihres Lebens an Muster, Vorbilder und Mitmenschen anlehnen« (Hradil 2007: 169). Wahl betont zwar die *generationale Prägung solcher Lebensstile,* wenn sie schreibt:

> »Insoweit individuelle Verhaltensmuster nach ihrer Prägung in der Jugendphase weitgehend stabil bleiben und erst nachfolgende Generationen neue Verhaltensmuster aufweisen, sind die Lebensstile manifester Ausdruck der für Kategorien altersgleicher Individuen spezifischen sozial-historischen Situation« (Wahl 2003: 63).

Im Rahmen von Quasi-Panel-Berechnungen und einer darauf angewandten Kohortenanalyse kommt sie aber zu dem Fazit, dass »der Lebensstilwandel, der zwischen 1987 und 1995 in Westdeutschland zu beobachten ist, auf zeithistorische und lebenszeitliche Gegebenheiten zurückzuführen ist« (Wahl 2003: 169), und *nicht* auf generationelle Effekte. Generationelle Prägung tritt gegenüber den anderen sozialen Faktoren für die Erklärung und Beschreibung (bzw. sozialstatistische Konstruktion) von Lebensstilen zurück: Die jeweiligen Lebensstile werden in erster Linie von Alter, Bildung, Geschlecht und Lebensphase beeinflusst. Beruflicher Status, Schichtselbsteinstufung und Einkommen rangieren als Prägefaktoren dahinter, sind aber keinesfalls unwichtig. Unterschiede im Lebensstil werden weniger als Generationeneffekte verstanden, sondern am Lebensalter festgemacht und vorwiegend als lebenszyklische Effekte modelliert (vgl. Müller-Schneider 1996: 367).

Im Anschluss an Bourdieu und an Schulze wurde zur Beschreibung sozialer Differenzierungen jenseits von Klasse und Schicht neben dem Lebensstil vielfach auf den Begriff *Milieu* zurückgegriffen:

> »Unter einem ›sozialen Milieu‹ wird üblicherweise das typische (materielle, kulturelle, soziale) Umfeld einer sozialen Gruppierung sowie dessen typische Wahrnehmung, Interpretation und Gestaltung durch die Zugehörigen verstanden. Soziale Milieus stellen so Gruppen Gleichgesinnter dar, die jeweils ähnliche Werthaltungen, Prinzipien der Lebensgestaltung, Beziehungen zu Mitmenschen und Mentalitäten aufweisen« (Hradil 2007: 169),

ohne dass dies auf generationale Prägungen oder parallele Biografien zurückgeführt wird. Der Fokus der bekanntesten Milieu-Studien von SINUS und SIGMA liegt auf der *synchronen* Betrachtung gesamtgesellschaftlichen Differenzierung und dem sozialen Wandel (Modernisierung, Individualisierung). Hradil (2007: 182) fasst zusammen:

> »In der Tat bringen die vorliegenden Milieu- und Lebensstilstudien bloße Momentaufnahmen. (…) Es wird hieraus weder deutlich, wie lange soziale Milieus und Lebensstile bestehen, noch, wie lange die Einzelnen einem bestimmten Milieu bzw. Lebensstil angehören und welche ›Milieu- und Lebensstilbiographie‹ sie durchlaufen.«

Milieus werden *generationenunabhängig* auf der Grundlage soziodemografischer sowie weiterer Merkmale (Wertorientierungen etc.) definiert. Geburtenkohorten spielen vor allem über die Dimension Lebensalter bzw. Lebensphase eine Rolle (vgl. auch Otte 2005: 8). Da es sich bei den SINUS- und SIGMA-Studien nicht um reale Panelstudien handelt, können keine direkten und validen Aussagen über eine generationelle Prägung von Milieus gewonnen werden. Es wird lediglich eingeräumt, dass Milieus »aussterben« können, was für eine generationelle Bindung und Prägung von Lebensstilen bzw. Milieus spricht (vgl. auch Hradil 2007: 175).

Seit Anfang 2000 werden Sinus-Milieus auch innerhalb des GFK-Panels zur Mediennutzung mit erhoben (vgl. Gerhards u.a. 2001), die neue *MedienNutzer-Typologie MNT 2.0* beruft sich auf eine veränderte Medienlandschaft (Vermehrung und Fragmentierung) sowie eine Ausdifferenzierung und veränderte Umgangsweise des Publikums, ohne jedoch explizit auf generationelle Effekte oder gar eine »neue Mediengeneration« abzustellen. Die Herausbildung von Mediennutzungsmustern, -repertoires, -stilen und -bewertungen, die Akkumulation von medialem Kapital und damit auch die Position im medialen Feld unterliegen Veränderungen im *Lebenslauf* eines Individuums. Menschen durchlaufen einen lebenslangen Mediensozialisationsprozess und entwickeln eine *Medienbiografie*, die wiederum mit den Strukturen des medialen Felds (und dessen Dynamik) im Wechselspiel stehen. Wenn man generationale Muster des Medienhandelns erkennen und erklären möchte, dann erscheint die Rekonstruktion ihres Entstehungsprozesses aus mehreren Gründen sinnvoll: Zum einen lassen sich individuelle Unterschiede durch die Sozialisationsprozesse im jeweiligen familiären Mehrgenerationenkontext als »Vererbungsprozesse« von medialem Kapital verstehen. Zum anderen stellt sich die Frage, ob und in welchem Maße die individuellen Medienbiografien bestimmten *generationstypischen Mustern oder Kollektivbiografien* folgen, die eine Mediengeneration (im Sinne eines Generationenzusammenhangs oder gar von Generationeneinheiten) erklären. In der Biografie des Einzelnen findet sich nämlich nicht nur *individuelles* Erleben, sondern auch *gruppenhafte* Erlebnisse und vor allem *strukturidentisches* Erleben, welches im Sinne Mannheims vor allem in seinen Diskontinuitäten und habituellen Verunsicherungen Grundlage »für Emergenzen der Erlebnisschichtung wie aber auch Grundlage für die Bildung neuer Generationsgestalten« ist (Bohnsack/ Schäffer 2002: 254). Biografien als »sozialweltliche Orientierungsmuster« (Fischer/ Kohli 1987: 26) entstehen in Interaktion mit anderen und bilden auch in ihrer Veränderung noch immer einen Schnittpunkt zwischen individuellem und gesellschaftlich vermitteltem sozialen Handeln. Ähnlich wie Schäffer verstehen wir diese Interaktion im Mannheimschen Sinne als *konjunktiven Erfahrungsraum*. Schäffer arbeitet dafür zwei Ausprägungen aus: (a) als präreflexiv auf einer handlungspraktischen Ebene stattfindende Kommunikation, »im Medium des Selbstverständlichen« (Schäffer 2003: 86) und (b) als kommunikative Verständigung »*zwischen* unterschiedlichen Erfahrungsräumen« (Bohnsack/ Schäffer 2002: 255) durch wechselseitiges Interpretieren. Beide Formen sind verbunden mit Distinktionen und Differenzkonstruktionen auf Basis grundlegender Orientierungen, Haltungen und Dispositionen, die jedoch im Bereich des Selbstverständlichen einer »reflexiven Durchdringung« erst zugänglich gemacht werden müssen (vgl. Schäffer 2003: 84-86).

1.5 Zusammenfassung und Schlussfolgerungen

Was folgt nun aus den generationentheoretischen und -soziologischen Überlegungen, den Anwendungen der Feld-Kapital-Habitus-Theorie und den kommunikationswissenschaftlichen Fokussierungen für die Frage nach den Mediengenerationen?

Unter Mediengenerationen verstehen wir *historische Generationen* nach der Systematik von Fietze (2009), auch wenn wir *keine* Theorie des sozialen oder medialen Wandels anstreben, die einen Akteursstatus von Mediengenerationen voraussetzt. Wir gehen nicht davon aus, dass Medien (oder ein bestimmtes Medium) tatsächlich disruptive »Revolutionen« bewirken und eine neue (vermeintlich sogar homogene) Generation hervorbringen. Uns geht es auch nicht um eventuelle Wirkungen der Medien, vermittelt über die »dazugehörige« Generation, auf die Gesellschaft insgesamt. Auf der Grundlage des kommunikationswissenschaftlichen Forschungsstandes erscheinen solche starken, linearen Kausalwirkungen nahezu ausgeschlossen. Stattdessen halten wir die Konzeption eines aktiven Nutzers und ein Modell des Medienhandelns im Sinne des Nutzenansatzes für angemessen. Im Fokus unseres Interesses stehen nicht extramediale Wirkungen, sondern die Frage, ob sich Generationen identifizieren lassen, deren *Medienhandeln* spezifisch *geprägt* ist und das sich von dem anderer Mediengenerationen faktisch (auf der Handlungsebene) oder gar programmatisch (auf der Bewusstseinsebene) unterscheidet. Die formal- und wissenssoziologische Begriffsklärung von Karl Mannheim aus dem Jahre 1928 ist bis heute nicht nur der zentrale Bezugspunkt sozialwissenschaftlicher Generationenforschung insgesamt (vgl. Jureit 2006: 14). Ausgehend von den Überlegungen Mannheims und der an sie anschließenden Forschung lassen sich auch für unsere Frage nach Mediengenerationen theoretische und methodologische Folgerungen ableiten. Dies gilt insbesondere für die weitere Dimensionierung des Mediengenerationenbegriffs (vgl. Abb. 7).

Mediengenerationen sind demnach auf der *Ebene des Generationszusammenhangs* zu verorten. Schon Mannheims Konstrukt der *Generationslagerung* setzt einen gemeinsamen (nicht: gemeinschaftlichen) sozio-kulturellen Raum voraus. Übertragen auf Mediengenerationen bedeutet dies, dass die fraglichen Individuen Teilnehmer *desselben Mediensystems* oder zumindest einer *ähnlicher Medienkultur* sein müssen, sie ihre *Medienlebensläufe also zumindest weitgehend innerhalb desselben medialen Feldes* erlebt haben. Damit ist aber erst die *Voraussetzung* für das erfüllt, was Mannheim auf der Ebene des Generations*zusammenhangs* beschreibt. Unser Verständnis von Mediengeneration orientiert sich an diesen Überlegungen, d.h. wir stellen die *Frage, ob es Mediengenerationszusammenhänge gibt.* Die Stufe von Mediengenerationseinheiten im Sinne von Mannheim, also der polarisierten Gruppenbildung innerhalb eines Mediengenerationslagers, wäre zwar theoretisch denkbar, (etwa Fangemeinden oder gar Fernseh-, Handy-, Online- Computerspiel-»Süchtige«), stellt aber keine notwendige Voraussetzung für eine sinnvolle Rede von Mediengenerationen. Diese müssen folglich nicht unbedingt homogen sein, wie vielfach unterstellt wird, denn die von Mannheim genannte Polarisierung zwischen verschiedenen Generationseinheiten deutet auf eine *notwendige Binnendifferenzierung von Mediengenerationen* hin, die auf unterschiedliche Positionen im medialen Feld und unterschiedliche Medienlebensläufe zurückzuführen ist (vgl. auch Jäckel 2010: 247-248).

Abb. 7: Verortung von Mediengenerationen nach Mannheim

differenzierter Generationenbegriff	**Operationalisierung für »Mediengenerationen«**
Generationslagerung (Kohorte)	objektive Positionen und Positionsveränderungen im medialen Feld im Lebenslauf
Generations-zusammenhang	medialer Generationenstil (generationeller medialer Habitus), auf Individualebene zu erheben als kollektiv geteilte • Mediennutzungsmuster, • Medienstile, • Medienrepertoires und • Medienbewertungen
Generationseinheiten	distinktives und identitätskonstituierendes individuelles und kollektives Selbstverständnis als spezifische, »emphatische« Mediengeneration

Im Anschluss an Dilthey und Mannheim *können* Generationszusammenhänge entstehen, wenn »reale soziale und geistige Gehalte … eine reale Verbindung zwischen den in der Generationslagerung befindlichen Individuen stiften« (Mannheim 1964: 543). Der gemeinsame Erfahrungsraum mit geteilten Werten, Wahrnehmungsweisen und Semantiken (vgl. Mannheim 1964: 546-547) ist in modernen medialisierten Gesellschaften zu einem nicht unwesentlichen Teil durch – formal und inhaltlich näher zu bestimmende – Medien geprägt. Nicht nur die Gehalte, also die kognitiven Inhalte, sondern die Wahrnehmungs- und Erkenntnisstile werden von den Individuen des Generationenzusammenhangs als »*Generationsstil*« (Mannheim 1964: 550) kollektiv geteilt:

> »Wir sehen Dinge bereits in einer bestimmten Gestalt, wir denken Begriffe in einer bestimmten Bedeutung. Die jeweilige Bestimmtheit ist durch die jeweils hinter uns stehende Gruppe gegeben« (Mannheim 1964: 546).

Medien tragen in erheblichem Maße zur Wahrnehmung bei, nicht zuletzt durch die Formen ihrer Selektion und Präsentation; sie fungieren insofern als »Metaphern der Wahrnehmung« (McLuhan) und als epistemische Werkzeuge der Weltwahrnehmung und -interpretation. Je nach Generationslagerung *könnten* dementsprechend die individuellen Wahrnehmungsweisen auch durch lagerungs- und d.h. generationenspezifische Medienbedingungen geprägt sein.

Der *medienbezogene Generationsstil* im Sinne Mannheims kann mit Schäffer als *Medienpraxiskultur* verstanden werden, die Ausdruck eines generationell geprägten *medialen Habitus* (im Sinne Bourdieus) sein könnte. Ob es Hinweise auf eine solche *generationelle Prägung des individuellen medialen Habitus* gibt, gehört zu den offenen empirischen Fragen.

Die Betonung des präreflexiven und habituellen Charakters der Medienpraxiskultur und ihr Status als jeweils für »natürlich« gehaltene Handlungsweise weist deutliche Parallelen zum Habitus-Begriff Bourdieus auf: Was Schäffer als Medienpraxiskultur empirisch beschreibt, werden wir als medienbezogenen Teil des individuellen und kollektiven Habitus (oder mit Mannheim als medialen Generationenstil) verstehen, dessen generationelle Prägung es zu erforschen gilt. Für Aroldi (2011: 55) gehören zur »generational identity … values, ideals, configurations of taste and sensibility, constellations of preferences that we could probably call, with Bourdieu (1979), *habitus*…«. Ähnlich argumentiert Schäffer mit Verweis auf Bohnsack und Bourdieu, wenn er schreibt:

> »Diese handlungsleitenden Orientierungsmuster entfalten sich auf der Ebene habituellen Handelns, d.h. auf einer Ebene ›praktischen Sinns‹, die einer reflexiven Durchdringung, zumal im Prozess des Handelns selbst, nur schwer zugänglich sind. Innerhalb konjunktiver Erfahrungsräume werden auf diesem Wege grundlegende Orientierungen, Haltungen und Dispositionen erworben« (Schäffer 2003: 27).

Es müssten sich also bei Individuen *innerhalb* einer Generationslagerung ähnliche »medienpraxiskulturelle Muster« finden lassen, die eine Mediengeneration im Sinne eines Generationenzusammenhangs bzw. von Generationeneinheiten konstituieren. Wir folgen dabei methodologisch der kultursoziologischen Lesart von Mannheim, die Matthes (1985: 368-369) vorgeschlagen hat: Wir suchen innerhalb des Möglichkeitsraums der Generationslagerung nach *kollektiven, geteilten Medienpraxiskulturen,* um Generationszusammenhänge sowie ggf. -einheiten zu rekonstruieren und schließlich herauszufinden, ob es strukturelle Generationeneffekte auf die individuelle Mediennutzung und -bewertung gibt.

Wenn man von einer das Medienhandeln einer Generation prägenden Kraft der »Medien« ausgeht, stellt sich ähnlich wie in der Medienwirkungsforschung die Frage, was genau da eigentlich wirkt bzw. prägt? Auch für die Durchführung von empirischen Erhebungen erscheint uns eine Differenzierung notwendig, die sich an den Handlungs- und Erfahrungsebenen sowie am alltäglichen Verständnis der Mediennutzer (und nicht an der fachinternen Systematik des Medienbegriffs) orientiert. Individuelles Medienhandeln und persönliche Medienerfahrungen sowie die rekonstruktive Rede darüber in einer geteilten Medienpraxiskultur kann drei Bezugsebenen aufweisen: *Mediendispositive* bilden den relativ stabilen technischen, semiotischen und organisatorischen Rahmen der Möglichkeiten und dürften im Alltag zum Beispiel als »das Fernsehen«, »die Tageszeitung« etc. bezeichnet werden. *Medienformate* bezeichnen bestimmte Genres oder leicht wiedererkennbare formale Merkmale, für die im Alltag Präferenzen (bis hin zum Fantum), Abneigungen oder Indifferenzen entwickelt werden. Sie dürften auch biografisch eine große Rolle spielen, zum Beispiel in Gestalt bestimmter fiktionaler Fernsehserien, politischer Magazine, Jungendbuch- oder Comicreihen usw. *Mediennarrative* schließlich beziehen sich auf konkrete Medieninhalte, bestimmte »Helden«, Plots und Stories fiktionaler oder nonfiktionaler Art (z.B. große Medienereignisse); so dürften zum Beispiel biografisch crossmedial präsente Zeichentrickhelden oder bestimmte Anchor-Persons und Stars als prägend erinnert werden.

Der individuelle mediale Habitus, der in unserem heuristischen Modell die Rolle der Vermittlung zwischen Mediengenerationszusammenhang (als sozialstrukturelle Größe) und individuellem Medienhandeln (als empirisch zugängliche bzw. rekonstruierbare Größe) spielt, ist selbst empirisch nicht direkt zugänglich, er kann aber, so unsere Arbeitshypothese, indirekt erschlossen werden: Es geht um *medienbezogenen Dispositionen,* die als Einstellungen und Bewertungen kommunzierbar sind, sowie um *Handlungsmuster und -stile,* die als *Ausdruck* oder Niederschlag des medialen Habitus verstanden werden sollen.

Der mediale Habitus wird nicht vollständig durch das empirisch vergleichsweise gut erfassbare mediale Kapital sowie die hierauf basierende Position im medialen Feld determiniert. Wie alle Akteure haben auch Mediennutzer Spielräume, die durch den Habitus umschrieben werden. Die Berücksichtigung sozialer, einschließlich sozialstruktureller Faktoren, wie sie Bourdieus Habitus leistet, lässt sich sehr gut mit dem *handlungstheoretischen Nutzenansatz* und dem Konzept des aktiven Nutzers verbinden. Mediennutzung ist ein Spezialfall kommunikativen Handelns und mit subjektiv gemeintem Sinn verbunden. Es sind nicht allein individuelle psychische Bedürfnisse, die Mediennutzung motivieren, sondern soziale Intentionen, die im Kontext des medialen und sozialen Feldes stehen. Die Strukturen dieses Feldes prägen den individuellen medialen Habitus mit. Ähnliche Positionen in diesem Feld und vergleichbare Lebenswege durch dieses Feld lassen *konjunktive Erfahrungsräume* entstehen, die eine *gemeinsame Medienpraxiskultur* wahrscheinlich machen. Nicht alle Mitglieder eines Mediengenerationszusammenhangs nutzen dieselben Medien auf dieselbe Weise. Generationelle Prägungen müssten sich aber im individuellen medialen Habitus niederschlagen und damit zu ähnlichen Medienpraktiken führen, die sich von den Medienpraxiskulturen anderer Generationen unterscheiden. Zur Beschreibung der »Lagerung im sozialen Raum« (also der Position von Akteuren im Feld) bieten sich gerade vor dem wissenssoziologischen Hintergrund Medien in besonderem Maße an: Kollektiv geteilte bzw. ähnliche Medienumwelten bzw. mediale Felder müssten dann Einfluss haben auf *generationentypische Arten und Weisen des Erlebens, Denkens, Fühlens und Handelns bzw. auf Verhaltungs-, Gefühls- und Denkweisen* im Sinne Mannheims. Dabei geht es nicht allein um eine kollektive Wirkung von »Medieninhalten«, sondern um kollektive Handlungs- und Erfahrungsmuster. Auch für Bohnsack und Schäfer (2002: 257) kann die *Medienpraxis* selbst (also nicht der mediale Diskurs) konstitutiv für einen generationenspezifischen *konjunktiven Erfahrungsraum* sein (vgl. Schäffer 2003: 118 sowie Gries 2008: 241).

Zur Beantwortung der Frage, ob und wie tiefgreifend mediale Handlungserfahrungen überindividuell generationenprägend wirken, ob es also einen medienbezogen zu beschreibenden oder gar zu bestimmenden Mediengenerationszusammenhang gibt, reicht die kohortenbezogene Sekundäranalyse von Mediennutzungsdaten nicht aus. Es geht nicht um eine »angeborene« Eigenschaft (vgl. Schäffer 2009: 42), sondern um sehr voraussetzungsreiche gemeinsame Erfahrungen. Mediengenerationen können in der Tradition Mannheims auch nicht anhand »objektiv« datierbarer Medienphänomene (Innovations- oder Diffusionszyklen) periodisiert werden (vgl. Jäckel 2010: 251; Schäffer 2009: 32-34). Wissenssoziologisch betrachtet sind Medien Teil der Sozialstruktur und die Voraussetzung für ein gesellschaftliches »Sein«, das das »Bewusstsein« bestimmt (vgl. Fietze 2009: 94).

Generationslagerungen, also Geburtskohorten in einem geteilten sozio-kulturellen Möglichkeitsraum stellen im Rahmen unserer Untersuchung lediglich den *pragmatischen* Ausgangspunkt empirischer Forschung dar (Erreichbarkeit von drei Familiengenerationen). Die Mediengenerationslagerung ergibt sich aus den gleichen oder benachbarten Geburtsjahrgängen und einer ähnlichen »objektiven« Position im sozialen und medialen Feld. Diese haben wir anhand allgemeiner soziodemografischer Variablen, vergleichbarer (Medien-) Biografien sowie unter Rückgriff auf Bourdieus Kapital-Feld-Theorie aufgrund der Ausstattung mit kulturellem und medialem Kapital rekonstruiert (vgl. ausführlich Kap. 1.4.1). Kohli (2007: 49) folgend sollen bei der Suche nach Generationszusammenhängen »bereichs- und themenspezifische generationale Lagerungen« identifiziert werden. Wir versuchen also nicht Mediengenerationen anhand objektiver, quantitativer Kohortenkonstruktionen *vorab* zu definieren, sondern suchen nach Einstellungs-, Verhaltens- und Handlungsmustern, die eine Mediengeneration sozial definieren.

Mediengenerationseinheiten, die sich von anderen Mediengenerationseinheiten selbstbewusst abgrenzen oder artikulieren, *können* auf der Grundlage von Mediengenerationszusammenhängen entstehen. Ob Medien tatsächlich eine solche kollektive Identität und Distinktion generierende Wirkung haben, ist ebenfalls eine offene empirische Forschungsfrage, die mithilfe von Befragungen aufgeklärt werden kann. Von einer Mediengeneration in solch emphatischen Sinne kann man erst sprechen, wenn sich ein entsprechendes kollektives Selbstverständnis und -bewusstsein entwickelt hat, ein

> »we-sense that is that set of feelings, contents and self-definitions that are shared by members of this collective identity. This we-sense interacts with external definitions given by other social groups. (...) Only through self-narration we can grasp the we-sense. Moreover, from the sociological point of view, the we-sense exists only in generational self-narration« (Colombo 2011: 31).

Die Generationentheorie geht seit Dilthey und Mannheim davon aus, dass die Individuen einer Generation vor allem in ihren *Jugendjahren nachhaltige Prägungen* erfahren, ihre konjunktiven Erfahrungsräume also nicht nur aktuell in der Gegenwart teilen, sondern im *Lebenslauf* bereits geteilt haben. Erst die sozialisationstheoretisch wie entwicklungspsychologisch einleuchtende Annahme von der anhaltenden Prägung macht verständlich, *warum* die Vertreter einer Generation aktuell ähnlich handeln und denken (wenn sie es denn tun). Dieser Gedankengang erscheint uns auch für Mediengenerationszusammenhänge grundlegend: Würde man lediglich aktuelle gleiche Muster der Mediennutzung beobachten, würde sich daraus noch keinerlei valide Aussage über eine *Gleichursächlichkeit* dieser Ähnlichkeit ergeben. Alle möglichen, nur aktuell wirkenden Faktoren könnten grundsätzlich als Erklärung herangezogen werden. Wenn sich aber nicht nur ähnliche Mediennutzungsmuster, Medienrepertoires, -bewertungen und -stile beobachten lassen, sondern auch konjunktive Erfahrungen in *parallelen Medien-*

lebensläufen rekonstruieren lassen, wäre zumindest ein Ansatzpunkt zum Verstehen der Gemeinsamkeiten als Generationenstil oder kollektiver Medienhabitus gegeben. Deshalb gehen wir *medienbiografisch* vor und ergänzen damit die gegenwartsbezogenen Selbsteinschätzungen zum Medienhandeln. Dabei sind wir uns darüber im Klaren, dass auch wir nicht alle anderen Faktoren, die das Medienhandeln bestimmen, ausschließen und einen validen Nachweis der Existenz von Mediengenerationszusammenhängen liefern können. Umgekehrt würde aber das Nichtvorhandensein paralleler Medienbiografien zumindest gegen die Annahme von medialen Erfahrungsgemeinschaften und Mediengenerationszusammenhängen oder zumindest gegen deren besondere Relevanz zur Erklärung aktuellen Medienhandelns sprechen.

Auch die empirische Suche nach einem abstrakten Kollektivphänomen wie Mediengeneration kann dem methodologischen Individualismus nicht entgehen: Generationen lassen sich nicht befragen und ihre Mediennutzung lässt sich (im Gegensatz zu der von Kohorten) nicht messen oder berechnen. Unsere Erhebungen beginnen daher zwangsläufig auf der Individualebene mit einer Kombination verschiedener Befragungsmethoden sowie auf der Ebene von mehrgenerationellen Familien und künstlichen Gruppen (vgl. hierzu Kap. 2). Dabei geht es nicht um die Prüfung von Hypothesen, sondern explorativ um die *Suche nach Belegen oder Indizien für das Vorhandensein von Mediengenerationszusammenhängen* (oder gar -einheiten), die durch die Befragten entweder selbst als »typisch für meine Generation« wahrgenommen bzw. re-konstruiert werden oder zumindest nach ähnlichen Mustern des Medienhandelns, die sich aufgrund paralleler Medienbiografien verstehen lassen. Empirisch gehen wir also nicht von »objektiven« Ereignissen der Medienumwelt, etwa der Einführung oder Diffusion eines Mediums bzw. einer Medientechnologie aus, sondern wir suchen nach *kollektiven Mustern* von Einstellungen zu Medien, Medienbewertungen sowie Aneignungs- und Gebrauchsweisen, nach ähnlichen Medienrepertoires und Mediennutzungsmustern, die *erst* so etwas wie »Mediengenerationen« *konstituieren.*

Zunächst soll auf der Individualebene das *mediale Kapital* erfasst werden, um dann zu prüfen, ob es generationelle Muster der Kapitalakkumulation, und zwar sowohl hinsichtlich der Kapitalhöhe und der *Kapitalkomposition* (Zusammensetzung von inkorporiertem, institutionalisierten, objektiviertem medialen Kapital) als auch in Bezug auf den biografischen Akkumulationsmodus (informelle und formelle Lernprozesse, Arbeit, Erbschaft, Tausch gegen andere Kapitalsorten) gibt. Während sich die Befunde zum Akkumulationsmodus und –verlauf aus dem medienbiografischen und den familiären Mehrgenerationeninterviews ergeben sollten, können Daten zu Kapitalhöhe und -zusammensetzung primär anhand der Einzelinterviews und zum Teil sogar standardisiert erfasst werden.

2 Auf der Suche nach Mediengenerationen: Untersuchungsdesign und Methoden

2.1 Forschungsdesign im Überblick

> »Streng genommen kann man über generationenspezifische Orientierungen nur in einem sog. Paneldesign forschen. (...) Denn erst dann kann man mit Sicherheit behaupten, dass bestimmte Einstellungen und Orientierungen dieser konkreten Personengruppe sich in bestimmten Hinsichten nicht gewandelt haben und ihnen deshalb etwas Generationenspezifisches anhaftet« (Schäffer 2009: 36).

Dieser »Königsweg« war uns, wie wohl den meisten Forschern, bei dieser Studie allerdings versperrt. Eine, wie gezeigt aus theoretischer Sicht wenig akzeptable Alternative wäre eine Sekundäranalyse im Sinne einer Kohortenanalyse gewesen (vgl. auch Schäffer 2009: 41). Wir haben uns daher für einen anderen rekonstruktiven Weg entschieden. Dabei sind wir im empirischen Teil unserer Untersuchung über Mediengenerationen in drei Schritten vorgegangen; einen Überblick gibt Abbildung 8.

Abb. 8: Forschungsdesign im Überblick

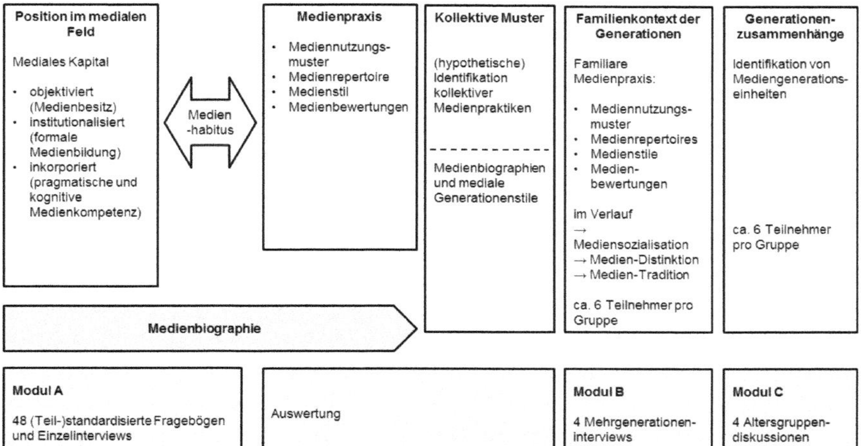

Im *ersten Schritt* geht es zunächst um Erhebungen auf der Individualebene, nämlich um die Beschreibung der individuellen Position im medialen Feld anhand der Akkumulation und Komposition medialen Kapitals sowie um die indirekte Erschließung des medialen Habitus. Hierfür interessieren uns vor allem Medienrepertoires, -nutzungsmuster, -stile und Medienbewertungen als Komponenten der Medienpraxiskultur sowie die Medienbiografien der Studienteilnehmer. Der Aspekt der *objektiven Position* im medialen Feld einschließlich des damit verbundenen *objektivierten und institutionalisierten Kapitals* wird für den aktuellen Lebens-Zeitpunkt standardisiert mittels eines Fragebogens zu Medienbesitz, Mediennutzung und einigen soziodemografischen Eckdaten erfasst. Die weiteren, den medialen Habitus modellierenden Aspekte als der empirischen Forschung nicht direkt zugänglichen Variablen, verlangen hingegen offene, nicht standardisierte Erhebungsverfahren.

Mit Bezug auf Bourdieus Habitustheorie versuchen wir auf der Individualebene Einstellungs-, Verhaltens- und Handlungsmuster innerhalb eines Sozialisationsmilieus zu rekonstruieren. Um Aussagen über Genese und Stabilität des von uns formulierten medialen Habitus treffen zu können, werden in Leitfadeninterviews *individuelle Biografien mit dem Schwerpunkt auf »Medien«* erhoben. Die in einem solchen Gespräch angesprochenen Aspekte des *individuellen Medienhandelns* unter den Gesichtspunkten Medienrepertoire, Medienstil und persönliche Medienbewertungen sollen das Medienhandeln in seiner biografischen Breite und als Bestandteil des *inkorporierten Kapitals* erfassen. Mit diesen Informationen lässt sich auch etwas über die persönliche *Medienkompetenz* als wieteren Aspekt dieser Kapitalsorte aussagen. Letztendlich sind diese Informationen ein erster Ansatzpunkt für die Suche nach kollektiven, und das heißt hier generationellen Haltungen und medienbezogenen Handlungspraxen.

Wir fragen in dieser Studie nicht nur nach der aktuellen Ausprägung von Handlungsmustern, sondern vor allem nach deren Herstellung, den vorreflexiven Prozessen des Handelns im Sinne Mannheims. Inwieweit ähnliche oder gleiche Handlungen aus ähnlichen sozialisatorischen oder historischen Ursprüngen hervorgingen und -gehen ist von großer Bedeutung für eine generationelle Betrachtung. Aus der Perspektive Mannheims ergibt sich mithin als Problem empirischer Forschung die Haltung des Forschers: Er kann entweder schon mit vorgefertigten, theoretischen Erwartungen das Material strukturieren, also »die Perspektive des Beobachters auf diese objektiven Strukturmerkmale und somit dessen Wissen mehr oder weniger absolut … setzen.« (Bohnsack/ Nentwig-Gesemann u.a. 2007: 10). Oder er kann durch die Betonung des subjektiven Sinns erhobener Aussagen diesen in einer phänomenologischen Betrachtungsweise so viel Raum einzuräumen, dass sich die Perspektive des Forschers »methodologisch nicht hinreichend« von der Perspektive des Befragten unterscheidet und mithin im

Common Sense verankerte Typen das Resultat sind (vgl. Bohnsack 2007: 228-229). Aus diesen kritischen Anmerkungen resultiert für uns eine methodische Entscheidung: Für die Herausarbeitung eines medialen Habitus und seiner Entwicklung sind Einzelgespräche mit biografischem Fokus notwendig, da nur so den möglichen Einflussfaktoren und der individuellen Lebensgeschichte genügend Raum gegeben werden kann.

Im *zweiten Schritt* geht es dann um die Suche nach kollektiven Mustern sowie möglicherweise generationellen Phänomenen und Unterschieden auf der Ebene von Mediengenerationszusammenhängen. Auf der Grundlage eines Vergleichs individueller medialer Medienpraxen und -habitus wurden weitere Erhebungen in Kleingruppen durchgeführt. Kollektive, gar generationelle Handlungsmuster ausschließlich aus dem Vergleich von Einzelgesprächen herauszuarbeiten, würde jedoch dem Vorwurf einer am Common Sense orientierten Typenbildung ausgesetzt sein. Dieses Verfahren stellt daher nur ein Element unserer Analyse dar; für stichhaltige Aussagen über *konjunktive Erfahrungsräume* und daraus resultierende habituelle Übereinstimmung müssen sich solche »Typen« in einem kollektiven *Diskurs* bei der *intersubjektiven* Auseinandersetzung bewähren – da »das Wirken eines Habitus in der Handlungspraxis erst dann erfasst ist, wenn sich zeigen lässt, wie er sich in fallspezifischen Kontexten dokumentiert« (Meuser 2007: 214). Aus diesen Überlegungen resultiert die Entscheidung, jeden Teilnehmer zwei Mal zu befragen – primär für den individuellen Habitus mittels Einzelgesprächen, für das dokumentierte Auffinden geteilter Habitusformen (und generationeller Muster von Medienpraxiskulturen) zusätzlich in einem Gruppengespräch. Bei unserer Suche nach Mediengenerationeneinheiten ist es entsprechend Mannheims Überlegungen nicht notwendig, reale soziale Gruppen zu untersuchen, da es hier um Erfahrungsgemeinschaften geht, die über mehr bzw. anderes als eine bloße räumliche Nähe gestiftet werden.

Für die Suche nach gruppenspezifischem Orientierungswissen und generationeller Prägung von Medienhandlungspraxen müssen sowohl ähnliche als auch kontrastierende Vergleichsfälle vorliegen. In einem ersten (naheliegenden) Schritt orientieren wir uns bei der Gruppenbildung am synchronen Generationenkonzept gleicher oder benachbarter Geburtsjahrgänge, also an der Generationslagerung als notwendiger aber nicht hinreichender Bedingung. Gruppen, deren Teilnehmer hinsichtlich ihrer Ressourcen und ihrer aktuellen Position im Feld nur gering variieren, sollen Gruppen gegenübergestellt werden, deren Teilnehmer sich in dieser Hinsicht voneinander unterscheiden. Gleichzeitig ist es für die Abgrenzung von Generationszusammenhängen notwendig, über verschiedene Altersgruppen hinweg diese Vergleiche vornehmen zu können (diachrones Generationenkonzept). Auch hier wären die Gruppen sowohl homogen als auch heterogen zu besetzen, was im Rahmen einer qualitativ angelegten Studie mit dem von uns entwickelten Design eine sehr große Stichprobe und hinsichtlich der Organisation einen schwer abzuschätzenden zeitlichen Rahmen benötigen würde.

Als Lösung bieten sich hier Gruppen mit Teilnehmern unterschiedlicher Altersstufen an. Familien als natürliche Gruppen mit altersspezifischer Generationenstruktur sind für unser Projekt in zweifacher Hinsicht interessant: einerseits erhalten wir Vergleichsfälle aus anderen Altersstufen, vor allem aber liefert die Untersuchung von Familien Hinweise auf milieubasierte transgenerationelle Muster der Mediennutzung sowie die Frage, inwieweit hier möglicherweise von einer »Vererbung« oder »Weitergabe« innerhalb der Sozialisation gesprochen werden kann. Zudem erhoffen wir uns Hinweise darauf, wie stark sich in der Gleichaltrigen-Gruppe zeigende generationelle Muster letztlich doch auf Milieu- oder Lebensphaseneffekte zurückführen lassen. Um auch hier einen Diskurs zu initiieren, der den alltäglichen Umgang mit Medien zum Gesprächsthema werden lässt, sollen zwei Familien mit jeweils einem Vertreter der Großeltern-, der Eltern- (Gleichaltrigen-) und der Enkelgeneration eine Gruppe bilden.

Im *dritten Schritt* schließlich stand die Frage nach Mediengenerationseinheiten im Vordergrund, verkürzt also die Frage, ob sich die Studienteilnehmer eines Mediengenerationslagers tatsächlich selbst als Mediengenerationslagerung oder gar »emphatisch« als Mediengenerationseinheit beschreiben und von anderen abgrenzen. Schäffer (2003: 31) empfiehlt zur Rekonstruktion solcher präreflexiver Muster den Einsatz von Gruppendiskussionen. Als sprachlicher Marker konjunktiver Erfahrungsräume bietet sich der das »Wir« an, wie Schäffer (2003: 80) nahelegt. Auch hierfür wurden nochmals Erhebungen innerhalb von altershomogenen Kleingruppen durchgeführt.

Insgesamt handelt es sich um ein Mehrmethodendesign, bei dem einige innovative Instrumente (Medienmemory, Mehrgenerationen-Interviews) erprobt werden konnten: Bereits im ersten Schritt (Modul A) wurden standardisierte Methoden der schriftlichen Befragung und leitfadengestützte Interviews mit biografischem Fokus kombiniert. Die Module B und C basieren auf Gruppeninterviews unterschiedlichen Zuschnitts: Neben Gesprächsrunden mit nahezu Gleichaltrigen einer Mediengenerationslagerung stehen Mehrgenerationengespräche im Familienkontext; zudem werden sozial eher homogen und eher heterogen zusammengesetzte Gruppengespräche durchgeführt.

Modul A steht forschungslogisch und erhebungspraktisch am Beginn der Studie, da die Module B und C auch auf die Teilnehmer des ersten Moduls zurückgreifen müssen. Das erhöht die Komplexität des Gesamtprojektes zum einen schon deshalb, weil die Kriterien des Sampling bzw. der Rekrutierung für Modul A sich auch aus den beiden folgenden Modulen ergeben. Zum anderen stellen sich hohe praktische Herausforderungen nicht nur hinsichtlich der Erhebungsorganisation, sondern auch für die Teilnehmer, die mehrfach befragt werden und zum Teil auch noch Familienmitglieder zur Teilnahme motivieren müssen.

Im Folgenden stellen wir die eingesetzten Erhebungsinstrumente vor (Kap. 2.2), berichten über Sampling und Rekrutierung (Kap. 2.3), schildern die Durchführung der Erhebungen (Kap. 2.4) und die Auswertungsstrategien (Kap. 2.5).

2.2 Erhebungsinstrumente

2.2.1 Fragebogen

Der von uns eingesetzte vierseitige *standardisierte Kurzfragebogen* erfüllt verschiedene Aufgaben innerhalb unseres Forschungsprojektes: Sampling, Rekrutierung und Herstellung von Vergleichbarkeit.

Um Antworten auf unsere Forschungsfragen zu finden, kommen bei dieser Studie vor allem halbstandardisierte, offene und narrative Erhebungsverfahren zum Einsatz. Daraus resultiert hinsichtlich der *Stichprobenbildung (Sampling)* die Notwendigkeit einer gezielten, aufgrund theoretischer Überlegungen getroffenen Auswahl der Teilnehmer. Der Kurzfragebogen soll diese theoriegeleitete Auswahl hinsichtlich der Aspekte »soziale Position im Feld«, »objektiviertes mediales Kapital – Medienbesitz« und »aktuelle Mediennutzung« unterstützen. Die Ansprache und *Gewinnung möglicher Teilnehmer (Rekrutierung)* erfolgt über verschiedene Wege: im Rahmen persönlicher Projektvorstellungen, durch öffentlichen Aufruf oder per informeller Kontaktvermittlung. Der Fragebogen gibt den Kandidaten unabhängig vom Rekrutierungsweg einen ersten Eindruck der konkreten Thematik der Studie und bestärkt im besten Fall die Interessenten in ihrer Teilnahmebereitschaft. Die zeitliche Reihenfolge – erst der Fragebogen und zeitlich versetzt die Gespräche – konnte jedoch aus terminorganisatorischen Gründen nicht in allen Fällen realisiert werden.

Die Ergebnisse unserer Studie erfahren ihren Wert auch im Vergleich mit vorliegenden Studien zur Mediennutzung. Der Kurzfragebogen ermöglicht uns, die einzelnen Teilnehmer hinsichtlich der erhobenen Daten mit vorliegenden aktuellen Ergebnissen standardisierter Medienbesitz- und Mediennutzungsstudien (beispielsweise der Studie Massenkommunikation) einzuordnen. Im Sinne der besseren *Vergleichbarkeit* haben wir die uns interessierenden Themenbereiche aus dem Fragebogen der Studie Massenkommunikation VIII (Reitze/ Ridder 2011) übernommen und für unsere Studie funktional angepasst. Die von uns im Fragebogen abgefragten drei Bereiche fragen zudem die Daten ab, die für die Bestimmung der *objektiven Position im medialen Feld* standardisiert zu erfassen sind.

Der Fragebogen (vgl. Anhang 1) setzt sich aus drei Komponenten zusammen: Fragen zum *Medienbesitz*, zur *Mediennutzung* und *persönliche Angaben.*

Die Geräteausstattung wird in der Studie Massenkommunikation VIII mit Bezug zur konkreten Nutzung respektive den Nutzungsoptionen (persönlich, jemand im Haushalt, niemand) erfasst. Nutzungsmuster werden in unserer Studie innerhalb der persönlichen Interviews ausführlich zur Sprache kommen, weshalb wir für die Formulierung im Fragebogen wieder das Konzept »Besitz« angewendet haben. Bei der Strukturierung der Fragen gehen wir ähnlich der Studie Massenkommunikation von der grundlegenden Technik, den Mediendispositiven aus (Fernsehen, Radio, Abspiel-/Aufnahmegeräte, digitale Medien). Die hier vorliegenden Items haben wir hinsichtlich der Aufgaben des Fragebogens und der Aussagekraft für unsere Fragestellung durch Kürzung bzw. Zusammenfassungen angepasst. Für Fernsehen und Computer werden die Empfangsmöglichkeiten bzw. Möglichkeiten des Internetzugangs abgefragt, weil wir davon ausgehen, dass Investitionen in aufwändige technische Zugänge tendenziell etwas über Präferenzen und Relevanzen aussagen.

Bei den Fragen zur Mediennutzung haben wir uns auf die zwei klassischen Fragen hinsichtlich der Häufigkeit und der Dauer der Mediennutzung für ausgewählte Einzelmedien (Mediendispositive) beschränkt. Die Nutzungshäufigkeit wird analog zur Studie Massenkommunikation in Form einer Skala mit 6 Ausprägungen (von »mehrmals täglich« bis »nie«) erfasst. Im Unterschied zur detaillierten Tagesablauferhebung der Studie Massenkommunikation bitten wir unsere Teilnehmer die Nutzungsdauer für die ausgewählten Einzelmedien zu schätzen und einen Zeitwert (Stunden am Tag bzw. Stunden in der Woche) einzutragen. Dieses Fragebogensegment haben wir um die Frage nach der Teilnahme an einer medienbezogenen Weiterbildung (auch in Form eines medienbezogenen Selbstlernkurses), als objektiven Indikator für die Dimension Medienkompetenz, ergänzt.

Auch bei den *Angaben zur Person* haben wir uns an den vorliegenden Fragen der Studie Massenkommunikation orientiert. Übernommen wurden die Variablen Geburtsjahr, Familienstand, Angaben zur Wohn- und Einkommenssituation, Fragen zur Schul- und Berufs(aus)bildung und zu beruflichen Tätigkeiten, wobei Items erneut funktional für unsere Studie umformuliert oder zusammengefasst wurden. Zusätzlich fragen wir Anzahl, Alter und Geschlecht der Kinder und ob diese noch im Haushalt wohnen ab. In gleicher Form fragen wir nach Anzahl, Alter und Geschlecht von Geschwistern.

2.2.2 Leitfaden für die Interviews mit medienbiografischem Fokus

Wir betrachten dem Nutzenansatz folgend Mediennutzung (2.4.1 u. 2.4.4) als mit subjektivem Sinn verbundenes soziales Handeln, das im Alltag habitualisiert, nebenbei und nicht in jedem Nutzungsmoment reflektiert oder zweckrational begründet erfolgt. Über die eigene Mediennutzung Auskunft geben zu können, hängt demnach stark von der persönlichen Bedeutung ab, die Medien und deren Nutzung im eigenen Selbstverständnis haben bzw. im Leben hatten. Eine offene Gesprächsführung entlang biografischer Erinnerungen und Rekonstruktionen erscheint uns als geeigneter Zugang zu solchen Reflexionen.

Die *medienbiografische Methode* stellt eine thematische Spezifikation bekannter qualitativer Erhebungsmethoden mit folgenden Ansprüchen dar (vgl. Hirzinger 1991; auch Aufenanger 2006; Vollbrecht 2009):

- Es wird ein *umfassender Zugang (Ganzheitlichkeit)* zur Mediennutzung als sozialer Handlung eröffnet, die nicht aus der Gesamtheit der Lebensumwelt und ihrer Umstände (objektive und subjektive Faktoren) herausgelöst werden sollte. Erst durch den Einbezug aller Lebensbereiche und Erfahrungen werden Medienhandlungen nachvollziehbar.
- Die *Eigenperspektive des handelnden Subjekts* wird berücksichtigt, denn nur so wird für den Forscher Realität, was für den Beforschten Realität ausmacht. Der Mediennutzer gilt dabei als Experte zur Begründung seiner Mediennutzung.
- Die *historische Dimension* wird berücksichtigt, denn im Zuge der Mediensozialisation werden Erfahrungen mit Medien als Orientierungshilfen für medienbezogene Handlungen schon in der Kindheit initiiert und sind somit auf diese zurückführbar. Gleichzeitig wird davon ausgegangen, dass Mediensozialisation ein lebenslanger Prozess und daher auch der weitere Lebensverlauf zu berücksichtigen ist.

Für den subjektzentrierten Zugang kommt das Leitfadeninterview mit narrativen Komponenten bzw. Phasen zum Einsatz. Aufgrund einer veränderten »Kultur der biografischen Rückwendung« (Fuchs-Heinritz 2010: 94), stellen »biografische Schemata im Alltag ein sozial konstituiertes Mittel neben anderen dar, um den temporalen Aspekt von Leben zu bewältigen und in eine Sinnstruktur einzubetten« (Vollbrecht 2009: 23). An der Alltagskommunikation orientierte Erhebungsmethoden knüpfen mithin an die Selbstverständlichkeit biografischer Selbstreflexion bei der Suche nach Selbstvergewisserung an (vgl. Vollbrecht 2009).

Aufgrund der Allgegenwärtigkeit von Medien und ihrer selbstverständlichen Nutzung sind medienbiografische Erinnerungen schwierig zu erheben, sofern sie nicht eine begleitende oder unterstützende Rolle während persönlicher oder gesellschaftlicher Krisen, Umbrüche oder besonderer Ereignisse in einem Leben gespielt haben (Vollbrecht 1993: 24). Im Unterschied zu Medienlebensläufen[6] müssen Medienbiografien narrativ hergestellt, re-konstruiert werden, sind also ein Artefakt, wobei Medien nicht die Biografie bestimmen, sondern allenfalls ergänzen bzw. perspektivisch beeinflussen und auf der individuellen wie kollektiven Ebene nur *ein* Bestandteil von vielen Einflüssen sind. Medienbiografische Konzepte und Methoden setzen – wie der Nutzenansatz – an der Lebenswelt der Mediennutzer als »deutend handelnde Subjekte« (Sander/ Lange 2005: 117) an und versuchen dabei alltägliche Strukturen der Mediennutzung sowie Veränderungen der Mediennutzung im Lebenslauf zu erfassen.[7] Eine allgemeine *Medienbiografie* ist durch den Prozesscharakter individualisierter Mediensozialisation ausgeschlossen (vgl. Aufenanger 2006: 519). Ohne entsprechende Unterstützung werden meist nur *habitualisierte Medienrituale, Genrevorlieben oder Medienpräferenzen* interpretiert und vor dem Hintergrund der Gegenwartsperspektive erzählt (Vollbrecht 2009: 27; Aufenanger 2006: 521). Allerdings bedeuten die vermeintlichen methodologischen Schwächen[8] in unserem Forschungskontext zugleich einen *Vorteil,* denn hier werden einerseits Aspekte des *individuellen* Medienhabitus und andererseits *kollektive* Muster bzw. *konjunktive* Erfahrungsräume sichtbar, als deren Teil sich der individuell Befragte offenbar wahrnimmt.

Unser empirischer Zugriff auf kollektive Identitäten über biografische (individuelle) Erinnerungen knüpft an die Perspektive an, »dass soziale Prozesse nur durch Berücksichtigung auch der subjektiven Perspektive der Menschen erklärt werden können.« (Fuchs-Heinritz 2010: 87).

Zur Unterstützung der biografischen Erinnerungen mit Medienbezug ist ein Leitfaden hilfreich. Angestoßene Narrationen sind nicht immer so ausführlich wie es für unsere Fragestellung wünschenswert ist oder weichen von der biografischen Perspektive und dem Medienbezug ab. Ein Leitfaden ergänzt durch die Vorgabe anzusprechender Themenbereiche und konkrete Fragen die

---

[6] Einige Studien zur Mediennutzung in Lebensverläufen gehen standardisiert verallgemeinernd vor und werten entsprechende Datensätze als Kohortenvergleiche aus (vgl. die Zusammenfassung bei Schweiger 2006: 272-275). In einer Sekundäranalyse von GfK-Fernsehnutzungsdaten unterscheidet beispielsweise Karnowski (2003) vier biografische Phasen, die sich signifikant auf Art und Umfang der Fernsehnutzung auswirken; für andere Medien liegen keine vergleichbaren Ergebnisse vor. Cutler/ Danowksi (1980) kommen zu dem Schluss, dass inhaltsbezogene Gratifikationen im Lebenslauf tendenziell gegenüber nutzungsprozessbezogenen Gratifikationen an Bedeutung verlieren.

[7] Untersucht wurden u. a. Medienbiografien und Mediennutzung von Frauen (Röttger 1994), der Erwerb von Medienkompetenz in der Familie (Schulte Berge et al. 2002), Fernsehen bzw. Kino im Lebenslauf (Hackl 2001; Prommer 1999), Medienerfahrungen von Kindern (Barthelmes/ Sander 2001) oder Fernsehen in der Erinnerung seiner Zuschauer (Hickethier 2007).

[8] Zusätzlich unterliegt die Selbstreflektion kulturell eingeschliffenen Mustern, die vorgeben, was biografierelevant ist und was nicht (Fuchs-Heinritz 2009: 297; Vollbrecht 2009: 25).

narrativen Sequenzen und hilft, den Fokus auf den eigentlichen Gegenstand zu halten. Zusätzlich ermöglicht der Leitfaden eine bessere Vergleichbarkeit der Daten (vgl. Hussy/ Schreier/ Echterhoff 2010: 216-218).

Nach Maßstab der u.a. von Nohl (vgl. Nohl 2009: 19-32) formulierten idealtypischen Unterscheidung zwischen biografischen Interviews (ungeleitete biografische Erzählung nach Impuls) und leitfadengestützten Interviews (angeleitete Erzählung zu spezifischen Themen) führen wir ein *leitfadengestütztes Interview mit biografischem Fokus.* Wir versuchen, für den von uns weit angelegten, aber differenzierten Begriff der Mediendispositive, -formate und -narrative Erzählungen zu generieren, die sich am Lebensverlauf entlang hangeln. In welcher Form »Medien« eine Rolle spielen, soll dabei ohne Angebote oder Vorgaben unsererseits zur Sprache kommen. Erst wenn es seitens der Probanden keinen Erzählanlass mehr zu geben scheint, wird passend zum Gesprächsverlauf bezüglich der Themenaspekte des Leitfadens nachgefragt. Wie allgemein bei der Anwendung von Leitfäden empfohlen und gehandhabt dient der Leitfaden der Orientierung des Interviewers hinsichtlich der von uns theoretisch ausgearbeiteten Variablen der biografischen Mediennutzung, jedoch nicht der formal einheitlichen Strukturierung des Gesprächs.

Entsprechend unseres theoretischen Konzepts kommt vor allem der sozialen Position in Form von raum-zeitlichen und interpersonellen Konstellationen eine besondere Rolle bei der Gestaltung des medialen Habitus zu. Ähnlich wie Gonser (2010) wählen wir daher bei unserem Leitfaden (vgl. Anhang 2) für den *Einstieg* in die biografische Rückschau die Aufforderung, das eigene Leben in biografische Etappen entlang bedeutsamer Veränderungen oder Umbrüche einzuteilen, wobei vor allem die Lebensumstände (wann, wo, mit wem) nachzufragen sind.

Als *Erzählimpuls* für die biografischen Erinnerungen mit Medienbezug wird entsprechend biografischer Erzählkonventionen (Fuchs-Heinritz 2009: 38-40) die Kindheit, als erste Phase mit möglichem Medienkontakt der erinnert werden kann, gewählt. Der konkrete Impuls greift die zuvor gemachte Information, wie und mit wem man in der Kindheit gelebt hat, auf und ergänzt sie um die Bitte, die Wohnsituation zu erinnern und zu beschreiben »welche Medien sich darin und wo genau sich diese befanden.« Schon hier soll die unbestimmte Frage nach »Medien« dem Probanden ermöglichen selbst zu bestimmen, was er darunter subsummiert. Sollte dieser Impuls für den Probanden nicht praktikabel sein, kann die Erinnerung an den gestrigen Tag inklusive der Mediennutzung, an die sich die Frage »Wie war das früher, in ihrer Kindheit?« anschließen lässt, den Gesprächseinstieg erleichtern.

Der Leitfaden enthält für die biografische Erzählung fünf Themenbereiche mit interessierenden Aspekten, die für alle Lebensphasen angesprochen werden.

Familiäre und interpersonelle Bezüge beziehen sich auf das jeweilige Lebensumfeld und die Lebensumstände und sollen auch der Erhebung des Mediennutzungsverhaltens relevanter Bezugspersonen als mögliche Einflussfaktoren für die eigene Mediennutzung dienen. Die weiteren Themenbereiche haben einen genuinen medialen Bezug und widmen sich dabei der *Ausstattung* (Anschaffungen, Abschaffungen, Sammlungen, Ablehnungen), den *Inhalten* (erster/ tiefster Eindruck, Lieblingsformate oder -narrative, Ablehnungen), den *Praktiken* (Nutzungsgewohnheiten und -muster) und ersten *Reflexionen* zu den zuvor gemachten Aussagen. Stichpunkte differenzieren und erläutern mögliche Aspekte der Themenbereiche. Für die Reflexionen wurden zusätzlich zum ohnehin zu erfragenden »Warum« konkrete Fragen formuliert.

Für die *aktuelle Lebensphase* wird zusätzlich zu den fünf Themenbereichen auf fünf weitere Aspekte explizit eingegangen. Neben der *Inselfrage* geht es darum, die schon angesprochene aktuelle Mediennutzung noch detaillierter (typischer Wochentag, Unterschied zum Wochenende, zuletzt angeschafftes Medium, zuletzt abgeschafftes Medium) zu erfassen und Erklärungen dazu einzuholen.

Das Gespräch abschließende *Reflexionen* werden für alle Teilnehmer gleich mittels vier konkreter Fragen erfasst. Die Gesprächspartner sollen hierzu ihre Mediengewohnheiten im Vergleich zu Gleichaltrigen beschreiben und unangemessene Medien oder Nutzungsformen für die verschiedenen Lebensphasen nennen. Hiermit soll vor allem der soziale Vergleich explizit zur Sprache kommen, der vermutlich in einem Ich-bezogenen biografischen Gespräch kaum oder nur am Rande angesprochen wird. Zudem sollen die Teilnehmer versuchen, selber ein Fazit über ihr Leben mit Medien zu formulieren, indem sie die angesprochenen Medien als »Innovation mit Einfluss auf ihr Leben« (oder eben nicht) einordnen. Auch der Vergleich der heutigen Mediennutzung mit den zuvor erinnerten Nutzungsgewohnheiten soll den Teilnehmern die Möglichkeit der zusammenfassenden Selbstzuschreibung bieten.

Diese medienbiografische Herangehensweise steht partiell im Widerspruch zur Haltung Bourdieus, der in »Die Biographische Illusion« seine Skepsis gegenüber der scheinbaren zeitlichen Linearität erzählter Lebensgeschichte in Form chronologischer Aneinanderreihungen und logischer Abfolgen von Ereignissen formuliert. Bourdieu steht der wissenschaftlichen Erhebung von individuellen Biografien skeptisch gegenüber und unterstellt dem Forscher Komplizenschaft beim Versuch, biografische Ereignisse zu rekonstruieren und »Leben« damit als individuelle Leistung und chronologische Kohärenz von Ursachen und Folgen darzustellen. Biografien werden bestimmt durch die sozialen Strukturen und in der Erzählsituation »formal wie inhaltlich [...] je nach der sozialen Beschaffenheit des Marktes variieren, auf dem sie angeboten werden« (Bourdieu 1998d: 81). Rekonstruktionen im Rahmen biografischer Forschung sind nichts weiter als literarische Nachbildungen (Bourdieu 1998d: 77), die dem Leben eine Sinngestalt aufzwingen und die – je nach Fragestellung – sich dem Modell der amtlichen Selbstdarstellung annähern (Bourdieu 1998d: 81).

Bourdieu plädiert dafür, Lebensgeschichte nicht nur in ihrer zeitlichen Dimension, sondern vor allem in ihren positionalen Relationen, als »gesellschaftliche Laufbahn« (Bourdieu 2001a: 409) innerhalb des Prozesses des sozialen Alterns und den damit verbundenen Veränderungen im sozialen Raum zu betrachten.

> »Die biographischen Ereignisse sind als ebenso viele *Platzierungen* und *Platzwechsel* im sozialen Raum zu definieren, das heißt, genauer, in der Abfolge der verschiedenen Zustände der Distributionsstruktur der verschiedenen Kapitalsorten, die in dem betreffenden Feld im Spiel sind.« (Bourdieu 1998d: 82).

Im Rahmen biografischer Forschung sind diese positionalen Relationen zuvor zu (re)konstruieren, um sich nicht nur auf die Selbstdarstellung zum Zwecke der Sinngebung durch das Subjekt zu verlassen. Wir halten diese Einwendungen Bourdieus nicht für überzeugend und argumentieren mit Fuchs-Heinritz, dass Biografieforschung aus der sozialwissenschaftlichen Perspektive gar nicht unterstellt, Lebensführung und Lebensverlauf gingen auf ein autonomes Individuum oder seine subjektive und unabhängige Interpretation zurück. Sie versteht Biografien vielmehr als Sinnzusammenhang der Lebensführung in Bezug zur Meso- und Makroebene der gesellschaftlichen Umwelt. Biografien sind damit einerseits Individualisierungsausdruck, andererseits dienen sie der Integration in die Gesellschaft. Biografische Forschung sucht mithin im Individuellen die kollektiven, z.B. generationellen Wege und gesellschaftlichen Strukturen und andersherum, sucht im Vergleich der individuellen »Flugbahnen« die kollektiven (*trajectoire, Trajekte;* Fuchs-Heinritz 2010: 97). Bourdieu (2001a: 410) selbst hat an anderer Stelle (für die Felder der Kulturproduktion) die Rekonstruktion von »Familien generationenübergreifender Laufbahnen« vorgeschlagen, um das Problem der »Individualisierung« sozialer Kontextfaktoren zu überwinden.

Alle grundsätzlichen Einwände hinsichtlich der Zuverlässigkeit erhobener biografischer Daten mögen zutreffen, gelten aufgrund des genuin retrospektiven Charakters aber für alle Verfahren direkt erhebender Sozialforschung. Vorwürfe wie »Lebenslüge und Angeberei« stehen dabei auf einer Stufe mit dem Problem der sozialen Erwünschtheit. Der Befragte als »Experte seines Lebens« gibt mit seiner Erinnerung und deren Erzählstruktur den Maßstab für die Wahrheit seines Lebens vor – entsprechend des Thomas-Theorems, dass »wenn Menschen eine Situation als real definieren, diese auch reale Konsequenzen hat« inklusive der entsprechenden Handlungskonsequenzen bzw. Handlungsbegründungen im Rahmen einer Biografie (vgl. Fuchs-Heinritz 2009: 101 und 164-166; auch Vollbrecht 1993: 17).

2.2.3 Medienmemory

In unserer Studie dimensionieren wir den Begriff der »Medien« mittels Mediendispositiven, Medienformaten und Mediennarrativen (vgl. Kap. 1.3). Für alle drei Medienebenen wird angenommen, dass aufgrund der Einbettung in den biografisch rekonstruierten Alltag und die aktuellen Alltagsroutinen vor allem zeitlich weit zurückliegende Beispiele schwerer ungestützt zu erinnern sind. Als mögliches Instrument kann hier ein *Medienmemory* als Erinnerungs- und Artikulationshilfe während eines medienbiografischen Interviews, wie auch als aktivierender Eingriff im Falle eines stockenden Gesprächsverlaufes verwendet werden (Schneider 1991; Gonser 2010). Dies wirkt sich jedoch auf die offene Erzählweise aus, da der Interviewer lenkend in das Gespräch eingreift und folglich dem Vorwurf einer biografischen Konstruktion begegnen muss. Um nicht Gefahr zu laufen, den Gesprächsverlauf zu sehr zu steuern und den Gesprächspartner zu Reaktionen und Antworten zu »animieren«, sollte der Einsatz des Medienmemories ursprünglich deshalb erst nach dem Ende des Leitfadengespräches erfolgen und nur in Ausnahmefällen unterstützend während des Gespräches zum Einsatz kommen.

Bei der Entwicklung dieser Erinnerungshilfe orientieren wir uns an den Medienkaleidoskopen von Schneider (1991) und Gonser (2010), wobei nur von Schneider das Material vollständig publiziert vorliegt. Schneiders Medienkaleidoskop umfasst mit Jahresblättern im A4-Format den Zeitraum von 1954 bis 1990. Bei Gonser kam ein Jahrzehntekaleidoskop von den 1920-er bis zu den 2000er-Jahren zum Einsatz, welches ebenfalls im A4-Format vorgelegt wurde. Beide Kaleidoskope bestehen im Wesentlichen aus einer überwiegend schriftlichen Darstellung gesellschaftlicher, politischer und medienspezifischer Ereignisse, technischer Entwicklungen, typischer Fernsehinhalte, Musik- und Kinohits sowie (jugend-)kultureller Trends und Moden, die mit ein oder zwei Bildern aufgelockert werden. Sowohl Schneider (1991: 15) als auch Gonser (2010: 114) weisen auf die Ausschnitthaftigkeit eines solchen Kaleidoskops hin. Die Auswahl der Inhalte kann für den Gesamtzeitraum einer Medienbiografie nur skizzenhaft sein. Gerade durch die Unvollständigkeit und durchaus lückenhaften Beispiele zeittypischer Inhalte, Personen, Geräte und Ereignisse sollen die Gesprächspartner motiviert werden, Bezüge zur eigenen Medienbiografie herzustellen und sich innerhalb der Medienwelt zu positionieren (Schneider 1991: 16). Im Sinne Mannheims sehen wir im Medienmemory die beispielhafte und ausschnittweise Darstellung des konjunktiven Erfahrungsraumes »Medien«, was über die vorgelegten Beispiele aber auch gerade über die fehlenden Aspekte dem Teilnehmer Distinktion und Zuordnung im Sinne unserer Fragestellung ermöglicht, weshalb wir dieses Instrument zur besseren Vergleichbarkeit auch bei jedem Gespräch einsetzen.

Ausgehend von unseren Festlegungen hinsichtlich der Stichprobenbildung mit einem Schwerpunkt auf den Geburtsjahrgängen 1955 bis 1965 muss unser Instrument spätestens mit der Kindheit dieser Jahrgänge (ca. 1960) beginnen, was für ein Jahreskaleidoskop, ähnlich wie bei Schneider (1991), einen Umfang von 52 A4-Seiten ergeben würde. In Dekadenform wäre der Umfang zwar entsprechend kleiner, doch erwarten wir von dieser nochmals reduzierten Auswahl an Beispielen wenig Unterstützung bei der Re-Aktivierung von Erinnerungen an Medienrepertoire, Medienstil oder Medienbesitz.

Eine weitere Überlegung betrifft die Darstellungsform. Können Medienformate und Mediennarrative noch gut mittels Text dargestellt werden, so sind Mediendispositive in Form von z. B. Gerätenamen nicht für alle Teilnehmer funktional als Erinnerungshilfe. Auch bei der Nennung von Sendungs-, Film- oder Musiktiteln, Band- oder Musikernamen und ähnlichem gehen wir davon aus, dass die Erinnerungsaktivierung abhängig von der persönlichen Bedeutung und dem individuellen Interesse ist, welches man »damals« und allgemein diesem Detail (Titel oder Namen) entgegenbrachte und -bringt.

Aufgrund dieser Überlegungen haben wir uns für ein abgewandeltes Format des Medienkaleidoskops entschieden. Die von uns zusammengestellten Beispiele werden den Probanden ausschließlich als Einzelbilder und ohne explizite Jahreszuordnung präsentiert. Die Bildauswahl dieses *Medienmemories* deckt die Bereiche Musik (Plattencover), Kino (Filmplakate), Fernsehen (Sendungstitel und Medienpersönlichkeiten), Zeitschriften (Titel), Geräte (Modelle) sowie wichtige medienvermittelte politische und gesellschaftliche Ereignisse und mithin die drei Ebenen des von uns differenzierten Medienbegriffs ab.

Die Bilder wurden beginnend mit den 1960er-Jahren ausgewählt und setzen sich bis in die Gegenwart fort. Entsprechend der Annahme, dass mit Beginn der Adoleszenz mit ca. 12 Jahren Medienhandeln innerhalb der Sozialisation eine erste Verfestigung erfährt, bilden die 1970er- und 1980er-Jahre in unserem Medienmemory einen Schwerpunkt. Ein Fokus liegt zudem auf Fernsehinhalten (96 Abbildungen), da das Fernsehen bereits ab den späten 1960er-Jahren als Leitmedium betrachtet werden kann (Peiser 1996; Berg & Kiefer 1978:68). Das Radio wird vor allem über den Bereich Musik in Form von 55 Plattencovern abgedeckt. Die Darstellung von Printprodukten erfolgt durch eine Sammlung von 48 Zeitschriften-Titelblättern, außerdem wurde eine Auswahl von 32 Filmplakaten erstellt. Wichtige medial vermittelte Ereignisse sind ebenfalls durch beispielhafte Bilder (32 Abbildungen) vertreten. Eine Sammlung typischer Mediengeräte (31 Geräte für die Ebene der Mediendispositive) repräsentiert die technische Ausstattung und Entwicklung der 1950er- bis 2010er-Jahre. Die Bilder sind einzeln auf »Spielkarten« gedruckt, so dass eine Art Medienmemory entstanden ist. Auf der Rückseite sind sie nummeriert und beschriftet, falls es zu Nachfragen und Zuordnungsschwierigkeiten kommt. Für fehlende Bild-»Repräsentanten« wurde je Kategorie eine Blanko-Karte erstellt, womit die Gesprächspartner aufgefordert werden, auch nicht gezeigte prägende Medienerinnerungen zu nennen.

Die Gesprächsteilnehmer werden am Ende des Gesprächs gebeten, die einzelnen Bilderstapel durchzusehen und eine Auswahl von »Favoriten«, die sie für typische Repräsentanten ihrer Medienbiografie halten, zu treffen. Mit Bezug auf konkrete Beispiele können so auch Nachfragen hinsichtlich des biografischen Kontextes gestellt werden, die sich später systematisch vergleichen lassen. Diese Zuspitzung auf bestimmte Dispositive, Narrative und Formate soll zusätzliche Rückschlüsse auf eine biografische bzw. generationelle Prägung ermöglichen.

2.2.4 Leitfaden für die Mehrgenerationengespräche im Familienkontext

Der Leitfaden für diese Gespräche (vgl. Anhang 3) muss der ungewöhnlichen Art der Gruppenzusammensetzung Rechnung tragen: Die Gruppen bestehen aus Vertretern der Generationen Großeltern, Eltern und Enkel, und zwar jeweils aus zwei verschiedenen Familien, sodass ganz unterschiedliche Grade der Vertrautheit und des Vertrauens bei der Kommunikation über Privates im Spiel sind. Die Familienmitglieder kennen sich sehr gut, können sich auch mit kurzen Stichpunkten und Hinweisen (oder gar Chiffren) über ein Thema austauschen. Gleichzeitig treffen sie auf ihnen unbekannte Personen, denen gegenüber Zurückhaltung und Unsicherheit zu überwinden sind.

Grundsätzlich sollen auch in diesen Gesprächen dieselben Aspekte mit medialen Bezügen zur Sprache kommen, die die Einzelgespräche geleitet haben, wobei wie bei der Gruppe der Gleichaltrigen vor allem *Vergleiche und Distinktionen* initiiert werden sollen. Da Mediennutzung im Familienkontext einerseits mitunter konfliktbehaftet verläuft, andererseits aber auch »Familiengewohnheiten« vererbt bzw. übernommen werden können, erhofften wir uns hier vor allem *Hinweise zu generationentypischen Sozialisationseffekten.* Im Familienkontext treten verschiedene Generationen gleichzeitig auf und ihre Mitglieder interagieren miteinander. Auf diese Weise sind milieubasierte intergenerationelle Muster sowie Prozesse der »Vererbung« dieser Muster bzw. der intergenerationellen Distinktion rekonstruierbar. Zudem müssten sich auf diese Weise durch den interfamiliären Vergleich auch Hinweise darauf gewinnen lassen, ob Milieu- oder Lebensphaseneffekte die generationellen Muster des Medienverhaltens überlagern oder gar determinieren.

Der Leitfaden für dieses Gruppengespräch beginnt mit einer kurzen Vorstellungsrunde mit Angabe des Namens, des Alters und der beruflichen Tätigkeit. Da unser Medienmemory für die Altersgruppe der 1955 bis 1965 Geborenen konzipiert wurde, können wir aufgrund der Gruppenzusammen-setzung hier also (anders als bei den Einzelgesprächen mit der mittleren Generation und den altershomogenen Gruppengesprächen) nicht auf diese Form des Einstiegs zurückgreifen. In den Einzelgesprächen zeigte sich wie erwartet, dass vor allem die Enkelgeneration Schwierigkeiten hatte, sich in dem Angebot und mit der Aufforderung »repräsentierend für die eigene Kindheit oder Jugend oder das eigene Leben« wiederzufinden. Beim Einstieg in das Gruppengespräch gilt es auch die Altersunterschiede zu berücksichtigen – zu welcher Thematik sind alle drei Generationen in der Lage kompetent Auskunft zu geben.

Mit dem Einstiegsimpuls greifen wir die Vertrautheit der Familien auf und bitten diese für sich selbst eine zusammenfassende Beschreibung des Umgangs mit dem Medium Buch zu formulieren. Das Buch hat für alle Familienmitglieder und meist schon in der frühen Kindheit eine Rolle gespielt. Eine Gesprächsstrukturierung anhand der Mediendispositive (vom Buch zu weiteren Druckmedien, zu Radio und Musik, Fernsehen, Kino und den Onlinemedien) erscheint auch bei den Familien am praktikabelsten, da vermittels des Trägermediums sowohl der Umgang mit den Mediendispositiven, einschließlich deren Bedeutung für das eigene aber auch das familiäre Mediennutzungsverhalten, als auch Medienformate und -narrative angesprochen werden können.

2.2.5 Leitfaden für die altershomogenen Gruppengespräche

Die Gruppendiskussionen sollen einerseits das individuelle Medienhandeln der Teilnehmer in der direkten Auseinandersetzung mit anderen Personen derselben Generationslagerung vergleichend einzuordnen helfen, wobei die Teilnehmer selbst die Chance haben, eine Interpretation ihres Medienhandelns zu geben. Andererseits geht es darum, die individuelle Perspektive aus den Einzelgesprächen zu erweitern und im konstruktiven Austausch *Gemeinsamkeiten und Unterschiede zu identifizieren.*

Mit Gries (2008: 244) gehen wir davon aus, dass »sich die potenziellen Mitglieder solcher generationeller Gemeinschaften anhand ihres Waren- und Produktgebrauches«, in unserem Fall des Mediengebrauchs »und anhand der dazugehörigen Erzählungen [erkennen].« Eine besondere Rolle spielen dabei Musikstile und Bildikonen, die als »Generationenmarker« fungieren (vgl. Gries 2008:

245-246). Befragte derselben Generationenlagerung können durchaus unterschiedliche bzw. »getrennte Erinnerungen« (Giesen 2009: 199-200) *berichten,* also entweder andere Merkmale der Medienumwelt als relevant erinnern oder dieselben Merkmale unterschiedlich *bewerten,* weil sie verschiedenen Generationseinheiten angehören. Sollte es Mediengenerationszusammenhänge und vor allem Mediengenerationseinheiten geben, dann müssten sich in diesen Gesprächen deutliche Hinweise darauf finden lassen.

Die ersten Ergebnisse aus den Einzelgesprächen bilden Ausgangspunkte für die Entwicklung des Leitfadens (vgl. Anhang 4), der es ermöglichen soll, gezielt auf mögliche Gemeinsamkeiten einzugehen.

Den Anfang der Gruppengespräche macht eine kurze Vorstellungsrunde mit Angaben zu Name, Geburtsjahr, zu Geburts- und Kindheitsort, Beruf und seit wann man in Berlin lebt. Schon in den Einzelgesprächen zeigte sich, dass für die meisten Teilnehmer »Mediengeräte« (also die Ebene der Mediendispositive) eine greifbare Dimension für den Zugang zur eigenen Mediennutzung darstellen. Als eigentlichen Diskussionsimpuls wählen wir eine haptische Variante indem wir die Dispositiv-Karten unseres Medienmemories ausbreiten und die Teilnehmer bitten, sich das Gerät auszusuchen, welches am treffendsten ihre Kindheit und Jugend repräsentiert. Anschließend werden die Teilnehmer gebeten, ihre eigene Auswahl bzw. die der anderen zu kommentieren. Die Teilnehmer werden so auch körperlich aktiviert. Die ungewohnte Situation, mit Fremden über teilweise sehr private Themen sprechen zu müssen, wird schon am Anfang aufgelockert. Erste Gemeinsamkeiten zeigen sich schon beim Wunsch, die gleiche Karte wie ein anderer Teilnehmer auswählen zu wollen, sich dann einen Ersatz (die zweite Lösung) suchen zu müssen, was gleichzeitig als erster direkter kommunikativer Austausch mögliche Sprechbarrieren zu überwinden hilft. Indem hier Abbilder konkreter Geräte ausgewählt werden können, erhoffen wir uns eine über das abstrakte Vorstellungsvermögen hinausgehende differenzierte Auseinandersetzung mit den jeweiligen Mediengeräten und den darüber genutzten Formaten und Narrativen

Auch in den Gruppengesprächen sollen die Aspekte, die für den Leitfaden der Einzelgespräche erarbeitet wurden, zur Sprache kommen. Neben Fragen nach dem familiären Mediensettings stehen medienbiografische Aspekte sowie Fragen der Herausbildung eines je eigenen Medienstils im Unterschied zu anderen (familialen) Generationen im Mittelpunkt. Auf diese Weise sollte den Teilnehmern Gelegenheit gegeben werden, *Parallelen zu entdecken,* als »typisch für unsere Generation« (gerade in Abgrenzung zu Eltern, Großeltern oder bedeutend jüngeren Geschwistern bzw. den eigenen Kindern) zu erkennen und darüber zu erzählen.

Zusätzlich sollen als provokante Impulse mögliche *Generationenzuschreibungen* im Zusammenhang mit den angesprochenen Medien und Inhalten (Generation Fernsehen, Generation Kassette, keine Computer-/Internetgeneration, Generation Privatfernsehen usw.) den Gruppendiskurs in Richtung altersdifferenter bzw. altershomogener Vergleiche lenken. Ziel ist es auch bei den Gruppengesprächen Phasen des selbständigen Austausches zwischen den Teilnehmern zu ermöglichen und Nachfragen oder Interventionen seitens des Gesprächsleiters möglichst gering zu halten, um ein »Einpendeln auf Zentren des gemeinsamen Erlebens« (Przyborski/ Riegler 2010: 440) als Hinweis auf *kollektive Wissensbestände* zu gewährleisten.

2.3 Sampling und Gewinnung der Teilnehmer

Der modulare Aufbau des Forschungsdesigns und die iterative Befragung von Teilnehmern (individuell *und* in der Gruppe) bedingen ein besonderes Auswahlverfahren. Beim Sampling für die Einzelgespräche musste die Zusammensetzung und die praktische Durchführbarkeit der Gruppengespräche bereits im Auge behalten werden.

Aus Mannheims Überlegungen zum Generationenstil einer Generationseinheit, deren kollektiver Lebensstil auf vergleichbaren Positionen im sozialen Feld basiert, resultiert als weitere Anforderung, bei der Auswahl der Teilnehmer diese milieubezogene Vergleichbarkeit zu gewährleisten.

Für Schäffer (2003: 86) sind Generationen nur milieuspezifisch zu verstehen, was bereits auf eine notwendige Binnendifferenzierung von Mediengenerationen (s.u.) hindeutet. Neben den Ausprägungen der verschiedenen Kapitalsorten, die in ihrer Zusammensetzung ein spezifisches Feld und damit einen gemeinsamen Erfahrungsraum modellieren, gilt es in unserer Studie den Faktor der Generationslagerung als *zeitliche Nähe oder Parallelität der Lebensläufe* zu beachten. Für die uns interessierende Altersgruppe der heute 48- bis 58-Jährigen (vgl. unten) orientieren wir uns an den aktuellen Sinus-Milieu Einteilungen (SINUS 2011) und der aktuellen MediennutzerTypologie 2.0 (Hartmann/ Höhne 2007) und den darin enthaltenen Segmenten, an denen diese Altersgruppe den höchsten Anteil hat. Die das jeweilige Segment differenzierenden soziodemografischen Variablen dienen uns als Anhaltspunkt bei der Auswahl der Teilnehmer und ihrer Zuordnung zu einem Milieu sowie als Anregung bei der Beantwortung der Frage, auf welchem Weg entsprechende »Vertreter« angesprochen werden können.

Unsere Teilnehmer sollen dabei für die aktuelle Lebensphase mindestens zwei verschiedenen Milieus entsprechen, um sowohl homogene als auch heterogene Gruppenzusammensetzungen realisieren zu können.

Aus zwei Gründen setzt unser Sampling bei der Generationslagerung bzw. Alterskohorte der *»geburtenstarken Jahrgänge« (ca. 1955-1965)* an: Aufgrund der demografischen Entwicklung wird diese Altersgruppe das mediale Feld bzw. den Medienmarkt mittelfristig zahlenmäßig und vermutlich auch habituell dominieren, letzteres insbesondere wenn sich in ihr Mediengenerationseinheiten rekonstruieren lassen. Hinzu kommt als forschungspraktischer Grund, dass die Rekrutierung dieser Altersgruppe als der mittleren Familiengeneration gleichzeitig den Einbezug auch von Kindern und Großeltern für unsere Familienbefragung ermöglicht.

Die Stichprobengröße stellt bei qualitativen Studien eine Frage der Machbarkeit im Hinblick auf monetäre und vor allem zeitliche Ressourcen des Projekts dar. Vor diesem Hintergrund ist beispielsweise eine offene Stichprobengröße nach dem »Sättigungs-Maßstab« der Grounded Theory nicht realisierbar. Zudem ist zu erwarten, dass unser Design mit den zwei persönlich wahrzunehmenden Gesprächsterminen die Anzahl möglicher Teilnehmer – aufgrund fehlender zeitlicher Möglichkeiten oder dem Gefühl zu großen zeitlichen Aufwandes (trotz Incentives) – stark eingrenzt.

Eine Gruppe mit mindestens sechs älteren Teilnehmern (geboren 1945-1955) soll als minimale Vergleichsmöglichkeit auf der Ebene der Generationslagerung dienen. Angesichts dieser geringen Teilnehmerzahl spielt die Milieuzugehörigkeit hier keine Rolle bei der Aufnahme ins Sample.

Bei den Familiengruppen gilt ebenfalls die Zielvorgabe milieu-homogener und milieu-heterogener Gruppen; wichtigster Aspekt ist jedoch, Vertreter aller drei Generationen einer Familie sowohl für die Einzelgespräche als auch das Gruppengespräch gewinnen zu können. Wir gehen davon aus, dass es realistisch ist, Familien mit Vertretern mindestens drei verschiedener Altersgruppen zu finden, die schon oder noch in der Lage sind, mündlich reflexiv Auskunft über sich geben zu können. Um Hinweise auf mögliche Vererbungstendenzen bezüglich medialer Handlungspraxen zu erhalten sollte die Enkelgeneration mindestens in einem fortgeschrittenen Teenager-Alter (16+) sein, in dem erste Selbständigkeits- und Abnabelungsprozesse schon erfolgt sind. Da nur schwer abzuschätzen ist, wie die Erreichbarkeit entsprechender Familienkonstellation im Großraum Berlin ist, werden hier keine weiteren Vorgaben hinsichtlich der Auswahl der Teilnehmer vorgenommen. Für einen Vergleich sollten mindestens zwei milieuhomogene und eine milieu-heterogene, mithin drei Gruppengespräche mit insgesamt sechs Familien realisiert werden.

Aus der Zusammensetzung der acht Gruppengespräche ergibt sich eine Mindestzahl von 48 erfolgreichen Einzelinterviews, zusätzlich einer gewissen »Sicherheitsmarge« für den wahrscheinlichen Fall, dass im Verlauf der Studie Teilnehmer ausscheiden bzw. zu einem zweiten Gesprächstermin nicht erscheinen.

Abb. 9: Zusammensetzung der Gesprächsgruppen (Planung)

Gruppe	**Teilnehmer (Anzahl und Jahrgänge)**	**soziale Zusammensetzung**
I	6 Personen (1955-1965)	sozial homogen Milieu 1
II	6 Personen (1955-1965)	sozial homogen Milieu 2
III	6 Personen (1955-1965)	sozial heterogene Milieus
IV	6 Personen (1955-1965)	sozial heterogene Milieus mit DDR-Biografie
V	6 Personen »ältere Generation« (1945-1955)	sozial heterogene Milieus
VI	6 Personen aus 2 Familien (je Enkel, Eltern, Großeltern)	sozial homogen Milieu 1
VII	6 Personen aus 2 Familien (je Enkel, Eltern, Großeltern)	sozial homogen Milieu 2
VIII	6 Personen aus 2 Familien (je Enkel, Eltern, Großeltern)	sozial heterogene Milieus

Unabhängig von der uns interessierenden milieuspezifischen Verteilung unserer Teilnehmer stellt unsere Methodenstruktur hohe Anforderungen an die Teilnahmebereitschaft. Themeninteresse und eine grundsätzliche Akzeptanz wissenschaftlicher Studien als wesentliche Teilnahmevoraussetzung schränken erfahrungsgemäß die Anzahl möglicher Teilnehmer – vor allem aus bildungsfernen Milieus – ein. Jeder Teilnehmer sollte grundsätzlich bereit sein, über persönliche Dinge in zwei unterschiedlichen sozialen Situationen Auskunft geben zu wollen. Zusätzlich sollte er bereit sein, *zwei* Termine in Berlin wahrzunehmen, die zum

Zeitpunkt des ersten Kontakts noch nicht feststanden, sondern sich erst mit Anwachsen des Samples festlegen ließen. Von dem Angebot einer Aufwandsentschädigung in Höhe von 80 Euro nach Abschluss des zweiten Termins erhoffen wir uns einen positiven Anreiz für die Teilnahmebereitschaft.

Informationen über unsere Studie und eine Teilnahme sollten möglichst breit gestreut werden. Da unsere Alterszielgruppe an allen Positionen der Gesellschaft zu finden ist, scheint es viele Wege zu geben, die wir ausprobieren. Um die vielen Wege an einer Stelle zu bündeln, wurden Informationen zum Projekt inklusive unseres Fragebogens (als Adobe Formular zum Ausfüllen und Speichern am PC) auf einer Projekt-Webseite unter der Domain der Freien Universität Berlin angeboten.

Auf dem formellen Weg suchten wir Kontakt zu größeren Sportvereinen oder Sozialverbänden, um an geeigneter Stelle Werbung für unser Projekt machen zu können. Die hier gestarteten Versuche verliefen jedoch aufgrund der Nicht-Erreichbarkeit von Ansprechpartnern oder fehlender Möglichkeiten, eine größere Mitgliederanzahl direkt ansprechen zu können, ohne Erfolg. Die Vermittlungsbereitschaft schien häufig auch aufgrund des scheinbar fehlenden thematischen Zusammenhangs (z. B. Sport und Mediennutzung) zu fehlen.

Aushänge im öffentlichen Raum, z.B. in Supermärkten und Einkaufszentren, Bibliotheken, Volkshochschulen, Kiezbüros und Freizeittreffs oder Nachbarschaftshäusern konnten mit wenigen Ausnahmen in allen Stadtteilen Berlins platziert werden, führten aber über einen Zeitraum von mehreren Wochen nur zu geringer Resonanz.

Auf dem informellen Weg wurden Kollegen und Bekannte mit einer Kurzinfo über das Projekt ausgestattet und gebeten, im Bekanntenkreis Werbung zu machen. Zusätzlich wurde ein Aufruf mit angehängtem Fragebogen über eine Mailingliste an Studierende und Interessierte des Instituts für Publizistik- und Kommunikationswissenschaft der FU Berlin mit der Bitte um Weiterleitung gestartet. Der Rücklauf war hier wie auch bei den zuvor beschriebenen Wegen über einen Zeitraum von mehreren Wochen gering.

Schließlich wurden in den Stadtmagazinen »Zitty« und »Tip« Annoncen geschaltet. Die meisten Rückmeldungen haben wir auf diesem Weg bekommen. Letztlich war die Anzahl an Interessenten über diesen Weg der Ansprache so hoch, dass ein Großteil unserer Teilnehmer auf diesem Weg gewonnen wurde. Hier ergab sich auch die Möglichkeit des Schneeballverfahrens, indem Teilnehmer Bekannte oder Freunde vermittelten.

Die Mehrzahl der Interessierten sendete uns per Mail den ausgefüllten Fragebogen zu. Einige Interessenten erhielten ihn nach telefonischem Kontakt postalisch (mit Rückumschlag) und sendeten ihn ausgefüllt zurück. In zwei Fällen wurde der Fragebogen direkt bei der telefonischen Kontaktaufnahme ausgefüllt.

In der Anfangsphase der Rekrutierung wurde kein grundsätzlich »passender« Interessent abgelehnt, die Daten aus den Fragebögen aber kontinuierlich in eine Excel-Datei übertragen, um bei der weiteren Rekrutierung hinsichtlich der Verteilung bei den soziodemografischen Daten eine möglichst große Varianz zu erhalten und um das Ziel der milieuspezifischen Besetzung der Gruppengespräche zu gewährleisten. Schnell zeigte sich, dass wir am wenigsten Varianz bei der Bildung erreichen konnten. Wie erwartet meldeten sich vor allem Personen mit mindestens Realschulabschluss, die Mehrzahl aller Interessenten hatte jedoch Fachhochschul- und Hochschulreife. Am schwierigsten erwies sich die Gewinnung von Teilnehmern mit einem Einkommen über 1.300 Euro, die als Angestellte (nicht selbständig oder prekär beschäftigt) arbeiten, von Menschen, die in Familien bzw. Partnerschaften mit Kindern leben (keine Singles), sowie von ehemaligen DDR-Bürgern.

Die Rekrutierung von Familien mit drei Generationenvertretern, die im Großraum Berlin wohnen, gestaltete sich deutlich schwieriger. Sofern ein Interessent im Fragebogen Kinder mit einem Alter ab 16 Jahren angegeben hatte, wurde schon bei der Kontaktaufnahme für das Einzelgespräch die Möglichkeit einer Familienteilnahme angefragt. Auf diese Weise konnten drei Familien gefunden werden, wobei zwei Familien schon entsprechend der theoretischen Überlegungen für das Gruppengespräch heterogener Milieuzusammensetzung passten. Um auch die zweite Familiengruppe als Gruppe homogener Milieuzuordnung zu komplettieren wurden die schon befragten Familienteilnehmer gebeten, in ihrem Umfeld nach einer möglichen zweiten Familie zu suchen, was dankenswerter Weise gelungen ist. Für die letzte Familiengruppe ebenfalls homogener Milieuzuordnung wurde letztlich der informelle Kontakt eines Teammitglieds zu einem Gymnasium genutzt und auf diesem Weg wurden erfolgreich zwei Familien rekrutiert. Dieser Teil der Datenerhebung konnte im November 2013 erfolgreich abgeschlossen werden.

2.4 Durchführung und Verlauf der Erhebungen

Insgesamt wurden über 60 Kurzfragebögen ausgefüllt und dienten damit als Grundlage für das Sampling zu den Einzelgesprächen sowie ggf. der weiteren Auswertung hinsichtlich Medienhandeln und medialem Kapital.

Wie aus Abb. 10 hervorgeht, haben insgesamt 53 Personen uns zumindest ein Einzelinterview gegeben, 44 dieser Personen (statt der abgestrebten 48) nahmen auch an Gruppendiskussionen in unterschiedlichen Konstellationen teil. Von den 53 Personen gehörten 29 zur Kohorte der »Babyboomer« (also der geburtenstarken Jahrgänge 1952-1967), mit denen medienbiografische Einzelgespräche geführt wurden. Sieben Jugendliche der Jahrgänge 1984 bis 1997 vertraten die

Generation der Kinder, sechs Personen (Jahrgänge 1930-1943) die familiäre Großelterngeneration. Sechs weitere Teilnehmer stehen für eine potentielle Vergleichsgruppe der Jahrgänge »zwischen« der Eltern- und der Großelterngeneration unserer Familien. Letztlich konnten also alle 48 Einzelgespräche durch die beiden Projektmitarbeiter wie geplant realisiert werden.

Abb. 10: Teilnehmer an Einzel- und Gruppengesprächen

Person	**Geschlecht**	**Geburts-jahr**	**Herkunft Ost / West**	**Gruppengesprächsform**		
				Gleich-altrige	Mehrgene-rationen	Familien
P01	m	1962	W	G3		
P02	w	1967	W		F1	Fam1_Eltern
P03	w	1958	O	G4		
P04	w	1965	W			
P05	m	1958	W	G1		
P06	w	1943	W		F1	Fam1_Großeltern
P07	w	1962	W	G1		
P08	m	1957	W	G3		
P09	m	1969	W			
P10	m	1959	O	G4		
P11	w	1957	W	G1		
P12	m	1961	W	G3		
P13	m	1960	W	G2		
P14	m	1952	W	G1		
P15	m	1966	W	G1		
P16	w	1959	W	G4		
P17	w	1954	W		F2	Fam3_Eltern
P18	m	1994			F1	Fam1_Kind
P19	w	1959	W	G3		
P20	w	1933	W			
P21	m	1963	W	G2		
P22	m	1961	O			
P23	m	1965	O			

Person	Geschlecht	Geburts-jahr	Herkunft Ost / West	Gruppengesprächsform		
				Gleich-altrige	Mehrgene-rationen	Familien
P24	w	1941	O			
P25	w	1943	O			
P26	w	1964	W	G1		
P27	w	1992				
P28	w	1955	W	G2		
P29	w	1966	W	G2		
P30	w	1965	W		F1	Fam2_Eltern
P31	m	1996			F1	Fam2_Kind
P32	w	1937	W		F1	Fam2_Großeltern
P33	w	1965	W	G3		
P34	m	1954	W	G2		
P35	w	1962	W			
P36	w	1933	O		F2	Fam3_Großeltern
P37	w	1984	O		F2	Fam3_Kind
P38	w	1964	O		F2	Fam4_Eltern
P39	w	1987			F2	Fam4_Kind
P40	w	1935	O		F2	Fam4_Großeltern
P41	w	1949	W	Ältere		
P42	m	1941	W	Ältere		
P43	w	1952	W	Ältere		
P44	m	1951	W	Ältere		
P45	w	1951	W	Ältere		
P46	m	1949	W	Ältere		
P47	w	1951	O	Ältere		
P48	m	1931	O		F3	Fam5_Großeltern
P49	w	1964	O		F3	Fam5_Eltern
P50	w	1995			F3	Fam5_Kind
P51	m	1930	O		F3	Fam6_Großeltern
P52	w	1997			F3	Fam6_Kind
P53	m	1964	O		F3	Fam6_Eltern

13 Teilnehmer aus den mittleren (9) und älteren (4) Familiengenerationen weisen eine partiell ostdeutsche Biografie vor dem Hintergrund des DDR-Mediensystems auf, allerdings hatten die meisten Zugang zu den westdeutschen Rundfunkmedien, die auch genutzt wurden. Einige Personen (P 04, P 09, P 20, P 22, P 23, P 24, P 25, P 27, P 35) wurden nicht zu Gruppengesprächen eingeladen oder sind nicht erschienen. Die Tabelle (vgl. Abb. 10) gibt eine Übersicht der 53 Teilnehmer sowie gegebenenfalls ihrer Teilnahme an Gruppengesprächen.

Die Einzelgespräche für die Teilnehmer an den »Gleichaltrigen«-Gruppen unserer Zielkohorte wurden im Zeitraum Dezember 2012 bis März 2013 geführt. Die Gruppengespräche fanden im März und April 2013 statt. Vier Teilnehmer für die Gruppe der älteren Geburtskohorte konnten im September 2013 über den PC-Einsteigerkurs eines Nachbarschaftshauses in Berlin Charlottenburg gewonnen werden. Auf persönliche Weiterempfehlung einer Teilnehmerin nahmen noch ihr Mann und ein ihnen bekanntes Ehepaar an der Studie teil. Dieses Gruppengespräch fand Anfang Oktober 2013 statt.

Alle medienbiografischen Leitfadengespräche fanden wie geplant als *Einzelgespräche* statt. Je nach Bereitschaft der Teilnehmer wurden die Interviews bei den Teilnehmern zu Hause bzw. in Räumen ihres privaten Umfeldes geführt. Probanden, die dies ablehnten, wurden ins Projektbüro des Instituts eingeladen. Zwei Gesprächspartner wurden in öffentlichen Räumen ihrer Wahl (Café, Foyer eines Museums) interviewt. Alle Interviews wurden mit einem Tonbandgerät digital aufgezeichnet. Auf einem Protokoll wurden zusätzliche Angaben zur Interviewsituation (Störungen, Gesprächsatmosphäre, etc.) festgehalten.

Interviewer waren die beiden Projektmitarbeiter und Ko-Autoren, die auch Ansprechpartner für Interessenten und spätere Teilnehmer waren. Trotz fehlender Generalisierbarkeit möglicher Interviewereffekte (vgl. Bortz/Döring 2006: 246) wurde darauf geachtet, dass sich die Gesprächskonstellationen hinsichtlich der persönlichen Merkmale der Teilnehmer (Geschlecht, Familienstand, Bildungshintergrund, DDR- oder BRD-Biografie) möglichst gleich auf die beiden Interviewer verteilten. Die Einzelgespräche dauerten zwischen 70 Minuten und 3 Stunden. Den Interviewern ist es gelungen, alle Gespräche in einer angenehmen und persönlichen Atmosphäre zu führen, so dass in dieser Hinsicht keine negativen Einflüsse auf die Gesprächsbereitschaft und das Gesprächsverhalten der Teilnehmer vermerkt wurden – ein Umstand der auch wichtig für die weitere Teilnahmebereitschaft an den Gruppengesprächen war.

Formal folgten alle Gespräche den durch den Leitfaden vorgegebenen Phasen: nach einer kurzen Vorstellung der Studie und der Klärung möglicher Fragen seitens des Teilnehmers wurde dieser aufgefordert, das eigene Leben biografisch zu untergliedern. Es folgten erzählanregende Fragen zu den einzelnen Lebensphasen, wobei jeweils am Ende einer Erzählung ergänzende Nachfragen oder

Verständnisfragen gestellt wurden. Nach Abschluss des narrativen Teils des Gesprächs wurden die konkret formulierten Fragen des Leitfadens vorgelesen und beantwortet. Das *Medienmemory* wurde zu Beginn der Erhebungsphase wie in den Studien von Prommer (1999), Hackl (2001) und Gonser (2010) erst am Ende des Erzählteils der Interviews eingesetzt, um mögliche Beeinflussungen der »Selbsterinnerung« während des Gesprächs auszuschließen. Die Teilnehmer wurden zum Abschluss des Gesprächs gebeten, sich die Karten anzuschauen und eine Auswahl unter dem Aspekt »prägend/bedeutsam für das eigene Leben« zu treffen. Doch schon bei den ersten Interviews zeigte sich bei beiden Interviewern, dass dieses Instrument aufgrund seiner hohen Anzahl an Karten das Interview nicht nur deutlich verlängerte, sondern auch aufgrund des erneuten gesprächsanregenden Inhaltes von den Gesprächspartnern als anstrengend empfunden wurde. Vor diesem Hintergrund wurde noch am Anfang der Erhebungsphase rasch entschieden, dass das Medienmemory während des Gesprächs zum Einsatz kommen sollte. Die von uns abgebildeten Kategorien wurden im Verlauf aller Gespräche von alleine oder in Orientierung am Leitfaden durch den Interviewer initiiert angesprochen. War eine Erzählung mit Bezug zu einer unserer Memory-Kategorien abgeschlossen, wurde direkt im Anschluss als Ergänzung der entsprechende Teil des Medienmemories vorgelegt. In der Mehrzahl wurde diese nun stärker bildhafte Unterstützung der Erinnerung positiv aufgenommen und regte weitere Erzählungen an.

In Vorbereitung und für die Zusammenstellung der Gruppengespräche wurde für alle abgeschlossenen Einzelgespräche eine Kurzauswertung vorgenommen. Auf einem Blatt wurden für die Aspekte Mediendispositiv, Mediennarrativ und Medienformat die Erzählungen in Stichpunkten notiert, die eine konkrete Handlungspraxis beschreiben. Diese Kurzauswertungen wurden in Ergänzung zu den soziodemografischen Daten der Teilnehmer bei der Zuordnung zu ähnlichen Milieus und der Zusammenstellung der Gesprächsgruppen ergänzend hinzugezogen. Weiterhin dienten sie in den Gruppengesprächen als anonymisierte Impulsbeispiele bei Nachfragen.

Bei der Durchführung der *Gruppengespräche* ergab sich das Problem, einerseits zwischen dem Einzelgespräch und dem Gruppengespräch nicht allzu viel Zeit vergehen zu lassen, andererseits aber die Gruppen möglichst den Vorgaben entsprechend zu besetzen. Die eine entsprechende Gruppe jeweils komplettierenden Personen mussten zeitnah gefunden, kontaktiert und ebenfalls schon einzeln befragt worden sein. Die Zeitspanne zwischen den Terminen der Einzel- und Gruppengespräche für die Teilnehmer der Gleichaltrigen-Gruppen lag tatsächlich zwischen zwei Wochen und 3 Monaten. Die Teilnehmer wurden im Vorfeld nach möglichen Terminen bzw. konkreten Ausschlussterminen gefragt. In Abhängigkeit von diesen Vorgaben wurden den Mitgliedern jeder Gruppe zwei Termine zur Auswahl vorgeschlagen und im persönlichen Kontakt letztlich ein Termin verbindlich festgelegt, für den eine schriftliche Einladung versendet wurde. Eine Woche vor dem Termin wurden alle Gruppenmitglieder nochmals telefonisch und/ oder per E-Mail erinnert. Trotz dieses Vorgehens konnten nur zwei altershomogene Gruppen mit allen eingeladenen Teilnehmern realisiert werden. Bei zwei Gruppen erschienen nur fünf der sechs eingeladenen, bei einer Gruppe nur drei der ursprünglich eingeladenen Teilnehmer.

Die zeitliche Organisation der *Familiengesprächsgruppen* war aufgrund der sozialen und räumlichen Nähe der jeweiligen Familienmitglieder deutlich einfacher und für die Teilnehmer auch verbindlicher, weshalb alle Familiengespräche in der angestrebten Zusammensetzung – mit Ausnahme der gewünschten größeren Varianz der milieuhomogenen Gespräche – durchgeführt werden konnten.

Die Gespräche wurden, wie bei der Entwicklung des Leitfadens für die Gruppengespräche beschrieben, durchgeführt. Das angestrebte Verfahren hat sich in dieser Form in der Praxis bewährt. Die Gruppengespräche wurden mit jeweils zwei Stunden angesetzt und fanden in kleineren Besprechungsräumen der Freien Universität Berlin statt. Die Erstattung von Fahrtkosten war möglich. Um eine angenehme Gesprächsatmosphäre herzustellen, wurden bei allen Gruppengesprächen warme und kalte Getränke sowie Gebäck angeboten. Aufgrund der hohen Bereitschaft der meisten Teilnehmer, sich auf Situation und Thema einzulassen, dauerten sie letztlich zwischen 2 ½ und drei Stunden. Alle Gruppengespräche wurden auf einem digitalen Tonbandgerät und auf Video aufgenommen. Das Video soll einerseits die Sprecherzuordnung bei der Transkription erleichtern und vor allem in Gruppengesprächen vorkommende non-verbale Äußerungen (Kopfnicken, Kopfschütteln, Aufzeigen etc.) festhalten. Zudem dient es als zusätzliche Sprachaufnahme und Gesprächssicherung.

Alle acht Gruppengespräche konnten mit den beschriebenen Einschränkungen stattfinden. Die Familiengespräche unterscheiden sich in Bezug auf die Kindergeneration: Am Familiengespräch F 2 nahmen Kinder teil, die in den 1980er-Jahren geboren sind und nicht mehr im elterlichen Haushalt leben, während sich in den anderen Gesprächen Teenager beteiligten. Bei den Familiengesprächen handelt es sich im Gegensatz zur Gesamtstruktur unseres Samples überwiegend um Ostdeutsche.

Die Mehrgenerationengespräche im Familienkontext wurden durchgeführt, um durch die Anwesenheit von Mitgliedern zweier Familien den Austausch *zwischen* den jeweiligen Familiengenerationen und weniger die Kommunikation der Familienmitglieder untereinander anzuregen. Der Fokus lag nicht auf dem Erzählen einer Familiengeschichte, sondern mit Bezug zu den unterschiedlichen Dispositiven auf dem kommunikativen Abgleich familiärer Handlungspraxen.

Die drei durchgeführten Familiengespräche verliefen strukturell sehr ähnlich. Ausgehend von der Einstiegsfrage zum Mediendispositiv Buch begann eine Erzählphase, die unterschiedliche Vertreter der Familiengenerationen meist von der eigenen Person ausgehend gestalteten. Im Verlauf dieser Darstellung kam es sowohl selbstläufig als auch durch entsprechende Nachfragen der Gesprächsleiter zu einem Austausch zwischen den Familien sowohl familienintern, als auch familienvergleichend. In allen Familiengesprächen entwickelte sich eine Gesprächsstruktur, in der die einzelnen Dispositive phasenweise abgehandelt wurden, wobei auch Bezüge zu anderen Mediendispositiven, -formaten und -narrativen hergestellt wurden, ohne diese Erzählungen aber abzuschließen oder den Verlauf des Gesprächs in diese Richtung selbst zu gestalten. Vielmehr handelten die Teilnehmer den Gesprächsstimulus soweit erschöpfend ab, dass es sogar zu gegenseitigen Hinweisen »das ist jetzt noch nicht Thema« kam, wurde ein anderer Aspekt ins Gespräch gebracht. Der Abschluss einer Gesprächspassage zeigte sich in der Regel daran, dass längere Pausen entstanden, in die die Gesprächsleiter eine kurze Zusammenfassung einflochten und sofern keine Ergänzungen erfolgten zum nächsten Stimulus überleiteten. Das Ende einer Passage zeigte sich auch daran, dass neue Gesprächsbeiträge immer einen Bezug zu einem anderen Mediendispositiv enthielten. An diesen Stellen wurde dieses Dispositiv als neuer Impuls von den Gesprächsleitern aufgegriffen, um wiederum am Schluss dieser Passage eine Zusammenfassung der beiden besprochenen Dispositive zu formulieren. In den Gesprächen F 1 und F 2 ist es gelungen, auch ohne große Interventionen seitens der Gesprächsleiter Gespräche zwischen den Familienvertretern nicht nur innerhalb einer Familie zu initiieren. Den überwiegenden Gesprächsanteil hatten dabei in Gespräch F 1 die Elterngeneration, in F 2 beteiligten sich die Eltern- und die Enkelgeneration gleichstark. Das Gespräch F 3 verlief in dieser Hinsicht sehr schleppend. Familienexterne Bezüge wurden kaum hergestellt, familieninterne Bezüge meist nur auf direkte Nachfrage. In der Mehrzahl verblieben die Erzählbeiträge hier auf der individuellen Ebene des Sprechers. Vor allem der Anteil der Enkelgeneration einer der Familien beträgt quasi Null, was wohl auf die eher zurückhaltende Persönlichkeit zurückgeführt werden kann. Fragen an diese Enkelin wurden meist knapp und ohne weitere Erläuterungen von ihr beantwortet. Mehrfach hat der Vater (Elterngeneration) das Antworten für die Tochter gleich mit übernommen. Mit sieben Personen (P 41- P 47) der Jahrgänge 1941-1952 wurden Einzelinterviews und ein Gruppengespräch (G 5) durchgeführt, um gegebenenfalls intergenerationelle Vergleiche anhand einer Kontrastgruppe durchzuführen. De facto wurde dieses Material nicht ausgewertet, weil eine sinnvolle Grundlage für einen solchen Vergleich im Projektzeitraum nicht hergestellt werden konnte.

Die folgende Abb. 11 gibt die – von der Planung (vgl. Abb. 9) abweichende – Realisierung der Gruppengespräche wieder.

Abb. 11: Durchgeführte Gruppengespräche

Gruppe	Teilnehmer (Anzahl und Jahrgänge)	soziale Zusammensetzung	Gesprächs-termin
G 1	6 Personen (1952-1966)	homogen, westdeutsch	3/2013
G 2	5 Personen (1954-1966)	homogen, westdeutsch	3/2013
G 3	5 Personen (1957-1965)	heterogen, westdeutsch	4/2013
G 4	3 Personen (1958-1959)	heterogen, ostdeutsch	4/2013
G 5	7 Personen (1941-1952)	heterogen, westdeutsch	10/2013
F 1	6 Personen aus 3 Generationen	heterogen, westdeutsch	6/2013
F 2	6 Personen aus 3 Generationen	homogen, ostdeutsch	7/2013
F 3	6 Personen aus 3 Generationen	homogen, ostdeutsch	11/2013

2.5 Dokumentation, Datenmanagement und Auswertung

Wie bei der Darstellung des Studiendesigns erläutert, haben wir uns für unterschiedliche methodische Zugänge entschieden um die uns interessierenden Aspekte medialen Handelns zu erheben: Für die aktuelle soziale Position im medialen Feld der standardisierte Kurzfragebogen, für den persönlichen medialen Habitus und sein Genese das biografische Einzelgespräch und für die interpersonale, kollektive Auseinandersetzung mit der eigenen bzw. geteilten Handlungspraxis das Gruppengespräch. Auch die Auswertung muss entsprechend mehrdimensional erfolgen und dem Material und seinen verschiedenen inhaltlichen Gehalten entsprechen. Neben den methodologischen Überlegungen gilt es aber auch eine Strategie des Datenmanagements zu entwickeln, mit der sich der große Text- und Datenkorpus effektiv, systematisch und intersubjektiv nachvollziehbar bewältigen lässt.

2.5.1 Auswertung der standardisierten Fragebögen

Die Kurzfragebögen wurden zum einen *fortlaufend* ausgewertet, um geeignete Teilnehmer an der gesamten zweistufigen Studie zu identifizieren und die angestrebten Gruppenzusammensetzungen zu erreichen. Zur Vorbereitung auf die Einzel- und Gruppengespräche konnten die Fragebögen dann erneut konsultiert werden, um sich mit den Teilnehmern besser vertraut zu machen oder ggf. bestimmte Themen gezielt anzusprechen bzw. Fragen zu klären.

Die *systematische* Auswertung der Fragebögen bezog sich vor allem auf die (vergleichende) Erfassung des medialen Kapitals sowie der beiden Fragen zu Häufigkeit und Dauer der Mediennutzung als Bausteinen zur Rekonstruktion eines medialen Habitus und zur Erkennung möglicher kollektiver Muster.

Bei der Auswertung der erhobenen Daten zur Beschreibung des medialen Kapitals setzen wir an der aktuellen Lebensphase unsere Teilnehmer an, um für diesen Moment eine Verortung der Einzelfälle im Feld der Medien vorzunehmen. Für den späteren Vergleich muss die Beschreibung der Einzelfälle in einer komprimierenden Systematik gründen, die vor allem die individuellen mündlichen Aussagen dimensioniert und zusammenfasst.

Aufgrund unserer Operationalisierungslogik werten wir die vorliegenden Daten hinsichtlich der drei Kapitalformen *objektiviertes* Kapital, *institutionalisiertes* Kapital und *inkorporiertes Kapital* wie folgt aus:

Das *objektivierte Kapital* umfasst die standardisierten Angaben zum Besitz von Geräten sowie den Empfangs- und Zugangsmöglichkeiten (Dispositiv-Ebene). Die Angaben aus dem Kurzfragebogen werden für jeden Einzelfall abgeglichen mit den Angaben aus den persönlichen Gesprächen und ggf. ergänzt (z. B. zu Abonnements von Zeitungen oder Zeitschriften). Die Anzahl der verfügbaren Geräte liegt bei den »Babyboomern« zwischen 3 und 15 Geräten. Wir bestimmen die Höhe des objektivierten Kapitals nicht rein quantitativ, sondern berücksichtigen dabei die technische Qualität (moderne, digitale Endgeräte vs. analoge »Altgeräte«) der Ausstattung. Die im Folgenden als Grundausstattung bezeichneten vier Geräte besitzen über zwei Drittel unserer Stichprobe: TV, Radio, Stereoanlage, PC oder Laptop. Ebenfalls zur Grundausstattung zählen wir den in Berlin (und von unseren Teilnehmern) meist genutzten Onlinezugang via Breitband. Die Grundausstattung ist der von uns gesetzte Ausgangspunkt, um die Höhe des objektivierten Kapitals für unser Sample intern vergleichbar zu machen. Folgende Dimensionierung ergibt sich mithin für das objektivierte Kapital:

Abb. 12: Skalierung des objektivierten medialen Kapitals

0	weniger/ keine Grundausstattung
+	Grundausstattung; bei vergleichbarer Anzahl aber anderer Zusammensetzung der Geräte werden Substitutionsgeräte mit zur Grundausstattung gezählt, wenn sie für die Nutzung als Äquivalent fungieren
++	mehr Geräte als Grundausstattung *und* modernere technische Ausstattung
+++	Vollausstattung bei den abgefragten Mediendispositiven

Das *institutionalisierte Kapital* setzt sich zusammen aus der standardisiert erfassten Angabe zu absolvierten medienbezogenen Aus- und Weiterbildungen und den mündlichen Informationen über entsprechende berufliche oder private Ausbildungen sowie der praktischen Anwendung im Alltag. Die Dimensionierung definiert sich wie folgt:

Abb. 13: Skalierung des institutionalisierten Kapitals

0	keine Weiterbildung oder Selbstlernkurse
+	einzelner Kurs bzw. ein Thema/ Bereich medienbezogener Weiterbildung
++	verschiedene Kurse und Themen; ehrenamtliche Nutzung; private Nutzung/ Hobby (z. B. eigene Webseite)
+++	Ausbildung und berufliche Tätigkeit im Bereich Medienproduktion

Das *inkorporierte Kapital* beinhaltet praktische, pragmatische und kognitive Medienkompetenzen, die im Laufe des Lebens akkumuliert und verinnerlicht werden. Nur einige Fragen des standardisierten Bogens bezogen sich hierauf, doch ergänzend lassen sich die im Gespräch formulierten Ausprägungen des Medienhandelns beobachten und einordnen (Mediennutzung, Medienrepertoire, Medienstil, Medienbewertung). Die Aussagen werden dafür konkreten Kompetenzen zugeordnet, die sich aus der Diskussion um diesen Begriff zum heutigen Zeitpunkt formulieren lassen. Hierbei orientieren wir uns an der Aufstellung von Büsch (2014):

- Die *Sachkompetenz* ist die Basiskompetenz medialen Handelns und umfasst Kenntnisse des medialen Angebots (Formate, Narrative) und der Geräte und Hardware (Dispositive) hinsichtlich ihrer Möglichkeiten und ihrer Nutzung bzw. Bedienung, Wissen über Formate und Präsenta-

tionstechniken sowie systemisches Wissen über Strukturen und Organisationen von Medienanbietern und den eigenen Zugangsmöglichkeiten.
- *Kritische Kompetenz* baut auf der Sachkompetenz auf und erfasst kritische Bewertungen der Gesamtheit des medialen Angebots und seiner Strukturen, wobei die kritischen Urteile vor allem im Bezug zu eigenen Bedürfnissen und Nutzenerwägungen stehen.
- *Reflexiv-ethische Kompetenz* baut auf dieser kritischen Kompetenz auf und erweitert sie um reflektierte Urteile über Medien und deren Nutzung, die letztlich in handlungsleitenden Prinzipien und ethische Maßstäbe des eigenen Medienhandelns übertragen werden (Bsp.: Alternativsuchmaschinen nutzen wie Ecosia).
- *Soziale Kompetenz* ergänzt die beiden subjektiven Dimensionen kritische Kompetenz und reflexiv-ethische Kompetenz um den sozialen Faktor. Das eigene Medienhandeln wird – ganz im Sinne des handlungstheoretischen Nutzenansatzes und des aktiven Rezipienten – als soziales Handeln in der medialisierten Gesellschaft verstanden, die Grundlage und Orientierungspunkt des individuellen Medienhandelns ist.
- *Genusskompetenz* ergänzt die bisher erörterten kognitiven und moralischen Dimensionen um die affektive Dimension und berücksichtigt bei der Mediennutzung das subjektive Unterhaltungsempfinden bzw. in wie weit die eigenen Bedürfnisse unter Bezug auf die eigene Rezeptionsfähigkeit bekannt sind und deren subjektiver Nutzen eingeschätzt wird (z. B. Vorlieben, Abneigungen).
- *Ästhetische Kompetenz* baut auf Sachkompetenz auf und erfasst die Wahrnehmung als wesentlichen Bestandteil medialer Kommunikation in Form von Urteilen zu Gestaltung und Aufbau von Medieninhalten.
- *Gestalterische Kompetenz* hat alle anderen Kompetenzen zur Voraussetzung und beschreibt die eigene konkrete Handlungspraxis, Medien nicht nur aktiv zu rezipieren, sondern sie auch in Form eigener Medienprodukte selbst (mit-) gestalten zu können.

Jede einzelne Kompetenz wird dimensioniert erfasst und deren Ausprägung nach einem einheitlichen Schema festgesetzt; die Summe der Einzelkompetenzen ergibt wiederum eine vergleichbare Gesamthöhe des inkorporierten Kapitals, wobei keine der Kompetenzen normativ bevorzugt wird; normative Unterschiede ergeben sich lediglich über die Höhe der Kapitalgesamtsumme.

Abb. 14: Skalierung von inkorporiertem medialem Kapital als Medienkompetenz

0	keine Äußerung/ Bewertung der jeweiligen Kompetenz zuzuordnen
+	mindestens eine Aussage/ Bewertung der jeweiligen Kompetenz zuzuordnen
++	verschiedene Aussagen/ Bewertungen der jeweiligen Kompetenz zuzuordnen
+++	elaborierte Begründungen, hoher Reflexionsgrad der verschiedenen Aussagen/ Bewertungen der jeweiligen Kompetenz

Da alle Kapitalformen nach einem einheitlichen Schema erfasst und bewertet werden, kann folglich die Gesamtsumme des medialen Kapitals subsumiert werden (vgl. Kap. 3.1.1, Abb. 17). Die Kapitalakkumulation der einzelnen Kapitalformen erfolgt dabei ebenfalls wertneutral. Die Erfassung sowohl der Kapitalgesamthöhe als auch der Komposition sowie der Ausprägung einzelner Kapitalformen, ermöglicht in der Folge eine nachvollziehbare Verortung des Einzelnen im Feld der Medien. Darüber hinaus bietet das akkumulierte mediale Kapital eine differenzierte Vergleichbarkeit der Einzelfälle, auch in Bezug auf die Bedeutung einzelner Kapitalformen für die Herausbildung des Gesamtkapitals auf der Individualebene.

Die Daten der Teilnehmer aus den geburtenstarken Jahrgängen zur Häufigkeit der Mediennutzung wurden vergleichend statistisch ausgewertet, um die Varianz innerhalb der Gruppe der Befragten bzw. auffallend ähnliche Strukturmuster zu ermitteln (vgl. Abb. 18 u. 19 in Kap. 3.1.2). Die Daten zur Mediennutzungsdauer konnten aufgrund der sehr häufig unvollständigen Angaben nicht verwertet werden. Auch alle Versuche für die Teilnehmer aus den geburtenstarken Jahrgängen eine Nutzertypologie oder charakteristische »Cluster« auf der Basis von medialem Kapital und Mediennutzung zu entwickelten, erwiesen sich aufgrund der hohen individuellen Varianz als nicht realisierbar.

2.5.2 Transkription

Insgesamt 50 *Einzelgespräche* wurden mithilfe der Software f4 *vollständig transkribiert.* Das Untersuchungsziel der Studie benötigt eine vollständige Dokumentation des Gesprochenen, beschränkt sich aber weitestgehend auf die Wiedergabe des Wortinhaltes. Die Transkriptionsregeln orientieren sich am gebräuchlichen Alphabet, dialektische Aussprache wird jedoch als solche transkribiert. Äußerungsmerkmale wie Pausen und Gedankensprünge werden mit notiert, ebenso weiterführende Merkmale wie Husten oder Lachen. Unverständliche

Aussagen werden gekennzeichnet, eine Glättung des Sprachverlaufs wird nicht vorgenommen. Weitere prosodische Äußerungsmerkmale wie Stimmverlauf, Wort- und Satzakzente oder Betonungen werden nicht dokumentiert.

Die vollständige *Transkription der Gruppengespräche* wird aufgrund der Länge als nicht realisierbar, aber auch nicht als zwingend nötig erachtet (vgl. Przyborski/ Wohlrab-Sahr 2010: 286), zumal sie aufgrund der größeren Anzahl von Teilnehmern und dem diskursiven, oft »einander-ins-Wort-fallenden« Gesprächsverlauf deutlich mehr Zeit als ein Einzelgespräch benötigen würde. Wir folgen daher bei der Verschriftlichung der Empfehlung, nur die Passagen vollständig zu transkribieren, die nach formalen und thematischen Gesichtspunkten im Rahmen der Fragestellung für die Interpretation ausgewählt werden. Das gesamte Gruppengespräch wird dazu abgehört und passagenweise mit Zuordnung der Sprecher paraphrasiert und schriftlich als Fließtext festgehalten. Entsprechend unseren theoretischen Überlegungen sind die Stellen interessant, in denen sich die Teilnehmer als Gruppe ansprechen und ein »Wir« deutlich zum Ausdruck bringen. Entsprechende Stellen werden vollständig und in Übernahme der Regeln für die Einzelgespräche transkribiert. Einwürfe anderer Sprecher werden innerhalb einer Sprecheräußerung eingefügt und in Klammern gesetzt kenntlich gemacht. Sprecherüberlappungen am Ende und Anfang aufeinanderfolgender Erzählungen werden nicht gesondert gekennzeichnet.

2.5.3 Qualitative Inhaltsanalyse der individuellen Leitfadengespräche

Der Leitfaden für die biografischen Einzelgespräche unserer Studie basiert auf einer umfassenden theoretischen Ausarbeitung und daraus abgeleiteten Operationalisierungen des Konstrukts medialer Habitus. Damit liegen für die Auswertung dieses Datenmaterials schon konkrete Kategorien vor, die aus dem Material zu extrahieren sind. Exploration und Strukturierung des Datenmaterials der Einzelgespräche erfolgen entsprechend im Sinne der qualitativen Inhaltsanalyse deduktiver Art nach Mayring (2007: 82-85, 89). Strukturierungsdimensionen sind auf der biografischen Ebene die verschiedenen Lebensphasen, denen eine Aussage zugeordnet werden kann. Auf der medialen Ebene gilt es die Bestandteile des medialen Kapitals differenziert am Material zu codieren. Als *Analyseeinheit* gelten alle sprachlichen Äußerungen des Gesprächspartner, die als Erzählkomplex persönliche Erlebnisse oder mediale Bezüge enthalten. Ziele dieses Auswertungsschrittes sind einerseits eine inhaltliche Strukturierung der Einzelgespräche für nachfolgende Vergleiche und andererseits eine dimensionierte Zusammenfassung des jeweiligen Einzelfalls.

2.5.4 Computerunterstützte Inhaltsanalyse

Der Prozess der Systematisierung wird unterstützt durch die Verwendung der Analysesoftware MAXQDA, die auch für das Datenmanagement und die anschließenden fall- und materialübergreifenden Vergleiche eingesetzt wurde.

Jede Analyseeinheit muss der biografischen Kategorie »Lebensphase« zugeordnet werden. Für die Unterteilung der Lebensphasen orientieren wir uns an folgender Systematik:

Abb. 15: Codes der biografischen Phasen

Phase 1	Kindheit bis ca. 12 Jahren
Phase 2	Teenageralter/ Adoleszenz bis ca. 19 Jahren
Phase 3	junges Erwachsenenalter bis ca. 29 Jahren
Phase 4	Erwachsenenalter ab 30 bis ca. 65 Jahren
Phase 5	Entberuflichung/ Seniorenzeit

Die biografische Dimension wird ergänzt durch Unterdimensionen (Subcodes) zu Interaktionspartnern, wichtigen Lebensereignissen, Lebenskontexten (sozial und räumlich) sowie Einordnungen der eigenen ökonomischen Lage. Alle Erzählpassagen mit Medienbezug werden mindestens einer der folgenden vier zentralen Dimensionen zugeordnet (vgl. Abb. 16).

Mittels dieser insgesamt fünf Hauptdimensionen wird in MAXQDA eine Inhaltsstruktur über die Textdaten gelegt, mit deren Hilfe eine fallbezogene und fallübergreifende komparative Auswertung möglich ist.

Die Dimensionen bzw. Codes Medien-Objekt, -Repertoire und -Stil finden sich vor allem in Erzählungen und Beschreibungen wieder und sollen über die Kombination mit Codes der Biografie-Dimension (Codes Phase 1 bis 5) und in Kombination untereinander die praxisbezogenen Aspekte des Medienhandelns im Sinne unserer Fragestellung der weiteren Auswertung strukturiert zugänglich machen. Bei der Dimension bzw. dem Code Medien-Bewertungen handelt es sich um eine explizit reflexive Dimension und entsprechende Äußerungen.

Abb. 16: Codes des Medienbezugs

Medien_Objekt	genannte Mediendispositive (Ausdruck des objektivierten Kapitals)
Medien_Repertoire	genannte Narrative und Formate; Formate werden weiter ausdifferenziert codiert
Medien_Stil	mittels Subcodes werden alle weiteren Angaben zu konkreten Medienhandlungspraxen unterschieden (Erzählungen)
Medien_Bewertungen	mittels Subcodes werden alle reflektierenden, einordnenden und wertenden Aussagen (Argumente/ Bewertungen) kenntlich gemacht

Die von uns standardisiert erfassten Angaben zu Medienbesitz, Mediennutzung und soziodemografischen Variablen können in MAXQDA als Dokumentvariablen dem Einzelfall direkt zugewiesen und bei der vergleichenden Auswertung ebenfalls mit berücksichtigt werden.

2.5.5 Personenbezogene Einzelberichte (»Habitus-Porträts«) und Vergleich innerhalb der Babyboomer

In Anbetracht des Umfangs der Transskripte der Einzelgespräche (in der Regel 30-40 Seiten) und Codierungen sowie des Datenmaterials aus den Kurzfragebögen wurden für alle 29 Teilnehmer aus der mittleren Generation steckbriefartige Kurzporträts angefertigt. Darin wurden die Kernmerkmale zusammengefasst, um den anschließenden Vergleich zu erleichtern. Im Wesentlichen bestehen die Habitus-Porträts aus den folgenden Teilen:

- Für die allgemeine soziale Verortung und Strukturierung wurden zunächst *soziodemografische Kontextdaten* aus den Fragebögen (Alter, Geschlecht, Bildung, Beruf etc.) sowie biografische Angaben zu Herkunft, Familie und sozialer Einbettung (Sozialkapital) steckbriefartig erfasst.
- Als nächstes wurde das *mediale Gesamtkapital* angegeben sowie die Position im medialen Feld verortet und angegeben.

- Anschließend wurden die einzelnen *medialen Kapitalformen* (objektiviert, instrumentalisiert, inkorporiert) spezifisch ausgewiesen, die zuvor auf Grundlage der Fragebögen und Leitfadengespräche bestimmt wurden.
- Für die Beschreibung *medialer Handlungspraxen* und des *Medienstils* wurden Angaben zur aktuellen Mediennutzung (Kurzfragebögen) und den Medienstil betreffende Aussagen aus den Interviews (Codes zu Medienrepertoire, Medienstil und Medienbewertungen) erfasst.

Um die Genese sowie Stabilität des *medialen Habitus* zurückverfolgen und damit intersubjektiv vergleichen zu können, wurde im zweiten Teil der *Habitus-Porträts* eine stichwortartige *Medienbiografie* angegeben. Hierbei folgte die Einteilung der Kategorisierung der vier Lebensphasen aus den codierten Interviews (Kindheit und Jugend, frühes Erwachsenenalter, Erwachsenenalter), sodass sich die Medienbiografie individuell im Längsschnitt, aber auch im Querschnitt vergleichend zurückverfolgen lässt. Für jede Lebensphase wurden entsprechend der Code-Kategorien wichtige und typische Medienhandlungen beschrieben sowie die sozialen und biografischen Kontexte erfasst, in welche die Medienbiografie eingebettet ist. Dadurch lassen sich Kontinuitäten und Brüche systematisch zurückverfolgen sowie zuordnen.

Um gemeinsame Muster von Medienhandeln, Medienstil und Medienbewertungen innerhalb der Generationslagerung der geburtenstarken Jahrgänge zu erkennen, wurden zunächst die Einzelporträts der »Babyboomer« auf Gemeinsamkeiten hin geprüft. Verglichen wurden mediales Kapital und Mediennutzung sowie typische Muster des Medienhandelns und medialer Dispositionen. Im zweiten Schritt wurden dann die Transskripte der Einzelgespräche vergleichend analysiert, um gemeinsame Züge zu identifizieren, die möglicherweise mit dem Konzept der Mediengeneration erklärt werden können.

Schließlich wurden auf der Suche nach parallelen Medienbiografien anhand der inhaltsanalytischen Codierungen diese Transskripte mithilfe der Software MAXQDA ausgewertet. Dabei wurden ausgewählte Codes bezogen auf die prägenden biografischen Phasen (Adoleszenz und junges Erwachsenenleben) tabellarisch zusammengestellt, um Parallelen erkennen zu können (vgl. Kap. 3.2).

2.5.6 Inhaltsanalytische Auswertung der Gruppengespräche

Die altershomogenen Gruppengespräche wurden mithilfe des Programms f4 aufgrund des sehr großen Umfangs und Zuordnungsaufwands teiltranskribiert, d.h. Passagen, die zum Beispiel aufgrund der Gruppendynamik erkennbar keinerlei inhaltlichen Medienbezug aufwiesen, wurden nicht verschriftlicht. In die inhaltsanalytische Codierung und die weitere Auswertung wurden nur solche medienbezogenen Passagen aufgenommen, die als »Wir«-Aussagen kollektiven Charakter hatten oder durch Zustimmung einzelner Teilnehmer als Gruppenkonsens verstanden werden konnten. Außerdem wurden alle distinktiven Aussagen und die umliegenden Gesprächspassagen berücksichtigt, also Aussagen, die das eigene Medienhandeln bzw. Medienbewertungen von dem anderer Altersgruppen unterscheiden. Nicht berücksichtigt wurden die in den Gruppengesprächen formulierten Einzelaussagen, die sich nur auf das individuelle Medienhandeln bezogen, von anderen Teilnehmern aber weder positiv noch negativ kommentierend aufgegriffen oder durch parallele Erzählungen ergänzt wurden.

Für die Auswertung der Familiengespräche werden die Redebeiträge der einzelnen Sprecher zwei Bezugsebenen zugeordnet: Erstens der Ebene der Ich-Erzählung, des Ich-Bezugs, und zweitens der Ebene der Wir-/die Anderen-Erzählung, des Fremd-Bezugs. Die erste Ebene entspricht einer Ich-zentrierten Erzählung, in der keinerlei Bezüge zu anderen Personen hergestellt werden. Meist handelt es sich um einfache Darstellungen einer medienspezifischen Handlung. Die zweite Ebene, als allgemeine Ebene mit Fremdbezügen in der Erzählung, steht im Fokus dieser Auswertung, da entsprechend unserer Ausgangsüberlegungen sich hier habitualisierte und distinkte Formen der familiären Medienpraxis bzw. deren Beschreibung personenübergreifend identifizieren lassen. Erzählungen mit Fremdbezug sind zwar auch Bestandteil der Einzelgespräche gewesen, indem sie hier aber im diskursiven Rahmen eines Familiengesprächs angesprochen werden, erfolgt durch die anderen Teilnehmer eine Bestätigung oder Korrektur der Erzählung. Anschlusserzählungen ergänzen und erläutern die jeweilige Erzählung und nicht nur im Falle einer disparaten Sichtweise werden Einordnungen der jeweiligen Handlungspraxis durch andere Teilnehmer vorgenommen und damit für den jeweiligen Familienalltag validiert. Aufgrund der Perspektive auf familiäre Handlungen ist auf der Ebene der Fremdbezüge zu beachten, dass nicht nur die anwesenden Familienmitglieder die Referenz für eine Erzählung bilden, sondern auch die nicht anwesenden Anderen oder – vor allem im Fall der Großelterngeneration – schon verstorbene Familienmitglieder als Bezüge in den Erzählungen auftauchen.

In der Auswertung werden die Personen dann mit der Familiengeneration bezeichnet, die sie als Teilnehmer unserer Gespräche (»Oma/ Opa«, »Mutter/ Vater«, »Enkel/ Enkelin«) auszeichnete. Da die »Mutter« gleichzeitig auch die Tochter der »Oma« und diese natürlich ebenfalls Mutter ist, würden sonst die Zuschreibungen nicht mehr eindeutig zuzuordnen sein, würde man das jeweilige Verwandtschaftsverhältnis zur Bezeichnung verwenden.

3 Mediengenerationen: empirische Befunde

3.1 Der mediale Habitus einer Generation?

Beginnend mit den Erhebungen auf der Individualebene werden im Folgenden die Ergebnisse ausgewertet und interpretiert. Dabei geht es um die zentrale Frage, ob sich generationelle Gemeinsamkeiten und Muster hinsichtlich des medialen Habitus (Kap. 2.1), parallele Medienbiografien (Kap. 2.2.) oder gar ein reflektiertes Bewusstsein als distinkte Mediengeneration (Kap. 2.3) rekonstruieren lassen.

3.1.1 Zusammensetzung des medialen Kapitals und die individuelle Position im Feld der Medien

Für alle 29 Gesprächsteilnehmer aus der Generationslagerung der geburtenstarken Jahrgänge (ca. 1952-1967), die aufgrund ihrer Teilnahme an einem der Gruppengespräche in die generationelle Betrachtung eingeflossen sind, haben wir versucht, das jeweilige mediale Kapital zu bestimmen. Die Verteilung und Zusammensetzung des medialen Kapitals ist in mehrfacher Hinsicht aufschlussreich: Zum einen kann man die Personen im medialen Feld positionieren und dabei auch herausfinden, ob sie sich eher nahe stehen (Ähnlichkeit) oder nicht. Zum anderen sind mediales Kapital und Position im Feld der Medien strukturelle Faktoren, die bei der Ausbildung des medialen Habitus eine begrenzende und ermöglichende Rolle spielen, ohne diesen zu determinieren. Und schließlich gibt der interindividuelle Vergleich in diesem altershomogenen Teilsample Aufschluss über Homogenität bzw. Heterogenität hinsichtlich dieser strukturellen Einflussfaktoren auf das jeweilige Medienhandeln. Dahinter steht letztlich die Frage, ob trotz eines sozial vergleichsweise homogenen Teilsamples und trotz der Zugehörigkeit zur selben Mediengenerationslagerung nicht letztlich individuelle, familiäre oder Lebensphasen-Faktoren bedeutsamer erscheinen. Wir suchen explorativ nach ähnlichen, möglicherweise typischen Formen der Komposition sowie Gesamtsummen des individuellen medialen Kapitals, um Hinweise auf mögliche generationelle Muster zu gewinnen.

Wie ist es nun um Höhe und Zusammensetzung des medialen Kapitals bestellt? Nach einer kurzen methodischen Erläuterung soll anhand von zwei Beispielpersonen verdeutlicht werden, wie das mediale Kapital auf der Grundlage der Kurzfragebögen und der Leitfadengespräche bestimmt wurde, bevor ein vergleichendes Gesamtbild gezeichnet wird.

Um eine Vergleichbarkeit innerhalb des Teilsamples derselben Generationslagerung herzustellen, haben wir einen Index entwickelt, der allerdings (wie wohl die meisten Indizes) nicht auf einer elaborierten Theorie darüber beruht, welche Faktoren wie stark wirken bzw. relevant sind. Aus rein pragmatischen Gründen, nämlich um Gemeinsamkeiten und Unterschiede zu beschreiben, sind wir wie folgt vorgegangen: Die Werte für objektiviertes und für institutionalisiertes Kapital wurden auf einer Ordinalskala von 0 bis 3 eingeordnet und addiert. Die Bewertung des inkorporierten Kapitals berücksichtigt die sieben Medienkompetenzen ebenfalls in jeweils vier Stufen von 0 bis 3. Die Einzelwerte hierfür wurden addiert und dann durch sieben dividiert (da es sich ja um einen zusammengesetzten Wert handelt), d.h. es konnten hier ebenfalls Maximalwerte von 3,0 (21/7) erzielt werden, de facto wurde 1,9 als Höchstwert erzielt. Der Maximalwert für das mediale Gesamtkapital einer Person kann auf der Basis dieser zusammengesetzten Ordinalskala also 9 betragen. Der Mittelwert für die so errechnete Kapitalsumme beträgt in unserem Teilsample 4,2, die Spannbreite (Varianz) wie an den beiden Extrembeispielen gezeigt, erstreckt sich von 1,6 bis 6,9.

Gemessen an der Höhe des medialen Kapitals erzielt Person 33 den höchsten und Person 12 den niedrigsten Wert, sie umschreiben damit das Spektrum des Teilsamples.

Person 12 verfügt über Radio, HiFi-Anlage, DVD und einen Breitband-Onlinezugang, über den IPTV und Onlineradio genutzt werden; ein Fernsehgerät oder andere digitale bzw. mobile Geräte sind laut Fragebogen nicht vorhanden. Auf der Ebene des objektivierten medialen Kapitals erreicht die Person damit Stufe 1 (Skala 0-4). An institutionalisiertem Kapital, also an medienbezogenen Aus- und Fortbildungen hat Person 12 nichts erworben (Stufe 0 auf der 4-er-Skala). Als inkorporiertes mediales Kapital hatten wir sieben Medienkompetenzen verstanden, die im Leitfadengespräch thematisiert werden konnten. Person 12 besitzt hohe Sachkompetenz, insbesondere im Hörfunk und beim IPTV, sowie Genusskompetenz, denn sie schaut vor allem Krimis und Dokumentationen, die als Formate gezielt auch in den Mediatheken gesucht werden. Außerdem gibt es noch Hinweise auf eine reflexiv-ethische Kompetenz bzw. kritische Kompetenz, die ihren Ausdruck darin findet, dass Medien nur gekauft und genutzt werden, wenn ihnen eine hohe subjektive Relevanz zugemessen wird. Der PC bildet daher das »Medienzentrum«, während auf mobile Geräte oder High End-Wiedergabegeräte verzichtet wird. Auf dem zu Vergleichszwecken gebildeten Index wird ein Gesamtwert von 1,6 erzielt (vgl. Abb. 17).

Abb. 17: Mediales Kapital im Vergleich

Person	**objektiviertes mediales Kapital**	**institutionalisiertes mediales Kapital**	**inkorporiertes mediales Kapital**		**mediales Gesamtkapital**
			Gesamt	*/7 Dimensionen	
P12	1	0	4	0,6	1,6
P05	1	0	5	0,7	1,7
P35	1	0	6	0,9	1,9
P08	0	1	7	1	2
P38	1	0	9	1,3	2,3
P10	2	0	3	0,4	2,4
P07	1	1	5	0,7	2,7
P49	2	0	6	0,9	2,9
P13	0	2	8	1,1	3,1
P17	1	1	10	1,4	3,4
P26	1	1	11	1,6	3,6
P28	2	0	11	1,6	3,6
P29	2	0	11	1,6	3,6
P03	1	2	9	1,3	4,3
P02	2	1	9	1,3	4,3
P30	3	0	10	1,4	4,4
P15	1	2	10	1,4	4,4
P16	1	2	10	1,4	4,4
P19	2	1	13	1,9	4,9
P21	3	0	13	1,9	4,9
P22	3	1	8	1,1	5,1
P53	3	1	8	1,1	5,1
P04	2	2	9	1,3	5,3
P14	3	2	6	0,9	5,9
P11	1	3	15	2,1	6,1
P23	2	3	12	1,7	6,7
P34	3	2	12	1,7	6,7
P01	2	3	13	1,9	6,9
P33	3	2	13	1,9	6,9
					MW = 4,2

Person 33 verfügt über eine mediale Vollausstattung: digitaler Fernseher mit EPG, Radio und Autoradio, HiFi-Anlage, DVD, Laptop, Tablet, Smartphone, WLAN, Mobilnetz und ein Zeitungsabonnement. Das ergibt den Maximalwert 3 beim objektivierten medialen Kapital. Auch institutionalisiertes mediales Kapital wurde erworben: nach einem Teilstudium der Publizistik und einem journalistischen Volontariat war die Person eine Zeit lang Zeitschriftenredakteurin; insgesamt ergibt dies den zweithöchsten Wert auf der Skala. Zudem werden im Gespräch alle sieben Medienkompetenzen ausführlich abgehandelt: Die Sachkompetenz äußert sich in einer bewussten Entscheidung gegen privat-kommerzielles Fernsehen und für öffentlich-rechtliche Programme, der gezielten Anschaffung von Special Interest-Zeitschriften, der Buch- sowie der allmorgendlichen Zeitungslektüre. Die Abneigung gegen private Fernsehformate, speziell Talkshows (Stichwort »Fremdschämen«) wird als Hinweis auf eine entwickelte ästhetische Medienkompetenz gewertet. Die Selbstbeschränkung der Fernsehnutzung erfolgt reflektiert und im Vergleich zu anderen (reflexiv-ethische Kompetenz). Kritische Kompetenzen äußern sich in der Einschätzung, dass von einem medialen Überangebot, der individualisierten Mediennutzung in der Familie und der Filterproblematik bei der Onlinesuche gesellschaftliche Gefahren ausgehen. Daraus folgt für Person 33 eine bewusste Medienerziehung der eigenen Kinder, einschließlich des Vorlesens und der gemeinsamen bzw. begleiteten Nutzung von PC und Fernsehen. Auch Genusskompetenzen kamen zur Sprache, z.B. beim Kinobesuch, der selektiven Hörfunknutzung und den Vorlieben für Dokumentationen und Interviews in den Pressemedien. Aufgrund der eigenen journalistischen Vergangenheit sind auch die Gestaltungskompetenzen überdurchschnittlich entwickelt und werden auch online angewendet. Insgesamt erzielt Person 33 damit einen Wert von 6,9 auf unserer Vergleichsskala für die Höhe des medialen Kapitals.

Nicht nur die »absolute Höhe« des medialen Kapitals (Akkumulation) variiert erheblich, auch die Verteilung der einzelnen Formen (objektiviert, institutionalisiert und inkorporiert) und damit auch die Zusammensetzung (Komposition): Zwei Personen besitzen deutlich weniger Mediengeräte und -zugänge als die von uns definierte Grundausstattung. Person 8 verfügt nur über Fernseher, Plattenspieler und Laptop; Person 13 nur über Fernsehen (DVB-T inkl. EPG), Radio und Hifi-Anlage (Skalenwert 0). Neun bzw. sieben Personen weisen einen mittleren Grad an Medienausstattung bzw. -zugang auf (Skalenwerte 1 und 2), und nur fünf kommen auf den höchsten Wert, entsprechend einer Vollausstattung einschließlich weiterer High End-Geräte. Etwas gleichmäßiger ist der Besitz institutionalisierten medialen Kapitals. Ungefähr gleich große Teile unseres Samples rangieren jeweils in den ersten drei Stufen, während – erwartungsgemäß, aber sicherlich nicht bevölkerungsrepräsentativ – drei Personen mehr oder weniger professionelle Medienausbildungen aufweisen.

Die Streuung beim inkorporierten medialen Kapital (den sieben Medienkompetenzen) erstreckt sich nach unserer Skalierung zwischen den Werten 3 und 15. Person 10 (mit einem Wert von 3) hat nur eine sehr enge, auf das Fernsehen begrenzte Sachkompetenz, nutzt weder Radio noch Kino und statt der abonnierten Programmzeitschrift den EPG. Das angeschaffte Smartphone bereitet Person 10 Bedienungsprobleme. Sowohl im Einzelgespräch als auch in der Gruppe formuliert P 10 keine Aussagen zur Mediennutzung, die sich den anderen Kompetenzdimensionen zuordnen ließen. Person 11 rangiert mit einem Wert von 15 an der Spitze. Ihre Sachkompetenz erstreckt sich auf Fernsehen, einschließlich der Mediatheken, Radio, Tageszeitungen und den PC, der auch Teil des Home Office ist. Ausgeprägt sind auch die kritischen Kompetenzen, die sich in der Haltung zu privat-kommerziellen Fernsehprogrammen, insbesondere Talkformaten, aber auch zum eigenen Medienkonsum äußern. Als Kleindarsteller in AV-Produktionen reflektiert P 33 den Medienbetrieb und entwickelt eigene Gestaltungskompetenz. Auch Genusskompetenzen werden im Interview angesprochen, ebenso wie soziale Kompetenzen im Gespräch aufscheinen, wenn es über Entwicklung der eigenen Mediennutzung und die anderer Menschen geht.

Die Detailbetrachtung verdeutlicht, dass die drei Kapitalformen tendenziell zusammenhängen, was durchaus für die Sinnhaftigkeit des Konstruktes spricht: Die vier Personen mit dem geringsten medialen Gesamtkapital (P 12, P 5, P 35 und P 8) rangieren auch bei allen einzelnen Formen des medialen Kapitals auf den unteren Rängen; die vier Personen mit dem höchsten medialen Gesamtkapital (P 23, P 34, P 1 und P 33) verfügen auch bei allen einzelnen Formen über ein sehr hohes mediales Kapital. Dieser Zusammenhang zwischen den Kapitalformen gilt aber nicht in allen Fällen. Insbesondere die Höhe des objektivierten medialen Kapitals ist, wie der Blick auf P 11 zeigt, kein guter Prädikator für das inkorporierte Kapital (und vice versa). Plausibel erscheint dabei, dass hohe Medienkompetenzen weder mit großen finanziellen Mitteln einhergehen müssen, noch mit der Entscheidung für eine mediale Vollausstattung – vielleicht sogar für eine bewusste Beschränkung sprechen (was wiederum ein interessanter Zug des medialen Habitus wäre). Und umgekehrt führt die vielleicht eher konsum- und statusorientierte Beschaffung einer kompletten und avancierten Medienausstattung mit hochwertigen Zugangsmöglichkeiten noch nicht automatisch zu hohen Medienkompetenzen – sie kann sogar ein Anzeichen für mangelnde Sach-, Kritik- oder Reflexionskompetenzen sein.

Interessant ist auch ein Blick auf die Unterschiede bei der individuellen Zusammensetzung des medialen Kapitals, auch hierzu wieder einige Beispiele: Person 13 verfügt über vergleichsweise sehr wenig objektiviertes Kapital (Skalenwert 0), aber über durchaus ansehnliches institutionalisiertes mediales Kapital (Skalenwert 2) und beträchtliches inkorporiertes Kapital (Skalenwert 8). Person

10 hingegen verfügt über eine mittelmäßige Ausstattung an objektiviertem Kapital (Skalenwert 2) und kaum über institutionalisiertes sowie inkorporiertes mediales Kapital (Skalenwerte 0 bzw. 3). Person 11 hat sogar etwas weniger objektiviertes Kapital (Skalenwert 1), aber sehr hohes institutionalisiertes (Skalenwert 3) und den höchsten Wert (15) beim inkorporierten Kapital. Uns geht es hier weniger darum, Kausalzusammenhänge zwischen den Kapitalformen aufzuzeigen, was in Anbetracht der geringen Fallzahl ohnehin nicht sinnvoll wäre. Deutlich wird aber, dass auch bei differenzierter Betrachtung des medialen Kapitals in seinen verschiedenen Formen ebenso wie bei einer konstruierten Gesamtsumme *Heterogenität* das Bild prägt. Nicht nur, dass die *Mitglieder derselben Generationslagerung* in recht *unterschiedlichem Maße mediales Kapital* akkumuliert haben, obwohl sie keine sehr große Milieubreite repräsentieren. Es lässt sich auch *kein typisches Kompositionsmuster* des medialen Kapitals erkennen, und zwar weder für die gesamte Gruppe der 23 Befragten noch für klar definierbare Untergruppen. Weder die Kapitalhöhe noch die Kapitalkomposition lässt solche Muster erkennen, auch wenn bei den Extremgruppen alle drei Kapitalformen korrelieren. Bei näherer Betrachtung *dominieren offenbar individuelle oder andere soziale Faktoren* gegenüber irgendwelchen generationellen Faktoren bzw. Gemeinsamkeiten. Weiteren Aufschluss könnten hier nur aufwändigere Untersuchungen mit größeren oder gar repräsentativen Samples geben.

In unserem Argumentationszusammenhang spielt das mediale Kapital lediglich die Rolle eines strukturellen Faktors, der Einfluss auf den medialen Habitus nimmt, diesen aber nicht determiniert.

3.1.2 Ausdrucksformen des medialen Habitus

Der mediale Habitus wird beeinflusst vom medialen Kapital und der hieraus resultierenden Position im medialen Feld, aber er umfasst individuelle Spielräume für das Medienhandeln. D.h. im theoretisch zu konstruierenden Extremfall können Personen mit deckungsgleicher Position im Feld der Medien unterschiedliche mediale Habitus entwickeln und entsprechend verschieden (aber eben nicht beliebig) auf dem Feld der Medien agieren. Der mediale Habitus findet seinen Ausdruck also nicht im medialen Kapital, das sich eher als Basis oder Constraint verstehen lässt, sondern in den medienbezogenen Dispositionen und letztlich auch im Medienhandeln.

Wenn generationelle Faktoren, insbesondere konjunktive Erfahrungen den medialen Habitus prägen, dann müssten sich *ähnliche medienbezogene Dispositionen und vergleichbare Muster des Medienhandelns* innerhalb einer Mediengenerationslagerung identifizieren lassen. Wir haben versucht, mithilfe der standardisierten Fragebögen, die zwei klassische Fragen zur Mediennutzung (Häufigkeit, Dauer) enthielten, und den Leitfadeninterviews nicht nur kapitalbezogene und medienbiografische Daten, sondern auch valide Beschreibungen des gegenwärtigen habitualisierten Medienhandelns und der aktuellen medienbezogenen Dispositionen zunächst auf der Individualebene zu gewinnen. Bei den standardisiert erhobenen Daten zur Mediennutzung konnten nur die Angaben zur Häufigkeit ausgewertet werden, da die Frage nach der Dauer nicht von allen Teilnehmern und auch nicht immer vollständig beantwortet wurde. Die Fragen zu Häufigkeit der Nutzung bestimmter Medien bedienten sich einer 7er-Skala von 1 »mehrmals täglich« (1), bis »nie« (7).

Hinsichtlich der Häufigkeit der Mediennutzung besteht die größte Gemeinsamkeit der vermeintlichen »Fernsehgeneration« bei der Nutzung der Onlinemedien: 17 Teilnehmer (71 %) geben an, täglich oder mehrmals täglich Onlinemedien zu nutzen, insgesamt 23 (mit 96% also fast alle) mindestens mehrmals pro Woche. Die Varianz für die Nutzung von Onlinemedien ist mit 1,11 entsprechend gering. Noch geringer ist die Varianz (0,27) beim Kinobesuch, über zwei Drittel der Befragten gehen »selten« ins Kino, ein knappes Drittel »mehrmals im Monat.« Etwas größer sind die Unterschiede bei der DVD-Nutzung (Varianz 1,40): Täglich oder mehrmals täglich wird der DVD-Player von keinem Teilnehmer genutzt; fast die Hälfte (46%) nutzen ihn selten.

Bedeutend größer sind die Unterschiede bei allen anderen Medien, am größten bei Radio und Zeitung: Hörfunk wird von neun Teilnehmern mehrmals täglich und von weiteren sechs täglich eingeschaltet; allerdings stehen dieser Gruppe der täglichen Nutzer sieben Teilnehmer gegenüber, die Radio selten oder nie hören, während die mittleren Nutzungshäufigkeiten nur sehr vereinzelt genannt werden. Insofern »polarisiert« Radio also zumindest in unserem kleinen Teilsample (Varianz 5,16). Ein Drittel der von uns Befragten nutzt »nie« Tageszeitungen, die Mehrheit mindestens einmal pro Woche (Medianwert); auch hier gibt es eine gewisse Polarisierung zwischen den täglichen Nutzern (ein Viertel) und den Tageszeitungsabstinenzlern, allerdings sind die Unterschiede nicht so groß wie beim Hörfunk.

Etwas geringer sind die häufigkeitsbezogenen Nutzungsunterschiede beim Buch, beim Fernsehen und bei den Zeitschriften: Zehn der von uns Befragten greifen mindestens täglich zu einem Buch (oder geben dies zumindest an), weitere neun Teilnehmer lesen mindestens einmal pro Woche. Wenn diese Angaben nicht nur der sozialen Erwünschtheit geschuldet sind, dann bedeutet dies, dass vier Fünftel der Befragten mindestens einmal pro Woche Bücher nutzt. Dieser erstaunlich hohe Wert könnte ein Hinweis auf generationelle Prägungen, geteilte Mediensozialisationserfahrungen etc. sein, während Lebensphaseneffekte eher unwahrscheinlich sind. Zu beachten bleibt aber, dass die Teilnehmer unserer Befragung aus deutlich höheren Bildungsmilieus stammen als der Bevölkerungsdurchschnitt. Ähnlich wie der Hörfunk wird auch das Fernsehen von zwei Dritteln der Befragten mindestens täglich genutzt, ein weiteres Fünftel sieht mehrmals in der Woche fern. Nur jeweils eine Person schauen »selten« bzw. »nie« TV, was sich allerdings kaum von der Gesamtbevölkerung unterscheidet und insofern keinen Hinweis auf eine »Fernsehgeneration« liefert. Die Nutzung von Zeitschriften erfolgt überwiegend »mehrmals pro Woche« bis »mehrmals im Monat« (15 Befragte); ein Viertel der Befragten liest »selten« oder »nie« Zeitschriften.

Abb. 18: Häufigkeit der Mediennutzung (absolut; Medianwerte unterlegt)

	mehrmals täglich	**täglich**	**mehrmals pro Woche**	**wöchentlich**	**mehrmals im Monat**	**seltener**	**nie**	**k.A.**	**Varianz**
Radio	9	6	0	1	1	5	2	0	5,16
Fernsehen	5	11	5	1	0	1	1	0	2,08
Tages-zeitung	2	4	2	5	0	3	8	0	4,58
Zeitschrift	1	1	7	2	6	2	4	1	2,85
Buch	3	7	6	3	2	1	2	0	2,91
Online-medien	12	5	6	0	1	0	0	0	1,11
DVD	0	0	3	2	5	11	3	0	1,40
Kino	0	0	0	0	7	16	1	0	0,27

Abb. 19: Häufigkeit der Mediennutzung (im Prozent)

	mehrmals täglich	täglich	mehrmals pro Woche	wöchentlich	mehrmals im Monat	seltener	nie	k.A.	Durchschnitt
Radio	38	25	0	4	4	21	8	0	3,08
Fernsehen	21	46	21	4	0	4	4	0	2,46
Tages-zeitung	8	17	8	21	0	13	33	0	4,58
Zeitschrift	4	4	29	8	25	8	17	4	4,43
Buch	13	29	25	13	8	4	8	0	3,17
Online-medien	50	21	25	0	4	0	0	0	1,88
DVD	0	0	13	8	21	46	13	0	5,38
Kino	0	0	0	0	29	67	4	0	5,75

Insgesamt ergeben sich aus diesen standardisierten Angaben also *nur wenige Hinweise auf ein kollektives Muster,* das durch generationelle Prägungen oder durch andere Faktoren wie beispielsweise die Lebensphase geprägt wäre. Unterstellt man die Existenz von polarisierenden »Mediengenerationseinheiten«, dann müssten sich Nutzertypen konstruieren lassen, die vergleichbare Profile aufweisen. Auch dies gelingt mit unseren Daten nicht schlüssig. Denn wie oben geschildert »polarisieren« Radio und Zeitung zwar in unserem Sample, wenn man aber die häufigen Zeitungs- oder Radionutzer bzw. die Zeitungs- und Radio-Nichtnutzer näher betrachtet, dann unterscheiden sie sich gruppenintern doch erheblich. Auch die Hinzunahme von Daten zum medialen Kapital erwies sich als nicht zielführend, um eine überschaubare Zahl von zwei oder drei Nutzertypen zu konstruieren, die man hypothetisch als »Mediengenerationseinheiten« hätte auffassen können. Aus den Nutzungshäufigkeiten alleine lassen sich also weder Hinweise auf eine homogene Mediengenerationslagerung, geschweige denn auf ein Set von polaren Mediengenerationseinheiten gewinnen.

Die Suche nach solchen kollektiven Mustern, die sich ja nicht in den vergleichsweise leicht zu erhebenden und auch in den kohortenbasierten Studien verwendeten quantitativen Parametern erschöpfen muss, wurde daher auf einer anderen Ebene fortgesetzt. Dabei sollten stärker auch die Qualitäten des Medienhandelns, Gewohnheiten, Sinnzuschreibungen und Bewertungen berücksichtigt werden, die wir als Indikatoren bzw. Komponenten des medialen Habitus aufgefasst haben.

3.1.3 Generationenstil als kollektiver medialer Habitus

Aus den medienbiografischen Einzelgesprächen wurden deshalb alle erzählenden und reflexiven Äußerungen zu Medienrepertoire und -präferenzen, zum Mediennutzungsstil sowie explizite Medienbewertungen inhaltsanalytisch extrahiert (vgl. Kap. 2.5.3-2.5.5). Aufgrund der bewusst gewählten offenen Gesprächsführung anhand eines Themenleitfadens (vgl. Anhang 2) gestaltete sich der Verlauf der Gespräche unterschiedlich, denn die Schwerpunkte wurden maßgeblich durch unsere Gesprächspartner bestimmt. Ein »vollständiges Abarbeiten« des Themenkatalogs war trotz der zum Teil sehr langen Dauer der Gespräche nicht immer möglich und erschien zum Teil auch nicht sinnvoll. Hieraus ergibt sich folglich neben den Vorteilen der hohen Authentizität der Gesprächsinhalte der Nachteil einer eingeschränkten Vergleichbarkeit: Individuelle Erzählungen und Reflexionen sowie die situativen Faktoren der Gesprächsführung ergeben nicht nur individuell unterschiedliche Aussageinhalte, sondern auch recht verschiedenen Aussageformen, die eine einheitliche Darstellung der Unterschiede erschweren. Die vorliegenden Transkripte dieser Gespräche zeigen auch deutlich deren unterschiedliche Ergiebigkeit, wobei hier die individuelle Auskunftsbereitschaft und Artikulationsfähigkeit eine wesentliche Rolle spielen dürften. Beide Faktoren könnten im Übrigen selbst wiederum als Hinweise auf medienbezogene Dispositionen und damit auf den medialen Habitus gelesen werden.

Wir haben in Anbetracht dieser Auswertungsprobleme das als (medien)relevant markierte und inhaltsanalytisch strukturierte Material aus den Gesprächstransskripten personenbezogen zunächst zu kurzen »Porträts« zusammengefasst, die um Daten zum medialen Kapital in seinen drei Formen sowie zur Mediennutzung ergänzt wurden. Der Fokus des nächsten Auswertungsschrittes richtete sich auf die Auskünfte zu Medienrepertoire und Medienstil; hierfür wurden die Personenporträts einer vergleichenden Lektüre unterzogen, um möglichen Ähnlichkeiten bzw. Gemeinsamkeiten zu entdecken.

Es liegen insgesamt 29 Porträts von Teilnehmern aus den geburtenstarken Jahrgängen vor (P 01-P 05, P 07-P 08, P 10-P 17, P 19, P 21-P 23, P 26, P 28-P 30, P 33-P 35, P 38, P 49 u. P 53), von denen zur Veranschaulichung hier zwei (stark verkürzte) kontrastreiche Beispiele dienen sollen:

Person A verfügt über vergleichsweise hohes objektiviertes, aber geringes inkorporiertes und institutionalisiertes mediales Kapital und pflegt einen unreflektierten unterhaltungsbetonten Medienstil. Sie nutzt vor allem die Formate des privaten Fernsehens auf unselektive Weise, während öffentlich-rechtliche Programmangebote sowie Qualitätszeitungen weitestgehend gemieden werden. Zeitschriften und Bücher sind gar nicht Bestandteil des engen Medienrepertoires.

Person B verfügt über hohes institutionalisiertes und inkorporiertes mediales Kapital, die ihr eine gute mediale Versorgung trotz geringem objektiviertem medialen Kapitals ermöglichen. Die familiäre Mediensozialisation als Kind eines selbständigen Buchhändlers hat eine nachhaltige Printmedienaffinität erzeugt. Der Nutzungsstil ist selektiv und reflektiert bis selbstkritisch, ihr Medienrepertoire breit. Phasen exzessiver Rezeption präferierter Medienformate und –narrative (auch aus dem Unterhaltungskino) sowie strikte Ablehnung bestimmter Formate kommerziellen Unterhaltungsfernsehens prägen die Mediennutzung.

An diesen Beispielen wird deutlich, dass sich mit dem von uns eingesetzten Instrument und der Auswertungsstrategie ein anschauliches Bild des individuellen Medienhandelns und seiner Reflexionen sowie der dahinter stehenden Dispositionen zeichnen lässt. Aus diesen Umrissen des medialen Habitus, der differenzierten Bestimmung des individuellen medialen Kapitals sowie der sich hieraus ergebenden Position im medialen Feld müssten generationelle Muster gegebenenfalls erkennbar werden. Dies gelingt freilich je nach Gesprächsverlauf in unterschiedlich gutem, d.h. informativem Maße, kann aber auch für andere Fragestellungen der verstehenden Forschung grundsätzlich empfohlen werden.

Vergleicht man die habitusrelevanten Angaben zur Medienbewertung und zum Medienstil, dann fallen *einige gemeinsame Züge* auf, die zwar nicht alle Befragten tragen, aber doch sehr viele. Auch wenn schon aufgrund des kleinen Samples und der nicht standardisierten Vorgehensweise hier kein statistischer Nachweis aufgrund der Häufigkeit der Nennung zu führen ist, erscheint uns doch ein gewisses *Muster* erkennbar. Um dieses Muster stärker zu validieren, haben wir dann den Blick von den Habitusporträts wieder zurück in die codierten Interviewtransskripte gerichtet. Die dort auf der Basis von Selbstauskünften und Reflexionen nachweisbaren Muster lassen sich anhand von vier Charakteristika beschreiben, die allerdings nicht durchgängig bei allen Befragten der Altersgruppe anzutreffen sind: (1) Präferenz für öffentlich-rechtlichen Rundfunk, insbesondere des nationalen Hörfunks; (2) Ablehnung kommerzieller Rundfunkformate; (3) positive Einstellung zu Unterhaltungsmedien, die selbstbestimmt genutzt werden können; (4) kritische Nutzenbewertung von Medieninnovationen. Sehen wir uns dies vertiefend und anhand der Interviews detaillierter an:

(1) Medienhandeln erfolgt kritisch und selektiv auf der Grundlage bestimmter Einstellungen (Dispositionen) und *Präferenzen für (tendenziell nationale) öffentlich-rechtliche Hörfunkprogramme* und *Fernsehformate* (P 01, P 03, P 05, P 12, P 13, P 15, P 23, P 26, P 30, P 38).

Person 01 (männlich, Jahrgang 1962) hat eine westdeutsche Medienbiografie und ist seit der *Kindheit mit öffentlich-rechtlichem Fernsehen* aufgewachsen; er erinnert sich auch ungestützt an zahlreiche Fernsehsendungen. Ganz ähnlich verhält es sich bei Person 12 (P 12; 00:39:03-4-00:42:05-2, 01:20:41-9-01:24:02-6)[9] und bei Person 05, die aufgrund beengter Wohnverhältnisse vom Kinderbett aus

[9] Die Angaben beziehen sich auf den Timecode des Interviewmitschnitts bzw. -transkriptes.

die Fernsehprogramme verfolgen konnte und zum Teil sehr konkrete Details erinnert (P 05; 00:19:32-3-00:25:25-2). Auch Person 03 (weiblich, Jahrgang 1958) hat, obwohl bis zu Wende in der DDR aufgewachsen, eine klare Präferenz für ARD und ZDF entwickelt: Als Korrektiv zu Pflichtabonnements von DDR-Printmedien und zur Aktuellen Kamera sowie dem »Schwarzen Kanal« wurden »Tagesschau« und westdeutsche Fernsehmagazine bereits in Kindheit und Jugend in Thüringen genutzt, obwohl dies vom regimetreuen Vater zu verhindern versucht wurde (P 03; 00:58:57-2, 01:41:34-8, 01:08:58-1, 01:54:24-3). »Sagen wir mal so, meine Hauptprogramme waren irgendwie naturgegeben dann irgendwann vom ARD nur die Tagesschau und sonst ZDF und die Dritten Programme. Ist auch heute ein bisschen so geblieben, es ist noch 3sat und Arte und Phönix dazugekommen« (P 03; 01:54:24-3). Zum Teil werden auch öffentlich-rechtliche Formate abgelehnt, die erst mit der Dualisierung und Kommerzialisierung des Rundfunksystems eingeführt wurden. So meint P 05: »Ich staune auch, es gibt ja das Frühstücksfernsehen. Ich würde nie auf die Idee kommen, schon morgens um acht das Fernsehen anzumachen und dann mir den Blödsinn anzuhören und dann noch das anzugucken« (P 05; 00:40:27-3). Das öffentlich-rechtliche Qualitätsprogramm der eigenen Vergangenheit wird hingegen hoch geschätzt, etwa die mehrteilige Fassbinder-Verfilmung von »Berlin Alexanderplatz«, das »Kleine Fernsehspiel« des ZDF, das damals noch kulturell ausgerichtete Angebot der Dritten Programme (»äh det dritte Programm im Westen war extrem gut«) und französische Spielfilme im Fernsehen (P 05; 01:29:12-9). Ebenso ist Person 12 dem öffentlich-rechtlichen Fernsehen treu geblieben: »Was ich aktuell sehr viel schaue, sind halt... ja, ich mag Phoenix... Da schaue ich immer, was auf Phoenix ist. Es gibt eben ZDF Info, was auch sehr interessant ist« (P 12; 01:24:02-6).

Auch beim Hörfunk, oft als das am wenigsten verzichtbare Medium bewertet, geht es P 03 um die öffentlich-rechtlichen Programme, die Wertschätzung erfahren. Die Antwort von P 03 auf die »Inselfrage« lautet: »Das ist Radio. Eine Frage, eine Antwort ohne nachdenken: Radio. (…) Weil es für mich das niveauvollste und informativste Medium ist. (…) Da hat man Nachrichten, da hat man Wetterbericht, da kann man Hörspiele und Features und Musik, da kommen, sag ich mal, alles was mit Medien machbar ist übers Radio beziehbar…« (P 03; 03:09:01-9-03:09:36-1). Auch P 05 berichtet über eine frühe und starke Prägung durch den öffentlich-rechtlichen Hörfunk, der bis heute seine Präferenz bestimmt: »Ich hatte von Anbeginn `n kleines Radio … Ja, das sind so ganz wichtige Sendungen im Radio gewesen … wir hatten damals in West-Berlin RIAS und SFB« (P 05; 00:33:36-4). »Aber das Radio spielte eben immer schon. Da gab´s Onkel Tobias vom RIAS und da wurde immer 'n Märchen vorgelesen oder Kasperletheater im Radio aufgeführt. Und ganz bekannt war auch sonntags immer: Die Stimme der Kritik ... also legendär, Friedrich Luft, die Stimme von dem alleine schon. Später dann eben SFBeat, RIAS Treffpunkt...« (P 05; 00:35:20-2). Während private Formatradios von P 05 vehement abgelehnt werden (s.u.), ist die öffentlich-rechtliche Präferenz nachhaltig: »Na mein Sender war immer – wenn´s den damals schon gab, 2002, Radio Kultur. Heute ist es Radio Kultur [RBB]. ... Ich hab‘ eingestellt Radio Kultur, dann Deutschlandfunk und Deutschlandradio Kultur. Und notfalls habe ich noch ..., gibt`s ein Radio Eins? [ebenfalls RBB]. ... Ach so, und Deutschlandfunk und Deutschlandradio Kultur ..., da gucke ich mir das Programm [im Internet] an und notiere mir, was ich hören will. Und dann drücke ich auf den Knopf und höre mir das an« (P 05; 00:42:07-1). Auch Hörspiele werden von P 05 goutiert (P 05; 01:05:33-5). Hörspiele (P 12; 01:33:31-8) und Radio insgesamt spielt auch für P 12 eine herausragende Rolle, und zwar in Gestalt öffentlich-rechtlicher Programme: »... Radio war auch immer wichtig...« (P 12; 01:26:58-9) »Also entscheidend ist,... wie notwendig ist das nun eigentlich für mich? Und ... das wahrscheinlich ... das Grundding das Radio [ist]. Das ist das Medium, das irgendwie da sein muss. Mindestens. Mindestens das. Alles andere ist dann eine andere Sache« (P 12; 01:38:14-2). Genutzt wird heute der PC für das gezielte Einschalten von Radioprogrammen, genannt werden Deutschlandradio und DR Wissen (P 12; 01:39:24-1, 02:17:09-0), während es zu Radio Eins [RBB] heißt: »Also ich kann Radio eins nicht hören, das geht gar nicht, also das ist qualitativ zu schlecht, finde ich, also ich kann eigentlich nur Deutschlandradio hören. Das ist das einzige, auch mit ihren Sendungen, die sie machen« (P 12; 02.23:43-4).

Für P 13, einen 1960 geborenen West-Berliner, rangiert das (nationale öffentlich-rechtliche) Radio noch vor dem Fernsehen (P 13; 00:20:24): Seine Lieblingssendungen laufen auf Deutschlandradio und DR Kultur sowie »im Einzelfall ... noch Kulturradio vom RBB« (P 13; 00:10:33:-4). Er schätzt besonders die kompetenten Moderatoren (»nicht nur Quatscher«), die Musikauswahl und dass die meisten Titel ausgespielt werden (P 13; 00:11:37-3), denn er schneidet Sendungen gerne für sein Musikarchiv mit. Die Affinität zum Hörfunk findet ihren Ausdruck auch in einer zeitweiligen Tätigkeit für das Medium (P 13; 01:29:53-1). Auch P 15 arbeitet freiberuflich an Hörspielen für den öffentlich-rechtlichen Rundfunk und ist medienbiografisch stärker vom öffentlich-rechtlichen Fernsehen geprägt (P 15; 00:04:04-5-00:21:02-7), während Radio kaum eine Rolle spielte (P 15; 00:21:11-4-00:21. Mittlerweile hat sich dies verändert: »Da war ich nie ein großer Radiohörer, nein. Also das ist wirklich erst jetzt, quasi in meiner letzten Lebensphase gekommen, dass ich vermehrt Radio höre (P 15; 00:40:16-5) (...) Gute Frage, woran lag das? Also erstmal ..., weil ich angefangen habe ein bisschen Hörspiele zu schreiben. Deswegen hat das natürlich ‘was mit Radio zu tun... Jetzt höre doch einfach mal regelmäßiger Deutschlandradio Kultur oder Deutschlandfunk, sind ja interessante Sachen dabei…« (P 15; 00:40:44-0, P 15; 01:13:29-9).

P 23, der in der DDR direkt an der Grenze zu West-Berlin aufgewachsen ist, hat schon als Kind und Jugendlicher Wortprogramme des Senders Freies Berlin und des RIAS gehört (P 23; 00:06:50-0, 00:10:58-1), während West- und Ost-Fernsehen eine weitaus geringere Rolle spielten. Dem öffentlich-rechtlichen Hörfunk ist er treu geblieben; Fernsehen spielt nach wie vor eine vergleichsweise geringere Rolle: »Also es ist nach wie vor so, dass ich … also es ist immer so gewesen, dass ich sehr selektiv kucke, dass ich teilweise wochenlang gar keinen Fernseher kucke. Radio läuft bei mir permanent. Also immer Deutschlandfunk, also ausschließlich Deutschlandfunk…« (P 23; 00:59:13-5 sowie P 23; 01:12:48-6). Auch P 30 äußert eine Präferenz für Deutschlandradio, das aber nur als Begleitmedium zu bestimmten Alltagsroutinen (Frühstück, Autofahrt zur Arbeit) und als Anregung für den eigenen Schulunterricht genutzt wird (P 30; 00:28:44-2, 02:19:08-1). P 38 nutzt ebenfalls vorzugsweise die dritten Fernsehprogramme der ARD-Anstalten sowie öffentlich-rechtlichen Hörfunk (P 38; 00:28:56.1, 01:37:30-7, 01:37:49-3), der allerdings nicht als Einschaltprogramm sondern eher tagesbegleitend gehört wird (P 38; 01:20:22-8).

(2) Verbreitet ist bei einer nennenswerten der Befragten (P 01, P 03, P 11, P 13, P 15) eine weitgehende *Ablehnung typisch kommerzieller Fernsehunterhaltungsformate* und tagesbegleitender *Privatradioformate:*

P 01 hat bei der Einführung des privatrechtlichen Fernsehens in Westdeutschland aufgrund der Programmqualität (erinnert werden ›Tutti Frutti‹, Hella von Sinnen) eher wenig Gebrauch von den neuen Angeboten gemacht (P 01; 01:24:65-7), mittlerweile greift er sehr selektiv auf einige Narrative zurück, lehnt aber viele kommerzielle Kernformate eindeutig ab: »Also ich kucke sie [die privaten Programme] häufiger als früher. Gezielt, wenn es darum geht irgendwelche amerikanischen Serien zum Beispiel. Von ›Desperate Housewives‹ über irgendwie ›Six feet under.‹ Also [das] Nachrichtenangebot auf den Privaten finde ich furchtbar. Also nicht nur vom Umfang her, sondern auch so. Ja – Gerichtssendungen nachmittags sowieso. Das ist auch Bäh würde ich sagen.« Auch über die Daily Talks heißt es im Gegensatz zu manchen Talkshows in den dritten öffentlich-rechtlichen Programmen »Alles ganz furchtbar. Oder auch dieses ›Holt mich hier raus.‹ So was, von Dschungelcamp angefangen über, ja, was jetzt ist, diese ganze Castingwelle oder ›Bauer sucht Frau‹ oder all so was. (…) In meinen Augen ist es vergeudete Lebenszeit. Das muss ich mir wirklich nicht antun« (P 01; 01:26:29-0). Auch medienethische Gründe der Ablehnung führt P 01 an: »Ich glaube, das ist einfach das Menschenbild, was dahintersteckt, also die relativ große Verachtung« (P 01; 02:11:49-2).

P 03 antwortet auf die Frage nach dem eigenen Verhältnis zum Privatfernsehen: »Das gibt es nicht in meinem Leben, weil wer freie Radios vertritt kann nicht ..., das sind politische Feinde, das schließt sich aus« (P 03; 00:52:06-2). Beim Sortieren von Medienmemory-Karten ergibt sich folgende Beurteilung von kommerziellen Fernsehformaten, und zwar unabhängig davon, ob die konkreten Angebote bei öffentlich-rechtlichen oder privaten Programmen zu finden sind: *MARIENHOF* »Na danke, das ist Volksverblödung. Das ist Beschäftigungs- und Volksverblödungs-Therapie, schade um die Zeit« ... *DALLAS* »Volksverblödung« ... *STEFAN RAAB* »Volksverblödung« (P 03; 00:52:06-2). Ablehnend steht auch P 11 dem privaten Fernsehen gegenüber, dessen Einführung sie – obgleich alt genug und in Westdeutschland aufgewachsen – nicht wirklich bewusst erlebt hat: »Ja, also die ganzen RTL- und SAT1-Sachen, da diese Gerichtsverhandlungen, da diese gefaketen Sachen oder Dschungelcamp oder Deutschland sucht des Superstar, also so, das kann ich mir nicht angucken« (P 11; 01:33:00-0).

Auch für P 12 wurde die Einführung des Privatfernsehens erst relevant, als zeitweilig die Fußball-Bundeliga-Rechte an »RTL« [de facto war es Sat.1] gingen. Zum damaligen Programmangebot meint er: »Keine Ahnung. Ich weiß es nicht, ich kann mich an nichts mehr erinnern. Sicher, da war dieses Tutti frutti, ansonsten kann ich mich an nichts erinnern. Filme? Haben die die besseren Filme gehabt? Ja, ich glaube mehr Spielfilme haben die gezeigt. Die ersten paar Mal waren die sehr irritierend, man hat gesagt: Das ist doch voll doof. Und dann in einer anderen Zeit, später dann, habe ich öfters diese Privatsender genutzt. Aber jetzt, jetzt nicht« (P 12; 01:19:21-1). Allerdings weist P 11 ähnlich wie P 12 ein insgesamt ambivalentes Verhältnis zum Fernsehen auf: Im Elternhaus gab es zwar ab ihrem 10. Lebensjahr einen Fernseher und sie erinnert sich auch anhand des Medienmemories an Formate und Narrative, die sie mochte oder mied. Aber das Fernsehen wurde bei P 11 zum Teil von ihren Eltern zeitlich begrenzt oder Fernsehverbot als Bestrafung eingesetzt und in ihrer Jugend- und frühen Erwachsenenphase spielte das Medium gar keine Rolle mehr (P 11; 00:30:23-2-00:30:39-2, 00:40:34-4-00:42:07-3 sowie P 12; 01:06:48-8, 01:26:58-9). Andererseits weiß P 11 – wie bei anderen Medien (Bücher, Musik, Filme) – auch bezüglich des Fernsehens von suchtartigen Nutzungsphasen zu berichten (P 11; 00:20:36-6, 00:24:17-4, 00:27:54-6): »Und in dem Moment, wo so ein Scheiß-Fernseher im Haus ist, es ist nun mal so, dann schaltet man den auch an. So steht's. Und dann bleibst Du auch davor sitzen. Und dann zappst Du auch da durch...« (P 11; 00:58:04-3).

P 11 ärgert sich über »exzessiven« Fernsehkonsum von vier bis fünf Stunden jeden Abend: »das ist mir zu viel, das will ich nicht« (P 11; 00:59:01-1). P 11 nutzt also zumindest nicht immer sehr selektiv Unterhaltungsangebote, zudem ist sie bei weitem nicht stark oder gar nachhaltig durch das öffentlich-rechtliche

Programm geprägt (sondern durch den Hörfunk von Radio Hilversum und der BBC [oder eines Militärsenders] (P 11; 00:16:11-8), so wie viele andere der Studienteilnehmer aus ihrer Generation.

P 13, der mit dem öffentlich-rechtlichen Fernsehen aufgewachsen ist (P 13; 01:24:50-7, 01:35:34-0), lehnt privaten Rundfunk, und zwar Fernsehen wie Hörfunk, vollständig ab: »... genau wie öffentlich-rechtlicher Rundfunk für mich vor privatem Rundfunk kommt. Ich höre überhaupt kein Privatradio, ich sehe auch keinen, seitdem ich DVB-T habe, sehe ich auch kein privates Fernsehen mehr.« Dank DVB-T finde er alles auf öffentlich-rechtlichen Kanälen und »erspare« sich die Werbung (P 13; 01:36:59-6). Vor der Wende hat der West-Berliner lieber DDR-Hörfunk genutzt als privaten: »Und als dann hier im Westen auch Privatfernsehen und Privatradio [sich] immer mehr ausbreiteten und sich Niveaulosigkeit breitmachte, aus meiner Sicht, habe ich dann immer – also gerne auch DT64 gehört, weil die nämlich auch mit populärer Musik so umgingen im Programm, wie es eigentlich eher meinen Vorstellungen entspricht. Also nicht, also nicht diese völlig durchgenormten Tagesbegleitprogramme oder eben Dudelsender, sondern eben gute Mitschnittservices...« und »Sendungen, ... die vergleichsweise wortlastig waren« (P 13; 00:20:15-2).

Kommerzielles Formatradio wird auch von P 01 sehr negativ bewertet: »Mich hat immer genervt tatsächlich, dass immer in die Titel zu sehr reingesprochen wurde. Das wenig Wortbeiträge oder irgendwas an Statements oder interessanten Sendungen tatsächlich kam. Sondern irgendwelche Highlights ... zusammengeschnippelt wurden. Einfach so massendurchhörbar irgendwie. Der Computer wählt aus...« (P 01; 01:27:47-5). Ähnlich äußert sich Person P 05: »Ich meine, die Radiokultur ist ja auch grauenhaft, heute zumindest, was die letzten zwanzig Jahre betrifft. Es gibt immer noch genug Sender, die man hören kann oder jedenfalls ich«, aber Formatradio am Arbeitsplatz wäre für P 05 ein »Kündigungsgrund«, denn »nehmen wir mal so einen Rums-Bums-Sender, wo dann nur Gewinnspiele und irgendwelche Scheißmusik, die besten Hits der Siebziger, Achtziger Jahre, wo man dann Musik, die man damals schon hasste, heute noch hören muss. Dass du mit so Sprüchen von Leuten wie Mario Barth oder so unter der Gürtellinie alles, da kann ich doch nicht arbeiten.« Auch in einer Paarbeziehung erwies sich die unterschiedliche Radiopräferenz offenbar als ernsthaftes Problem: »Wenn ich bei ihr war und wir morgens zum Frühstück uns setzten, sie spielte dann halt diesen Radiosender, der die besten Hits der Achtziger macht. ... Und ich hab's nicht ausgehalten. Wenn's nur die Mucke gewesen wäre, hätte ich's nicht [sic!] ertragen können, aber dazwischen die Kommentare... Bitte mach gar kein Radio oder mach meinen Sender« (P 05; 00:40:27-3).

Bei P 15 schwächt sich die Ablehnung von Privatsendern nun langsam ab: »Also Privatsender. Also ... man muss natürlich unterscheiden... ich sag mal, ich war da etwas kategorisch und hab' gesagt: Privatfernsehen guck ich mir nicht an. Das stimmt nicht mehr so, ich guck immer, okay, was es gibt. Es gibt sicher auch gute Serien, die ich mir angucken kann, ›Mad Men‹ etc. Das ist sicher interessant, das guck ich mir dann auch an. Aber es ist schon so, okay, Privatfernsehen eigentlich eher nicht« (P 15; 01:08:50-4). Ähnlich wie P 33 (P 33; 01:04:57-9) berichtet P 26, das die Einführung des Privatfernsehens in die biografische Phase fiel, in der Fernsehen für sie keine große Rolle spielte (P 26; 00:45:45-4). Viele typische Formate der kommerziellen Programme lehnt sie heute entschieden ab: »Also was ich total blödsinnig finde, also ich finde diese Nachmittagsserien ... diese ganzen Gerichts- und dieses Hartz IV-TV und dieses Ganze, wo es um, ja wo es live um Menschen geht, die scheinbar sich selbst spielen. Das finde ich absoluten Schwachsinn ... Irgendwie wird man ja auch als Zuschauer veräppelt. (...) Ich würde gerne sagen, irgendwie, davon wird man blöd« (P 26; 01:01:31-8, 01:02:06-9). »Ich gucke relativ selten diese Sender, na wie nennen die sich denn, na RTL und so. Das kucke ich nicht« (P 26, 02:15:25-6).

Bei der zum Teil sehr energischen Ablehnung kommerzieller Fernsehunterhaltungsformate handelt es sich nicht (alleine) um eine bildungsbürgerliche Attitüde gegenüber jeder Massen- oder Unterhaltungskultur, denn sie geht interessanterweise

(3) mit einer durchaus positiven Grundhaltung gegenüber *medialer Unterhaltung* einher. Diese äußert sich in zuweilen nostalgischem *Musikgeschmack* sowie der *selbstbestimmten und gezielten Hinwendung zu Spielfilmen* (DVD, Mediathek, seltener Kino) oder Fernsehserien (P 01, P 03, P 05, P 12, P 13, P 15, P 23, P 26, P 34).

P 01, dessen Nutzung zunächst durch die Eltern zeitlich begrenzt wurde (P 01; 00:14-00:16) nutzt mediale Unterhaltungsangebote sehr selektiv. Anhand einer Fernsehprogrammzeitschrift musste er als Junge bis zum Alter von 10 Jahren vorab Sendungen auswählen (P 01; 00:14:10-7-00:15:23-8) und er verfährt noch heute ganz ähnlich (P 01; 01:45:54-9-01:48:23-0). Bereits in der Kindheit und im Haushalt der Eltern wurden Speichermedien (MusiCassette, VHS) eingesetzt, um eine selektive und zeitversetzte bzw. wiederholte Nutzung von Medienangeboten zu ermöglichen. Gezieltes Aufzeichnen, Speichern und Sammeln kennzeichnet den aktuellen Medienhabitus von P 01, der im Keller und bei seinen Eltern Bücher ausgelagert hat (P 01; 01:32:09-5), zwei bis drei Artikel, meist Bücher, pro Woche bei Amazon kauft: »... mehr, als ich wahrscheinlich jemals werde noch lesen können in meinem Leben« (P 01; 01:29:44-9). »Ich kaufe immer munter weiter und ab und zu wird aussortiert« (P 01; 01:28:57-7). Auch sein Fernsehhandeln orientiert sich an dieser Haltung: »Also ich nehme relativ viel auf an englischen, amerikanischen Krimis, Thriller irgendwie, die nach 23 Uhr laufen. Und sehe mir dann das im Laufe der nächsten Woche ... an. (...) ... es ist sowieso völlig unrealistisch, [alles Aufgezeichnete] jemals zu sehen. Und so habe ich eine relativ große Auswahl von Konzerten über Dokumentationen, Serien, Krimis, alles Mögliche, Spielfilme. Je nachdem, wie mir dann die Laune ist, kucke ich mir das eben zeitversetzt an. Das wird auf die Festplatte erst mal programmiert und dann wird danach entschieden, ob eben gelöscht oder später mal auf DVD gezogen« (P 01; 01:41:08-6). Auch die Mediatheken der öffentlich-rechtlichen Anbieter werden mittels Breitband-Netzzugang und Laptop genutzt (P 01; 01:42:03-1). Auch P 12 nutzt Fernsehformate der öffentlich-rechtlichen sehr selektiv und über den PC: »Jetzt habe ich so eine Software, zattoo.tv heißt das, ... da kann man sich die das TV-Programm über einen Stream angucken. Aber nicht alle, und zwar nur die öffentlich-rechtlichen und RTL und ProSieben und, ja, Sat.1, die fallen alle raus, die kann ich nicht gucken, aber das ist auch o.k.« (P 12; 01:19:21-1).

Auch P 15 nutzt Programmübersichten und ›Zatoo‹ für die selektive Fernsehnutzung (P 15; 01:03:08-4, 01:16:10-2) sowie Mediatheken und besucht eher selten (alle zwei bis drei Monate), dann aber gezielt Programmkinos (P 15; 01:03:32-1).

P 01 hat früher einmal in der Woche ein Kino besucht, gegenwärtig sieht er noch zweimal im Monat Spielfilme im Kino, die er genau auswählt. Als Gründe hierfür gibt P 01, der durch französische und deutsche Autorenfilme (E. Rohmer, R. W. Fassbinder) geprägt ist, sowohl veränderte Formate als auch Dispositive an: »das filmische Angebot [ist] für meinen Geschmack ... geringer geworden ... Weil Programmkinos sterben und in so einem Cineplex fühle ich mich auch nicht mehr unbedingt wohl, wenn ich 19 Säle habe und alle nur so mit Popcorn rascheln... Das Überangebot amerikanischer Filme, das nervt mich irgendwie auch. Wenn ich jetzt hier gehe, dann sind es meistens auch irgendwelche Programmkinos oder französische Filme irgendwie« (P 01; 00:53:02-9). P 03 versteht sich ebenfalls »selber als Cineast«, hat sich auch im Rahmen eines Hochschulstudiums mit Film auseinandergesetzt und geht gemeinsam mit ihrem »größte[n] Cineasten-Freund ... einmal im Monat zusammen ins Kino und schauen uns Sachen im O-Ton an, das ist die Bedingung« (P 03; 02:28:52-2). Auch P 05, der selbst Komparsen-Erfahrung beim Film hat, ging früher (unter anderen Einkommensbedingungen) häufig ins Kino (»drei-, viermal die Woche«) und nennt Fassbinder, französische Filme sowie Tarkowski als filmästhetische Bezugsgrößen (P 05; 01:26:07-7-01:29:12-9, 01:32:05-2, 03:17:25-8). P 12, der medienbiografisch eine deutlich schwächere Kino-Affinität entwickelt hat, nennt als Bezugspunkt ebenfalls den französischen Spielfilm, z.B. Bernard Tavernier (P 12; 01:30:45-5).

Bei P 05 steht die *selbstbestimmte Musikrezeption* im Vordergrund: Während musikbetontes Formatradio in hohem Maße abgelehnt wird, verfügt er über eine

»umfangreiche CD-Sammlung« (P 05; 00:42:07-1), erinnert sich wehmütig an Plattenspieler und Vinylplattensammlungen, Singles und selbstaufgenommene MusiCassetten (P 05; 01:10:34-3-01:14:52-0). P 05 hatte neben (mittlerweile teilweise wieder verkauften) Vinylplatten-LP (»300 Klassik-LPs«), CD- und MusiCassetten-Sammlungen auch eine Hörspielsammlung angelegt und mit zwei Videorekordern (für Überspielungen und Kopien) sowie einem DVD-Player die Voraussetzungen für einen selbstbestimmten Zugang geschaffen (P 05; 00:42:07-1, 01:23:09-5, 01:31:19-8, 02:13:37-8-02:17:39-2).

Die selektive Fernsehnutzung mithilfe des vernetzten PC kennzeichnet P 12, der auch Mediatheken von ARD und ZDF nutzt, um Dokumentationen und (vor allem skandinavische) Krimis zu rezipieren (P 12; 01:24:02-6-01:25:35-1). Technologisch weniger modern, aber ebenso selektiv mithilfe von Programmzeitschriften für Hörfunk und Fernsehen nutzt P 13 ausschließlich öffentlich-rechtliche Angebote, gerne auch Wiederholungen im Spätprogramm (P 13; 00:26:21-4, 01:27:46-3). Einen selektiven Zugriff auf Musik bewerkstelligt P 13 durch eine eigene Sammlung: »...ich betreibe seit dem Teenangeralter das Konservieren von Musik auf Tonbandkassetten. Sei es durch das Überspielen von LPs, Singles, also Vinyl. Später dann auch CDs. Und was ich immer noch praktisch finde, das Mitschneiden aus laufenden Rundfunkprogrammen. Und da es Hunderte und Aberhunderte von bespielten Tonbandkassetten sind im Laufe der Jahrzehnte bleibe ich auch dabei« (P 13; 00:07:13-7), während CD-ROM oder DVD abgelehnt werden: »Mit DVDs gehe ich überhaupt nicht um. CD-ROMs also, ich sag mal bespielbare CDs ... auch nur im Büro (...) Videorekorder, VHS-Kassetten – nie benutzt« (P 13; 00:35:16-3-00:35:34-8). Trotz vorhandener Genre-Vorlieben (Krimi, Western, Grusel- und Horrorfilme) spielt auch das Kino im Gegensatz zu einigen der anderen Befragten für P 13 keine Rolle, weil früher oder später alles in der »Glotze« läuft; »und dieser ganze Rummel um die Filmfestspiele geht mir sowieso auf den Senkel« (P 13; 00:44:24-7-00:46:12-2). P 13 gibt ein gutes Beispiel für *nostalgischen Musikgeschmack,* nicht nur was die Dispositive Vinylplatte und MusiCassette betrifft: Zum einen hört er viel klassische Orchestermusik »... und bei Rockmusik ist das eigentlich so, dass mein Geschmack also spätestens irgendwie in den 80er-Jahren stehengeblieben, also auch mein Repertoirekenntnis ist dann irgendwann stehengeblieben« (P 13; 00:57:38-1).

P 23 nutzt ausschließlich das Radioprogramm von Deutschlandfunk sowie Podcast zur Information (P 23; 01:27:51-1), auch hinsichtlich der Unterhaltung verfährt er sehr selektiv, und zwar mithilfe einer Fernsehkarte im PC: »...das habe ich eigentlich schon immer gemacht, weil ich dadurch die Möglichkeit hatte aufzunehmen und sozusagen mich vom Programmschema zu lösen. Also ..., das hat mich immer extrem gestört, dass ich irgendwas irgendwann kucken soll, wenn irgendjemand meint, dass ich das jetzt kucken soll« (P 23; 01:11: 35-6). Autonomer Zugriff ist für ihn also sehr bedeutsam. Auf private Fernsehprogramme angesprochen meint er: »ja, aber auch nur sehr, sehr selektiv, und nur dann, also nur wenn ich wirklich wusste, es gibt was. Ich zappe halt gar nicht, also überhaupt nicht« (P 23; 01:02:33-9).

P 34, ein West-Berliner, der mit öffentlich-rechtlichem Fernsehen aufgewachsen ist und diese Programme bis heute präferiert, nutzt Fernsehangebote *selektiv und zeitautonom:* »Es ist sehr, sehr gezielt geworden. (...) Eine zeitlang hat man den Kasten so nebenher laufen lassen. Im Grunde genommen wie ich immer sage als berieselnde Beleuchtung. Aber irgendwann wurde mir das zu blöd. Und dann habe ich für mich selbst festgestellt: das Ding muss nicht unbedingt an sein« (P 34; 01:51:50-7). Die Programmauswahl, insbesondere die Suche nach werbefreien Dokumentationen zum Aufzeichnen, erfolgt auf der Basis einer Programmzeitschrift: »Arte, Phönix, N-TV, N 24 – das sind so die Sender. Und 3sat. Das sind so die Sender, wo ick dann kucke. Und kuck dann och noch mal bei ARD und ZDF« (P 34; 01:08:34-5). P 34 nutzt einen Festplattenrekorder für die Aufzeichnung von Spielfilmen, schneidet die Werbung ggf. heraus und brennt dann DVDs (P 34; 01:05:22-4-01:06:59-7). Neben den beiden privaten Nachrichtenprogrammen werden selektiv auch kommerzielle Unterhaltungsformate genutzt: »Wir haben uns rein zu Studienzwecken zumindest mal zwei Sendungen reingezogen ... Äh, ich kuck mir auch heute noch mal mindestens ein, zwei Sendungen ›Germany's Next Top Model‹ an« (P 34; 00:51:31-9).
(4) Gegenüber *technischen Medieninnovationen*, insbesondere mobilen Medien oder Social Network Sites wird eine kritisch abwägende Haltung bezogen (P 01, P 03, P 11, P 13, P 30, P 34, P 38):

P 01, der als Journalist PC und Internet extensiv als Arbeitsmittel und privat für den selektiven Zugriff und das Speichern von audiovisuellen Angeboten intensiv nutzt, steht insbesondere den sozialen Netzwerkdiensten sehr kritisch gegenüber. Zum einen beklagt er einen Verlust von Höflichkeit und Verbindlichkeit sowie den steigenden Zeitdruck interpersonaler Onlinekommunikation. Zum anderen führt er *Generation als Erklärungsmoment* an: »Vieles davon, würde ich sagen, verstehe ich nicht mehr; ja, den Siegeszug von Sachen wie Lokalisten, StudiVZ, Facebook. Ich habe ein Patenkind, das inzwischen 17 ist ... Sein bester Freund lebt nebenan, beide verfügen über Computer, sie chatten über Computer, was sie so gerade machen, sind aber nicht mehr bereit, ein paar Schritte vors Haus zu gehen ... direkt zu kommunizieren. Finde ich nur noch gefährlich und negativ. Jeder sitzt vor seinem PC ... und sind dann ganz stolz ... [sagen zu können] ich habe schon so und so viel Freunde auf Facebook und Followers und Trallala... (...) Und wenn man sie dann darauf anspricht, was vielleicht nicht nur von den Partyfotos oder was man eben jetzt so weiß, was negativ sein kann, später mal, weil man das sein Leben lang nicht mehr los wird, die Spuren, die man da hinterlässt im Internet. (…) Es ist ihnen nicht bewusst…« (P 01: 02:005:20-1). P 01 findet es »erschreckend«, dass laut US-Studien manche »Leute nur noch in Facebook sind, also gar nicht mehr rauskommen« (P 01; 02:08:35-3). Trotz aller reflexiven Kritik nutzt P 01 auch selbst zwei Social Network Sites, ist also weder ideologischer Totalverweigerer noch zu wenig medienkompetent: Er hat einen Basisaccount bei Xing, »aber nicht diesen Premium Account … und wirklich nur das Allernötigste reinmache bei Facebook und nicht alles Private irgendwie da reinstelle. (…) Ich bin bei Facebook angemeldet und sehr dezent … deswegen« (P 01; 02:08:35-3). P 03, ebenfalls mit durchschnittlich hohem medialem Kapital ausgestattet, möchte sich »nicht zum Sklaven der Technik und des westlichen Konsums machen. Die technische Entwicklung geht so schnell. Ich muss nicht jede Mode mitmachen … dann kann man auch mal was auslassen«, wie zum Beispiel »Smartphone und iPod und Mp3-Player« (P 03; 02:07:46-4). Gleichzeitig nutzt P 03 aber einen modernen Laptop-Rechner als Multimedia-Center, inklusive Skype sowie das klassische Handy und SMS (P 03; 02:10:12-1). Misstrauen gegenüber digitalen und mobilen Medientechnologien werden mit der Überwachsungserfahrung durch die StaSi, dem Datenschutz und elektromagnetischer Strahlung begründet (P 03; 02:13:28-6, 02:39:45-0).

P 05 nutzt zwar seit rund 15 Jahren ein klassisches Handy für Sprachtelefonie und SMS, kann aber den technischen und kommunikativen Mehrwert eines Smartphone nicht erkennen: »… also ick brauche hier keen mit Foto oder Video oder sonst 'was… ick musste auch erstmal kapieren, is noch gar nicht so lange her, was ein Smartphone, worin sich das unterscheidet … brauch ick eigentlich nicht.« Allerdings erwägt er nun eine Smartphone-Anschaffung, um ein besseres Tarifangebot zu nutzen: »und det geht nur mit nem Smartphone … und da kämpf ick jetzt schon en paar Tage mit mir, ob ick mir das nich leiste« (P 05; 01:58:19-7-01:59:04-0). Der Internetzugang erfolgt bei P 05 nur deshalb mobil über einen Prepaid-USB-Stick, weil es Schufa-Probleme gibt (P 05; 02:00:53-6-02:03:22-2); die Onlinemedien werden aber nicht als Unterhaltungs- oder Spielmedien wahrgenommen, sondern instrumentell für Recherchen, Homebanking etc. (P 05; 02:22:47-6, 02:31:19-8).

P 11 nutzt ihren vernetzten Laptop als universelles Mediengerät sowie Speichermedium und verfügt über beruflich erworbenes Computerwissen, ist also keineswegs online-avers. Gleichwohl reflektiert sie kritisch die Vielfalt digitaler Angebote und verweigert sich aus grundsätzlichen Erwägungen des Social Network Sites: »Ich hab' wesentlich viel mehr Möglichkeiten. Wesentlich vielfältiger und wesentlich ausgeweiteter. Also, ich hab wesentlich mehr Zugang zu Informationen als früher … über Wikipedia, zack, zack. Man nennt es ja Informationsgesellschaft. Es ist eigentlich abartig, diese Vielfalt, ne. Und ich mach manchmal auch echt Tage … dass ich wirklich so Diäten, so wirklich mal einen Tag den Laptop nicht aufmache. (…) Ich hab' es nicht gern, wenn man abhängig ist von irgendwas. Auch von … meiner Informationsflut… ich find das schon unheimlich. Immer mehr wissen wollen und immer erreichbar sein. Und ich bin aus Prinzip nicht bei Facebook, noch mal als Schlusswort. Diese Communities, also. Ich meine, ich hab' mich mal angemeldet, ich war auch mal da. Aber dann habe ich gemerkt: Nee, das ist mir unheimlich. Und was man da alles hört…« (P 11; 01:54:12-6).

P 12 verfügt zwar über ein Handy, aber: »ich nehme das nie mit … ich brauchte das nicht … aber das ist eigentlich immer zuhause« (P 12; 01:14:01-2). Eine extreme Ausprägung von Technikskepsis in unserer Befragtengruppe zeigt P 13, der privat weder PC (P 13; 00:34:56-0), Handy, DVD oder gar Social Media Networks (P 13; 00:05:34-6) nutzt und seinen Habitus so zusammenfasst: »Also ich kann es nur allgemein formulieren. Ich verweigere mich der Nutzung elektronischer Medien auf dem jeweils, auf der jeweils höchsten technischen Entwicklungsstufe oder auf dem, auf dem neuesten technischen Stand. Auch wenn die Mehrheit meiner Gleichaltrigen diese Dinge nutzen und auch für sinnvoll halten. Also ich gebrauche nur das, wo ich einen Nutzen sehe« (P 13; 02:20:43-2).

P 15 bezeichnet sich selbst als Nachzügler bei praktisch allen medientechnischen Innovationen (00:54:14-8), ohne dass dies eine besondere Begründung erfährt: »Na, ich glaube man kann insgesamt sagen, dass ich meiner Zeit immer so ein bisschen hinterher war. Also, ich hab' solche Dinge eben gehabt, auch im Vergleich zu anderen, wie Radiorekorder oder wie 'ne eigene Anlage. Okay, vielleicht war ich beim Thema Notebook und Handy berufsbedingt dann wieder auf gleicher Höhe in etwa. Aber auch jetzt würde ich wieder sagen, ich hab jetzt ein Handy, ich hab' ein Smartphone, also ich bin im Grunde wieder hinterher. Und insofern, im Grunde genommen, dieses Web 2.0 ist eigentlich schon wieder an mir vorbeigezogen. Und mal gucken, ob ich das wieder einhole, hab' jetzt gar nicht das Bedürfnis, das zu machen … auch da bin ich wieder etwas hinterher, ja« (P 15; 01:07:32-4). Auch P 26, die erst seit etwa 2006 Onlinemedien nutzt (P 26; 01:23: 25-2), hat erst seit etwa 2010 ein Handy, weil sie vorher keinen Bedarf gesehen hat (P 26; 01:19:24-7), was bis heute noch für Smartphones gilt: »Smartphone, nee. Bei mir auf der Arbeit stressen sich die Kollegen, was das bessere Smartphone oder was weiß ich, keine Ahnung. Das ist mir so, ist mir fremde Welt« (01:29:44-1).

P 23, ein ausgesprochen technikaffiner Mediennutzer mit frühen PC- und Onlineerfahrungen, Nutzer von Twitter, Sammler von Telefonen und Smartphones sowie Betreiber mehrerer Blogs, äußert Vorbehalte gegenüber Facebook, aus dem er sich zurückgezogen hat (P 23; 01:20:28-5).

P 30 nutzt ein konventionelles Handy, um im Alltag mit ihren Kindern Kontakt zu halten, hält aber ein Smartphone mit mobilem Onlinezugang für überflüssig (P 30; 01:45:21-6) und bezeichnet sich selbst als »Dinosaurier am Handy« (P 30; 02:12:06-9); sie ist auch nicht bei Facebook und wird das »auch nie sein«, weil sie es für Zeitverschwendung hält (01:52:14-9, 02:18:56-1). P 38 besitzt überhaupt kein Mobiltelefon: »Also ich hab' heute noch kein Handy. Weil ich bin entweder da oder nicht zu erreichen. Und muss ich auch nicht ... also ich brauch' es eigentlich nicht dringend« und verweist auf ihre Beobachtung von eher überflüssigen Alltagsgesprächen im öffentlichen Raum (P 38; 01:12:16-6).

Als zentrales inhaltliches *Ergebnis der vergleichenden Auswertung* dieser Porträts und der ihnen zugrundeliegenden Interviewtransskripte muss festgehalten werden, dass wir allenfalls geringe Hinweise auf eine generationelle Gemeinsamkeit des Medienhandelns und des medialen Habitus in dem hier relevanten altershomogenen Teilsample der 29 Personen finden konnten. Die oben dargestellten und anhand von Interviewzitaten belegten Muster wiederholen sich zwar bei einer relevanten Anzahl der von uns befragten Menschen, doch auch hierbei handelt es sich *nicht* um eine klar definierbare »Kerngruppe« mit 12 Teilnehmern, die *alle* dieser Muster, noch dazu im selben Maße zeigt: Nur eine Person (P 01) weist alle vier Charakteristika auf, drei weitere (P 03, P 13, P 15) teilen immerhin noch drei gemeinsame Dispositionen; bei den übrigen acht Personen dieser Teilgruppe trifft dies nur auf zwei dispositive Merkmale zu. Auch wenn die Fallzahlen für valide Schlüsse zu gering sind, zeichnet sich doch ab, dass es zwar innerhalb der Altersgruppe geteilte Mediennutzungsmuster und -stile sowie Medienbewertungen gibt, diese aber zum einen bei weitem nicht den vollständigen Medienhabitus der Personen beschreiben können und zum anderen nicht einmal ein homogenes Bild bezüglich dieser Gemeinsamkeiten gezeichnet werden kann.

Ob und in welchem Maße diese Ähnlichkeiten tatsächlich generationell, und nicht durch die Lebensphase (Alter) oder eine Zugehörigkeit zu insgesamt eher gehobenen Bildungsmilieus begründet sind, muss hier offen bleiben.

Die hier angewandte Methode eignet sich, und gerade darin besteht ihr Vorzug, eher dazu die Individualität des Medienhandelns und des dahinter stehenden medialen Habitus zu erkennen als Ähnlichkeiten zu (re-)konstruieren. Wir interpretieren diese Befunde aber nicht primär als Beobachtungsproblem sondern als *tatsächliche Differenz der individuellen medialen Habitus:* Was bei Kohortenanalysen und auch in unseren standardisierten Erhebungen noch als Ähnlichkeit oder gar Gemeinsamkeit der Mediennutzung gewertet werden kann, löst sich bei detaillierter Betrachtung nahezu vollständig in individuellen Differenzen auf. Theoretisch erscheint dies in mehrfacher Hinsicht plausibel: Versteht man Mediennutzung nicht als bloße Reaktion auf mediale Angebote oder gar Stimuli, sondern als Folge von Medienhandeln, das mit subjektiv gemeintem Sinn verbunden ist, dann folgt daraus eben auch, dass sogar »dieselbe« Mediennutzung einen anderen Sinn haben kann. Diese Ebene kann und soll durch standardisierte Verfahren gar nicht erfasst werden, tritt bei der von uns verwendeten Methodik aber deutlich zutage. So wenig wie das mediale Angebot das Medienhandeln determiniert, sondern lediglich den Möglichkeitsraum des medialen Handelns öffnet und begrenzt, so wenig wird der mediale Habitus durch die Position im medialen Feld und den Besitz von medialem Kapital determiniert. Folgt man Bourdieu, dann gilt auch für den medienbezogenen Teil des Habitus, dass er nicht beliebig ist, aber individuell variiert. Wie stark die Einflüsse von medialen Position und medialem Kapital auf den medialen Habitus tatsächlich sind, kann hier nicht abschließend geklärt werden, aber eine generationelle Prägung des individuellen medialen Habitus können wir aufgrund unserer Untersuchung *nicht* feststellen: Aus der Zugehörigkeit zur selben Generationslagerung hatten sich keine gleichförmigen medialen Kapitale (weder im Hinblick auf Akkumulation noch auf Komposition) oder unmittelbar benachbarte Positionen im medialen Feld ergeben. Auch beim Medienhandeln auf der Ebene der quantifizierbaren Mediennutzung konnten wir keine überragenden generationellen Effekte feststellen. Waren also schon die Positionen und das Handeln der von uns befragten Menschen in hohem Maße individuell differenziert, so zeichnet sich ähnliches nun auch für die Dispositionen und die subjektiven Sinngebungen des Medienhandelns ab. Das Bild scheint damit in sich durchaus schlüssig, denn die individuell unterschiedlichen medialen Handlungsmuster können ja mit Bourdieu auf den je individuellen Habitus zurückgeführt werden, der das Handlungsrepertoire umschreibt. Umgekehrt hätte ein Befund verwundert und gegen das Konstrukt des medialen Habitus gesprochen, bei dem unterschiedliche Ausstattung mit medialem Kapital und verschiedenartiges Medienhandeln auf der Basis eines ähnlichen (weil generationell geprägten) medialen Habitus hätte erklärt werden müssen. Für die im Sinne dieser Untersuchung entscheidende Frage nach einer generationellen Prägung des medialen Habitus, eines kollektiven Generationenstils der Angehörigen einer Generationslagerung bedeutet dies jedoch, dass wir keine »validen« Hinweise darauf identifizieren konnten, obwohl wir mit einem sehr sensiblen Instrument vorgegangen sind.

3.2 Parallele Medienbiografien

In einem weiteren Untersuchungsschritt haben wir die Medienbiografien derjenigen zwölf Personen derselben Mediengenerationslagerung (vgl. Kap. 1.2) verglichen, die überhaupt ähnliche habituelle und dispositive Züge, wenn auch nicht komplett übereinstimmende Profile (gar im Sinne eines geteilten medialen Habitus) aufweisen. Wenn es eine generationelle Prägung des medialen Habitus geben würde, dann müssten sich Parallelen nicht nur in den »objektiven« Medienlebensläufen aufzeigen lassen, sondern auch bei den von den Befragten »subjektiv« im Rahmen einer biografischen Erzählung erinnerten Prägungs- und Habitualisierungs- sowie den Mediensozialisationserlebnissen. Lassen sich hingegen nur wenige Parallelen in den Medienbiografien finden, erklärt dies zumindest zum Teil die individuell variierenden Medienhabitus und die allenfalls begrenzte »Prägekraft« medialer Angebotsstrukturen auf den Ebenen von Dispositiv, Format und Narrativ.

Als prägend für die Mediensozialisation können vor allem die zweite biografische Phase, also das Adoleszenzalter zwischen dem 12. Lebensjahr und dem ersten Bildungsabschluss, sowie die dritte biografische Phase als junge Erwachsene (bis zum Berufsausbildungs- oder Studienabschluss) gelten. Nur wenn sich in diesen Phasen tatsächlich Parallelen in den Lebensläufen, so etwas wie eine kollektive »Medienjugend« rekonstruieren ließen, erschiene die Annahme paralleler Medienlebensläufe plausibel und könnte einen Hinweis auf eine generationelle Prägung sein.

Wie in Kap. 2.5.4 (Abb. 15) beschrieben konnten wir für diesen Zweck auf die codierten Transkripte des Teilsamples zurückgreifen, weil alle Items immer auch den Code für die biografische Phase erhalten hatten. Auf der Suche nach parallelen Medienbiografien haben wir alle Textpassagen aus den zwölf hierfür relevanten Interviews verglichen, die den biografischen Phasen 2 und 3 entstammen und sich auf alle Variablen von Medienstil und Medienbewertung (zu den Operationalisierungen vgl. Kap. 1.4.4, Abb. 6) bezogen sowie auf die beiden Medienrepertoire-Codes für öffentlich-rechtliche und für private Rundfunkformate. Außerdem wurden die Medienobjekt-Codes für diejenigen Mediendispositive ausgewählt, die bei den kollektiven Mediennutzungsmustern und Dispositionen eine besondere Rolle spielten (portable Medien, Ton- und AV-Rekorder für die selektive und zeitautonome Unterhaltungsnutzung sowie Radio).

Aus den codierten Transskripten der Einzelinterviews lassen sich bezogen auf die *biografische Phase der Adoleszenz kaum parallele Medienbiografien* rekonstruieren: Zwar gibt es einige gemeinsame Bezugspunkte der Erinnerung, etwa bei Fernsehsendungen, doch erklärt sich dies vor allem aus dem begrenzten Programmangebot der Zeit, während es keine Hinweise auf eine besondere Prägung durch die Rezeption oder generationelle Identifikation gibt. Zu nennen sind hier Serien wie ›Bonanza‹, ›Flipper‹, ›Fury‹, ›Lassie‹ u. a., Tiersendungen von B. Grzimek und H. Sielmann, Samstagabendshows von Rudi Carrell, Musiksendungen wie die Hitparade sowie die umstrittene »Reality«-Reihe ›Aktenzeichen XY‹. Gelegentlich wird von elterlichen Limitierungen, Vorselektionen oder Sanktionen von Fernsehen berichtet, aber auch dies ergibt kein einheitliches Bild. Sehr häufig sind auch – allerdings durchaus unterschiedliche – Bewertungen der Jugendzeitschrift ›BRAVO‹ anzutreffen.

Am auffälligsten ist die bereits aus den bisherigen Auswertungen bekannte *große Bedeutung von Musikmedien,* insbesondere des *Kassettenrekorders*, der noch vor dem Schallplattenspieler und dem Radio rangiert. Musik, vor allem bestimmte Musikstile und -genres sind seit der Erfindung der Popkultur eng mit bestimmten Generationen verknüpft, weil sie Identifikations- und Distinktionsangebote liefert. Die Musik selbst hat aber nur begrenzt mit dem Gehalt unseres *Medien*generationenkonzepts zu tun. Relevanter erscheint uns, dass viele der Befragten den Kassettenrecorder als bedeutsames Mediendispositiv nennen, weil er die Aufzeichnung bzw. Überspielung, Auswahl, Zusammenstellung und Speicherung der »Lieblingsmusik« erlaubte. Technisch gesehen stellten die Geräte gegenüber den bis dahin (von der Familiengeneration der Eltern möglicherweise) verwendeten Spulentonbändern eine Innovation dar, die vor allem die Alltagstauglichkeit (weniger die Tonqualität) erhöhte sowie Kosten und Zeitaufwand senkte.

Ähnlich bescheiden fallen die Befunde für die *anschließende biografische Phase* auf: Vermutlich typisch für die Lebensphase *gewinnt das Kino* bei einigen an Bedeutung, die auch einen cineastischen Geschmack in dieser Zeit entwickeln. Gleichzeitig *verliert das Fernsehen* tendenziell an Bedeutung, denn einige der Teilnehmer besaßen keinen Fernseher oder sie wissen es nicht mehr genau. Manche haben die Einführung des privat-kommerziellen Fernsehens in den 1980er-Jahren kaum bemerkt, andere haben die Programme hin und wieder gesehen, aber rasch als wenig attraktiv empfunden. Positive Erinnerungen wie die an viele öffentlich-rechtlichen Sendungen in der Adoleszenzphase werden in Bezug auf das Privatfernsehen mit seinen Formaten und Narrativen aus dieser Phase praktisch gar nicht berichtet.

Auch für diese biografische Phase sind es die Musikmedien, die am meisten hervorgehoben werden, und zwar wiederum innovative Mediendispositive: Die Einführung der CD als weitgehender Ersatz für Vinylplatten sowie die drastisch gesteigerte Portabilität der Geräte durch Walkman und Discman. Ein Zitat von P 11 fasst das als kollektive Erfahrung prägnant zusammen: »Und dann aber nach der Kassetten-Ära, dann kam das ja mit diesen tragbaren CD-Playern. Diese kleinen runden Dinger, da kamen diese CDs. Und dann sind wir halt auf CDs umgestiegen (...) Weil man wurde plötzlich portabler. Also, ich meine, der Sprung war größer als dann von Kassette auf CD.«

Jenseits dieser wenigen, letztlich eng mit technischen Innovationen und der Medienangebotsseite verbundenen Parallelen lassen sich in den – theoretisch – entscheidenden *beiden biografischen Phasen keine validen Nachweise für parallele Medienbiografien* oder gar eine umfassendere kollektive Medienbiografie finden. Das interpretieren wir nicht als »endgültige Widerlegung« der Mediengenerationen-Vorstellung, aber doch als deutlichen Hinweis, dass eine solche Annahme empirisch nicht valide sein dürfte.

3.3 Generationslagerung und Generationszusammenhang: Mediengeneration als Konstrukt

3.3.1 Generationenspezifische Erinnerungen

Die systematische Erfassung von generationenspezifischen Erinnerungen, Erfahrungen und Dispositionen sollte nicht nur individuell komparativ, sondern auch »horizontal« mithilfe von *altershomogen zusammengesetzten Gruppengesprächen* erfolgen. Die Idee bestand darin, die Teilnehmer selbst miteinander ins Gespräch zu bringen und zu beobachten, ob sich hierbei Gemeinsamkeiten herausbilden. Ihren Ausdruck müssten solche generationellen Identifikationen oder Distinktionen in der Verwendung von sprachlichen »Wir«-Aussagen oder abgrenzenden Formulierungen nach der Logik von »Wir« vs. »Die« (Jüngeren/Älteren) finden. Uns interessierte dann in einem nächsten Schritt, an welchen Phänomenen sich ggf. in der Selbstwahrnehmung mediengenerationelle Identitäten manifestieren würden: Handelt es sich um konjunktive Erinnerungen an Mediendispositive, -formate oder -narrative (hierbei wurde auch das Medienmemory erneut eingesetzt), oder um geteilte Selbstbeschreibungen von Medienrepertoires, Medienhandlungsstilen, Medienbewertungen? Mit diesen Fragestellungen wurden insgesamt vier altershomogene Gruppengespräche mit Teilnehmern aus der mittleren Familiengeneration der geburtenstarken Kohorten durchgeführt. Variiert haben wir dabei die soziale Zusammensetzung: Bei zwei Gruppen (G 1 mit P 05, P 07, P 11, P 14, P 15 und P 26) und G 2 (mit P 13, P 21, P 28, P 29, P 34) mit sechs bzw. fünf Personen der Jahrgänge 1952-1966) entstammten alle Teilnehmer jeweils demselben sozialen Milieu, eine Gruppe (G 3; 5 Personen der Jahrgänge 1957-1965) war sozial heterogen zusammengesetzt (P 01, P 08, P 12, P 19, P 33), und die deutlich kleinere vierte Gruppe (G 4) war sozial heterogen, aber ausschließlich mit drei ehemaligen DDR-Bürgern (P 03, P 10; P 16) der Jahrgänge 1958-1959 besetzt. Ein weiteres altershomogenes Gruppengespräch mit sieben Personen (P 41- P 47) der Geburtsjahrgänge 1941-1952 wurde durchgeführt, um ggf. benachbarte Mediengenerationszusammenhänge zu vergleichen. Auf eine detaillierte Auswertung wurde aber verzichtet, weil sich für die Generationslagerung der »Babyboomer«, also der etwas Jüngeren, kein homogenes Bild ergab und somit ein Vergleich wenig sinnvoll erschien.

Auf der *Ebene der Mediendispositive* machen sich kollektive Erinnerungen und Erfahrungen in allen Gruppengesprächen vor allem an *Kassettenrekordern* (bei der ostdeutschen Gruppe 4 zum Teil noch am Tonbandgerät) fest, die zum Mitschneiden von Musik aus Radioprogrammen (und zum Teil von Fernsehkonzerten) oder zum Aufnehmen von (geliehenen) Schallplatten genutzt wurden. Selbst aufgenommene MusiCassetten wurden im Freundeskreis (mit selbst gestalteten Covern) verschenkt und getauscht sowie für den eigenen Gebrauch und den Einsatz auf Partys mit Gleichaltrigen archiviert. P 19 antwortet auf die zugespitzte Frage, was prägend war bzw. ist: »Generation Kassette«. Die persönliche Musikauswahl, sowohl für den eigenen Gebrauch als auch für das »persönliche« Geschenk, waren von Bedeutung. In zwei Gruppengesprächen (G 1 und G 2) wurde auch die *mobile Musiknutzung* mittels Walkman als wichtige Innovation thematisiert, zudem wurde mit einem gewissen Amüsement festgestellt, dass die Kopfhörer aus der eigenen Jugendzeit (P 11 »ja, ja, wir sind die Pioniere gewesen«) heute wieder für die iPod-Nutzung gefragt sind. *Selektivität, Autonomie und Mobilität* bei der Mediennutzung können *als konjunktive Erfahrung* dieser Altersgruppe festgehalten werden; aus den Einzelinterviews ging ja bereits hervor, dass diese Merkmale in vielen Fällen auch das gegenwärtige Medienhandeln bestimmen. Möglicherweise unterscheidet dies auch diese Generationslagerung von ihrer Elterngeneration stärker als von der Generation ihrer Kinder. Aber: eine eindeutige Generationenprägung lässt sich auch durch unsere Gruppengespräche nicht (re-)konstruieren. Typisch scheint eher die technische Form, also das zeitgenössische Mediendispositiv MusiCassette zu sein, mittels der Autonomie (gegenüber den Programmmedium Radio wie gegenüber den Eltern) und Selektivität (persönliche Auswahl und »Sampling«) gestaltet wurden. Heute übernehmen digitale Mediendispositive diese Funktion auf komfortablere Weise, und zwar nicht nur für die jüngeren Menschen, sondern wie die Einzelgespräche gezeigt haben, durchaus auch für die Realisierung eines selektiven und zeit- wie inhaltsautonomen Mediennutzungsstil der mittleren Jahrgänge (1955-1965). Berücksichtigt werden muss weiterhin, dass es sich – jedenfalls aus der in den Gruppengesprächen formulierten generationenvergleichenden Sicht – bei der Kassettennutzung wie bei der Musikrezeption insgesamt um eine *Lebensphasen-Phänomen* handelt, das eine jeweils aktuelle technische Form annimmt. Aus einer (Medien)sozialisationsperspektive verwundert es nicht, dass Musik bzw. jugendlicher Musikgeschmack vermutlich das primäre mediale Distinktionsinstrument gegenüber den eigenen Eltern (familiäre Elterngeneration) und Großeltern darstellt. Jugendkulturen definieren sich in hohem Maße über Musikrichtungen, sowohl in der Abgrenzung zu anderen Generation als auch im Hinblick auf eine Binnendifferenzierung des eigenen Generationszusammenhangs. Das wird in allen Gruppengesprächen deutlich, etwa wenn P 19 Punk als distinktiven Musikstil gegenüber der Elterngeneration und Techno als distinktive Musikrichtung der jüngeren Generation zu Generationengrenzen erklärt. Im Gruppengespräch 3 wird klar, dass Musikstile mit zunehmendem Lebensalter (Lebensphase) nicht einfach von den Vorgänger-Generationen übernommen werden, d.h. die jetzt 50-60-Jährigen haben nicht einfach den verbreiteten Volksmusikgeschmack (und die Nutzung entsprechender Fernsehsendungen) ihrer Eltern oder Großeltern aus den 1970er- oder 1980er-Jahren »übernommen« – für andere Genres, etwa Klassik oder Jazz mag das aber wiederum anders aussehen.

Jugendkultur und Musik sind zwar in weiten Teilen medialisiert (in den Gesprächen G 1 und G 2 werden die LP-Sammlungen thematisiert), erschöpfen sich aber nicht darin, wie die Einzelinterviews mit ihren zahlreichen Hinweisen für eine Zuwendung zu Livekonzerten und Discotheken ebenso gezeigt haben wie die Gruppengespräche (etwa wenn P 03 dort die Bedeutung der »Klamotten« betont). Der in den Einzelgesprächen zum Ausdruck kommende, verbreitete nostalgische Musikgeschmack könnte das Merkmal einer Generationslagerung oder sogar verschiedener Generationseinheiten (nach der Logik Beatles vs. Rolling Stones) sein. Die Frage, wie bedeutsam dieser Teil der eigenen Biografie für die aktuelle Identität wirklich ist, geht aber weit über die Frage nach Mediengenerationen hinaus in die allgemeine Kultur- und Jugendsoziologie. In den Gruppengesprächen gab es zudem Hinweise darauf, dass Musik auch als Distinktionsmittel zwischen den Geschlechtern und zwischen Ost- und Westdeutschen verwendet wurde, letzteres vor allem in Gestalt der Nutzung von Westradio durch ostdeutsche Jugendliche, quasi als hörbare Rebellion mit dem Kofferradio im öffentlichen Raum (Gespräch G 4).

Das *Fernsehen* hat in der Selbstwahrnehmung, wie sie sich in unseren Gruppengesprächen niederschlägt, die vermeintliche Fernsehgeneration nicht sehr stark bzw. einheitlich geprägt, obwohl nahezu alle Personen bereits im frühen Alter einen Fernseher im elterlichen oder großelterlichen Haushalt genutzt haben. Erinnert wird eine höhere kollektive Bedeutung des Fernsehens als heutzutage, und zwar vor allem aufgrund des eingeschränkten Programmangebotes, das sich folglich gut als Gesprächsstoff im Bekannten- und Freundeskreis eignete (G 3). Mitunter wird der jüngeren Generation unterstellt, sie könne im Gegensatz zu einem selbst nicht zwischen Werbung und Programm unterscheiden (P 08 in G 3); Gruppe G 2 klagt weitgehend im Konsens über die verschlechterte Programmqualität in Fernsehen und Hörfunk sowie die Verdrängung von Qualitätsprogrammen. Die Ablehnung vieler aktueller, vor allem kommerzieller Rundfunkformate findet sich auch in vielen Einzelinterviews, sodass man hier eine generationelle Spezifik vermuten darf, die allerdings nicht die gesamte Generation im Sinne eines Mediengenerationszusammenhangs prägt. Ein gewisses Unverständnis für eine tagesbegleitende Fernsehnutzung, insbesondere vormittags und schon am frühen Nachmittag, wird in einer Gruppe (G 1) geäußert, was sich mit manchen Befunden aus den Einzelgesprächen deckt. Ebenfalls bestätigt wird der Befund aus den Einzelinterviews, dass die Gleichaltrigen manche Erinnerung an Fernsehformate der Kinder- und Jugendzeit teilen. Neben den bekannten Kinderfernsehserien und Musiksendungen (Gruppe G 1) werden auch einzelne Mediennarrative (aus der Sparte »Große Samstagsabend-Show«) und Medienereignisse wie die erste Mondlandung oder nächtliche Liveübertragungen von Boxkämpfen (Gruppen G 2 und G 3) erinnert. Konkret auf den Topos »Fernsehgeneration« angesprochen, lehnt Gruppe G 1 dies eher ab: Zum einen wird zwischen den jugendlichen Fernseherfahrungen und dem heutigen Programm unterschieden, um auf das mangelnde Qualitätsniveau hinzuweisen. Zum anderen will man sich nicht zu einer Generation homogenisieren oder stilisieren lassen. P 07 meint beispielsweise: »Also Fernsehgeneration … was sagten sie nochmal? Musik … und Kassetten … das kann ich eher nachvollziehen als … Fernsehgeneration« und P 14 ergänzt »Fernsehgeneration oder Kassette … das ist mir zu platt.« An anderer Stelle desselben Gruppengesprächs stellt P 14 den Generationenbegriff in Frage und verweist auf die *Unterschiede innerhalb derselben Altersgruppe,* indem er explizit auf das »Milieu« zu sprechen kommt und schließlich meint P 15: »Generation .. ich glaube nicht, dass wir hier so stellvertretend dann … in dem Sinne sind.«

Die Einführung bzw. Aneignung des *Personal Computer* wurde von den Teilnehmern an den Gruppengesprächen weitaus bewusster erlebt als die des Fernsehens oder gar des kommerziellen Rundfunks. Der PC, der sich für diese Gruppe noch gar nicht mit der Kindheit, sondern eher mit der biografischen Phase von Studium und Beruf verbindet, wird vielfach als reflexiver Bezugspunkt genannt: »Also wir sind alle in der Zeit, wo wir den Sprung auf den PC gemacht haben. Ne, ich glaub‘ das verbindet uns hier« sagt P 33, und P 12 schließt an: »Also ich denke … wir sind so ‘ne Generation, die sich damit auseinandersetzen musste. Weil es auf einmal in jedem Beruf, also fast jedem Beruf ‘ne große Rolle gespielt hat. Wir mussten das, wir mussten das halt.« Interessant erscheint, dass in dieser Gruppe der PC als disruptive Medieninnovation (»Sprung«) und als oktroyierte, eher fremdgesteuerte Neuerung erfahren wurde, denn es ist auch vom damaligen »Gefühl« die Rede, »völlig den Anschluss zu … verlieren« (P 12) und von den Enttäuschungen angesichts der weitreichenden Innovationsversprechungen: »Also das wurde ja unserer Generation verkauft als Kosten- und

Zeitersparnis. Was halt, glaub' ich, sich als Totallüge entwickelt… Also Kostenersparnis ist es ja nun gar nicht. Also das Diktat der Neuanschaffung und ständiger Aufrüstung« merkt P 19 an, während P 33 dem zustimmt. Solche Medienerfahrungen begründen womöglich auch die in den Einzelgesprächen als Muster zutage getretene kritische Zurückhaltung gegenüber den jeweils neuesten Medientechniken, die ein wenig unter Hype-Verdacht stehen oder deren konkreter Nutzen und Mehrwert hinterfragt wird.

Der Computer wird auch als Generationsgrenze gegenüber der eigenen Elterngeneration verstanden, die von der Gruppe G 1 relativ einhellig als Telefongeneration oder als Fernsehgeneration bezeichnet wird. Aber auch gegenüber den nachwachsenden Generationen definieren der PC bzw. die Onlinemedien eine Grenze, meinen die Teilnehmer von Gruppe G 4: »Ich glaube, dass ist eher bei jüngeren Generationen so, dass das für die lebenswichtig ist und das die fast alles über die Kiste machen… (…) das ist 'ne andere Generation«, meint P 03, allerdings stimmt P 16 dem nicht ganz zu, und die anderen Teilnehmer nehmen hierzu nicht Stellung.

In der Gruppe G 2 wurde medienübergreifend mit dem Ergebnis diskutiert, dass »die Medien für uns alle viel wichtiger geworden [sind] als das für unsere Elterngeneration« der Fall war, und »…im Unterschied zu unserer Elterngeneration ist … schon ganz klar, also die Nutzung von Medien war sehr viel eingeschränkter, im Tageszeitablauf.« Die »Jüngeren« gelten P 28 als »schon wesentlich versierter mit den neueren Medien«, er schränkt aber ein, dass ihn nicht alle neueren Medien wirklich interessieren und »dass ein großer Teil auch individuell«, also nicht generationenspezifisch sei. Im Gruppengespräch G 1 herrscht wiederum relativ große Einigkeit darüber, dass die mit »Internet und Handy aufgewachsene Generation« mit der eigenen Generation »überhaupt nicht [zu] vergleichen« sei.

Unterschiede zwischen der eigenen Medienpraxis und der jüngerer Menschen werden hinsichtlich des Umgangs mit dem umfangreichen Medienangebot beobachtet, allerdings gehen die Meinungen in Gespräch G 1 hier durchaus auseinander. Einerseits ist die Rede von einer »Medienflut«, die droht »mich von mir selber weg [zu] ziehen« und der selbst verordneten Begrenzung und Beschleunigung, während es »die jüngere Generation viel besser drauf hat, mit dieser Vielfalt umzugehen. Dabei wird der eigene Medienstil kollektiv-biografisch, also generationell, begründet: »Irgendwie sind wir vielleicht tatsächlich … so gepolt, dass wir eben mal ein paar Informationsquellen aus unserer Kindheit und Jugend gewohnt waren und jetzt da ein bisschen einfach das Problem haben uns zu fokussieren« (P 15). Andererseits widersprechen dieser impliziten These von der höheren Medienkompetenz der Jüngeren einige der anderen Gruppenmitglieder deutlich.

Als positives Identifikationsobjekt der eigenen Mediengeneration wird die tageszeitung (taz) im Gruppengespräch G 1 genannt, wenn P 12 recht emphatisch formuliert: »Aus unserer Generation konnte eine Zeitung entstehen wie die taz (P 33 wirft zustimmend ein: »Ja«). Das ist definitiv unsere Generation. Die nächste, die nächste [Generation] wird das nicht, die werden Blogs machen«, worauf hin P 33 und P 08 zustimmen. Ob die politisch und soziokulturell klar positionierte taz wirklich als Projekt der gesamten Generation gelten kann, muss allerdings bezweifelt werden; einiges spricht dafür, dass es sich um eine in hohem Maße symbolische Chiffre für eine *Mediengenerationseinheit* innerhalb einer noch immer wesentlich auf gedruckte Pressemedien orientierten Generationslagerung handelt. In allen anderen Gesprächen spielt die tageszeitung (taz) allerdings kaum eine Rolle, so dass dieser einzelne Befund auch nicht überinterpretiert werden sollte.

Zusammenfassend lässt sich festhalten, dass die altershomogenen Gruppengespräche zwar konjunktive Medienerfahrungen und Medieninnovationserfahrungen sowie einige typische Medienstile in der Jugendphase der Babyboomer-Generation aufdecken konnten. Aber, und das scheint uns entscheidend: diese generationellen Gemeinsamkeiten entfalten kaum Wirkungen in der Gegenwart, haben also offenbar keine nachhaltige Prägung des medialen Habitus bewirkt, die zum Verständnis als generationelles Phänomen beitragen würde. Allenfalls ansatzweise lässt sich eine mediengenerationelle Identifikation ausmachen, und wenn dann eher orientiert an Kassettenrekorder und Personal Computer als am Fernsehen. Eine Eigenperspektive als homogene Mediengeneration wird aber insgesamt eher abgelehnt.

3.3.2 Generationelle Identifikation und Distinktion

Mediengenerationen im Sinne von Generationszusammenhängen müssten sich nicht nur identifikatorisch (»Wir«-Aussagen) in geteilten Erinnerungen und Erfahrungen äußern, die Hinweise auf eine kollektive Medienbiografie liefern. Mediengenerationszusammenhänge können ihren Ausdruck auch in distinktiven Äußerungen (»Wir« vs. »die« Jüngeren/ Älteren bzw. Kinder/ Eltern) finden, also in der »vertikalen« Abgrenzung.

In den Einzelgesprächen lassen sich zumindest vereinzelt generationelle Distinktionen finden. So grenzt sich P 01 (Jahrgang 1962) gleich doppelt ab, zum einen vom Medienstil heutiger Teenager (konkret seinem 17-jährigen Patenkind und dessen Freund) bei der Nutzung von Social Network Sites; zum anderen von seiner Elterngeneration (einschließlich der Verwandtschaft). Nach prägenden Lieblingssendungen befragt, meint er: »Ich glaube, das ist auch eine Generationenfrage. Also wenn ich jetzt noch eine Generation zurück denke an meine

Eltern oder so Verwandtschaft, die haben irgendwie teilweise geschwärmt für Peter Alexander oder Harald Juhnke… Die hatten halt … diesen Showmaster-Begriff, und da war das der absolute Höhepunkt der Woche, wenn da halt … Peter Alexander-Gala kam, kurz vor Weihnachten (P 01: 01:50:40-9) (…) Das ist bei mir nicht mehr so. Weil ich diese Idolisierung nicht so habe … weil ich denke, das ist auch ein bisschen, dass man auch versucht sich abzugrenzen« (P 01; 01:51:07-8).

Person 03 (Jahrgang 1958) identifiziert ihre eigene Generation, bezogen auf die DDR, ganz klar mit zwei (nochmals milieuspezifisch differenzierten) Mediendispositiven, nämlich Plattenspieler und dem transportablen Transistor-Kofferradio: »Erstens Radio, zweitens Plattenspielen. Na, meine Generation, obwohl ich wahrscheinlich einer der wenigen war, die das in der DDR nicht gemacht hat, … [d]as war die Kofferheulen-Generation, wo die so durch die Stadt und durch den Tag sind. Hier war der Kamm mit 'm Griff, der guckte oben raus, und die Kofferheule. Und das habe ich beides nicht mitgemacht, aber die Generation bin ich. Und etwas niveauvoller eben der Schallplattenspieler (P 03; 04:01:47-9). Auch bei den Fernsehnarrativen unseres Medienmemories dient eine Generationen-Logik P 03 als Ordnungskriterium: *FURY* »Fury, das ist 'ne wichtige Sache, aber 'ne andere Generation« *SESAMSTRAßE* »Was soll das sein. Andere Generation.« Biene Maja ist ne andere Generation… Bonanza ist Jungssache und eine Generation über mir« (P 03; 00:52:06-2).

Als Unterschied zwischen seiner und nachfolgenden Generationen nennt P 05 eine andere Rezeptions- bzw. Konsumhaltung: Seine eigene Generation habe, vor allem bei der Musik, ein höheres Qualitätsbewusstsein, während das Konsumverhalten der Zwanzigjährigen so »schnell, schnell, schnell« sei (P 05; 02:34:40-1).

P 21 (Jahrgang 1963) macht Generationsunterschiede an der Innovationsbereitschaft bei der Mobil- und Onlinekommunikation fest, wobei er sich vor allem gegenüber der nur geringfügig älteren Kohorte abgrenzt und auch wirtschaftliche Argumente ins Spiel bringt: »Also ich glaube, ich bin in so einem Alter, wo wirklich so eine Grenze stattfindet, also 5 Jahre älter, die Leute die wir kennen, da gibt es noch viele Verweigerer, die also auch konsequent bei klassischen Medien bleiben. Und bei mir ist es so ein bisschen, doch schon eher ein Schwerpunkt in Richtung: wir nutzen neue Medien. Also … das neueste Handy haben wir im Prinzip alle. Also ich meine, wir sind jetzt auch in der komfortablen Lage, dass bei uns das entsprechende Geld da ist, diese Medien zu kaufen, würde ich mal sagen. Insofern hat eigentlich mein ganzer Freundeskreis das Smartphone. (…) ... was bei vielen wegfällt, also ich mache eigentlich auch sehr intensiv Bankgeschichten und nutze das online. Und das sehe ich in meiner Generation noch: da schrecken noch viele Leute zurück, da sind noch viele

Leute, die noch ganz klassisch ihre Überweisung machen oder dem so ein bisschen misstrauen oder da Respekt und Angst vor haben« (P 21; 01:40:58-9).

Von einigen, allerdings nur wenigen Teilnehmern wird »Generation« selbst als Ordnungs- und Erklärungskriterium für Unterschiede im Medienhandeln angeführt. Allerdings werden Generationsgrenzen nur für einzelne Mediendispositive, -formate und -narrative benannt, so dass sich keine Alltagstheorie von Mediengeneration hieraus rekonstruieren lässt.

Methodisch sollten weitere Distinktionsmuster zwischen verschiedenen Familiengenerationen in den Gruppengesprächen erfasst werden. Diese Gruppen waren *altersheterogen* zusammengesetzt und umfassten drei Familiengenerationen aus jeweils zwei Familien. Die dahinter liegende Idee bestand darin, nicht nur etwas über medienbezogene Unterschiede zwischen den Generationen einer Familie zu erfahren, sondern durch wechselseitige Anregungen aus der jeweils anderen Familie herauszufinden, ob die Teilnehmer selbst sich mit den Generationsgenossen der anderen Familie bezogen auf ihr mediales Handeln und ihre Dispositionen identifizieren können. Im idealtypischen Fall wäre beispielsweise zu erwarten, dass sich die Enkel *beider* Familien als Handy- oder Netzgeneration von der Elterngeneration *beider* Familien abgrenzt. Die Familienkonstellation eignet sich, so unsere Annahme, aber auch, um »mediale Familientraditionen« zu erkennen, also bestimmte Medienpraktiken oder -bewertungen, die von Generation zu Generation erlernt oder »vererbt« werden. Solche Linien müssten sich tendenziell von Familie zu Familie unterscheiden und könnten womöglich helfen Unterschiede im aktuellen Medienhandeln derselben Altersgruppe zu begreifen. Hier wären in den Gruppen sprachliche Hinweise und Bezugnahmen auf die jeweilige Elterngeneration oder pauschal die »eigene Familie« zu erwarten sowie Fragen, die auf einen Vergleich mit der anderen Teilnehmerfamilie zielen.

Insgesamt haben wir drei solcher Mehrgenerationengespräche mit jeweils sechs Personen aus zwei Familien durchgeführt (vgl. Kap. 2.4). Beim Gespräch F 1 (Familien A und B) handelte es sich um zwei Familien aus unterschiedlichen sozio-ökonomischen Milieus mit jeweils westdeutschen Familiengeschichten. Bei F 2 (Familien C und D) und F 3 (Familien E und F) stammen die Eltern- und Großeltern aus Ostdeutschland und in beiden Gesprächen trafen Angehörige von jeweils sehr ähnlichen sozio-ökonomischen Milieus aufeinander. Aufgrund der Struktur unseres Leifadens bildeten in den Gesprächen meist die Mediendispositive (Fernsehen, Radio usw.) den Kern des Austausches, so dass wir diese Logik für die folgende Beschreibung der wichtigsten Befunde übernommen haben.

Wie aufgrund des gemeinsamen Lebensalltags von Familie A zu erwarten, kennen die Teilnehmer der drei Generationen (Oma P 06: Jg. 1943, Mutter P 02: Jg. 1967, Enkel P 18: Jg. 1994) die jeweiligen *Fernsehgewohnheiten* und nehmen im Gespräch F 1 hierauf auch Bezug. Beim Fernsehen finden sich zwar die größten Gemeinsamkeiten zwischen den Familienmitgliedern. Die Medienbewertungen weichen aber ebenso voneinander ab wie Begründungen des eigenen Medienhandelns: Die Oma äußert eine sehr kritische Haltung, besitzt kein eigenes Gerät mehr; die Mutter erinnert sich durchaus positiv an eine in ihrer Kindheit durch die Oma (ihre Mutter) angeordnete Phase des Fernsehverzichts, hat sich aber selbst nie zu einer völligen TV-Auszeit entschlossen. Auch der Enkel äußert eine Ablehnung gegenüber dem Fernsehen, begründet diese allerdings stärker mit uninteressanten Inhalten und fehlender Faszination. Sein eigenes TV-Gerät hat er nach einem Defekt nicht wieder ersetzt und nutzt TV-Inhalte nur noch selten über andere Empfangswege. Während die Oma das Fernsehen aufgrund intellektueller Ansprüche ablehnt, betont die Mutter die vergeudete Zeit, der Enkel das uninteressante Angebot. Die drei Generationen teilen also – in unterschiedlichem Maße – ihre Dispositionen gegenüber dem Fernsehen, und es liegt nahe, zumindest zwischen den beiden älteren Generationen einen Erziehungs- und Lernprozess anzunehmen. Der Blick auf die Begründungen und die Folgen für das Medienhandeln zeigt aber generationelle Unterschiede in Familie A. Auch in Familie B (Oma P 32: Jg. 1937, Mutter P 30: Jg. 1965, Enkel P 31: Jg. 1996) wird das Fernsehen ambivalent bewertet. Die Oma hat zwar früh ein Fernsehgerät angeschafft, aber nach Auskunft der Mutter in deren Kindheit klare Hinweise und Regelungen bis hin zu Filmverboten und Einschränkungen der Nutzungszeit erlassen, weil das »schlechte« Fernsehen »verdirbt.« Die Mutter achtet in ihrer eigenen Familie mit kleineren Kindern sowohl auf die Inhalte als auch auf die Nutzungszeit, jedoch ohne strikte Verbote.

Ein problematisches Verhältnis zum Fernsehen beschreibt Familie C (Oma P 36: Jg. 1933, Mutter P 17: Jg. 1954, Enkelin P 37: Jg. 1984): Der Ehemann und Vater, der den Fernseher selbst nur für Sport- und andere Fernsehereignisse nutzte, hatte bis zu seinem Auszug aus dem Haushalt die Fernsehnutzung der Kinder und tendenziell auch der Ehefrau massiv eingeschränkt. Dies führte zum heimlichen Fernsehen und nach Einschätzung der Enkelin zu einer Fernsehsucht, weshalb sie das Fernsehen heute sehr kritisch reflektiert und kaum nutzt (Tatort und Nachrichten). Frühstücksfernsehen würde sie im Gegensatz zur Mutter nicht ansehen. In Familie E (Opa P 48: Jg. 1931, Mutter P 49: Jg. 1964, Enkelin P 50: Jg. 1995) weisen nur die Großeltern eine regelmäßige Fernsehnutzungsstruktur auf, während für Mutter und Enkelin das Fernsehen nicht so wichtig ist, und das einzige Gerät nur gelegentlich, vor allem gemeinsam genutzt wird. Als Ritual hat sich das gemeinsame Sehen des »Tatorts« in dieser Familie etabliert. Mutter und Enkelin schauen auch gerne gemeinsam mal einen »Schnulzenfilm«. Schon in der Kindheit hatte die Enkelin nur wenig Interesse am Fernsehprogramm, weshalb die Mutter sich nicht veranlasst sah, Verbote oder Restriktionen auszusprechen. Als abendliches Ritual wurde früher der Sandmann gemeinsam gesehen. Abgesehen von dieser Gemeinsamkeit unterscheidet sich das Bild für Familie F (Opa P 51: Jg. 1930, Vater P 53: Jg. 1964, Enkelin P 52: Jg. 1997), die früh über einen Fernseher verfügte und ihn intensiv auch für Westprogramme nutzte. Rasch setzte sich der »persönliche Fernseher« für jedes Familienmitglied als Modell durch. Die Elterngeneration versucht allerdings die Fernsehdauer ihrer Kinder (Enkelgeneration) zu begrenzen.

Im Gespräch spielt auch das *Radio* eine unterschiedliche Rolle im Alltag der Familien. Oma und Mutter der Familie A haben widersprüchliche Erinnerungen an die Radionutzung im Haushalt der Oma. Diese nutzt heutzutage häufig, aber gezielt (Programmzeitschrift) den Hörfunk, während die Mutter hierzu keine Stellung bezieht und der Enkel von seinem Überdruss an Formatradios berichtet, weshalb er gar kein Radio mehr höre. Ganz anders verhält es sich mit dem Hörfunk bei Familie B: Das Radiogerät gehört für alle Familienmitglieder zur persönlichen Kindheit und Jugend dazu. Die Mutter von Familie C lehnt Radio, das früher in der Familienküche lief, mittlerweile wegen der vielen Werbeunterbrechungen ab, während die Enkelin auch heute noch nebenbei Radio hört und morgens Inforadio nutzt. In Familie D (Oma P 40: Jg. 1935, Mutter P 38: Jg. 1964, Enkelin P 39: Jg. 1987) dient das Radio bei der Oma als tagesbegleitendes Hintergrundgeräusch, während die Mutter dies als störend empfindet und das Radio nie einschaltet, ggf. aber in ihrer Familie zum gemeinsamen Essen ausschaltet. Für die Enkelin spielt das Radio keine große Rolle. Das Radio spielte bei Familie E früher eine sehr wichtige Rolle: Regelmäßig wurden bei den Großeltern mit dem Sohn (der Ehemann von Mutter P 49) Hörspiele oder Klassikkonzerte gehört. Das Radio war Informations- und Unterhaltungsmedium, mit dem vor allem die westlichen Sender verfolgt wurden. Heute hingegen spielt der Hörfunk in der Familie der Mutter kaum noch eine Rolle; das Radio wird von Mutter und Enkelin als Nebenbei-Medium am Morgen oder während des Autofahrens genutzt. In Familie F erinnert sich vor allem der Vater sehr intensiv an die Hörfunknutzung (von Ost- und Westprogrammen: DT64, RIAS, SFBeat) in Kindheit und Jugend, hört heute aber kein Radio mehr. Bei der Enkelgeneration fungiert das Radio teilweise als eines von verschiedenen Musikhintergrund-Medien.

Das *Kino* spielt in der Familie A keine Rolle, da gemeinsame Kinoerlebnisse vor allem in der Kindheit als seltenes Ereignis erinnert werden. Auch bei Familie F verhält es sich ähnlich. In Familie B zeigt sich im Unterschied zu Familie A eine deutlich Vorliebe fürs Kino, die auch bei der »Oma« ihren Ursprung in der Kindheit hat. Mutter und Enkel berichten von regelmäßigen gemeinsamen Kinoabenden, wobei es vorkommt, dass die Mutter in einen anderen Film geht als die Kinder mit dem Vater. Kino spielt in der Kindheit der Mutter von Familie D keine Rolle. Die Oma sagt, sie war und ist keine Kinogängerin, weshalb sie auch mit den Kindern nicht ins Kino gegangen ist. Für die Enkelin war Kino etwas

Besonderes. Aufgrund der getrennten Haushalte gehen »Mutter« und »Enkelin« heute nicht mehr zusammen ins Kino. Für Familie E besitzt das Kino eine herausgehobene Bedeutung (was sich schon an der Dauer des Gesprächs hierüber zeigte): Bis zum Mauerbau wurden vom Opa Kinos in West-Berlin genutzt, für die in Dresden aufgewachsene Mutter (Schwiegertochter) waren einige Kinofilme die einzig zugänglichen Westmedien. Enkelin und Mutter der Familie E gehen bis heute häufig gemeinsam ins Kino, der Opa (Jahrgang 1931) besucht ebenfalls noch gerne das Kino. Alle drei Generationen dieser Familie haben ähnliche Ansprüche an ein gutes Kinotheater.

Das *Buch* ordnen die Mitglieder der Familie A sehr unterschiedlich ein: Für die Oma sind Bücher wichtig und wertvoll, was sie durch Vorlesen und Empfehlungen auch an die eigenen Kinder weitergeben wollte. Auch die Mutter hat ihren Söhnen in der Kindheit viel vorgelesen, aber weder das Lesen an sich, noch das konkrete Lieblingsbuch wurde vom Enkel übernommen. Seine heutige Lektüre beschränkt sich auf Sachbücher, während Mutter und Oma auch heute noch gerne und auch Belletristik lesen. Auch in Familie B war das Buch eines der ersten Medien, das den Kindern durch Vorlesen und Empfehlungen nahegebracht wurde. Hier nimmt der Enkel diesen Einfluss wahr und äußert ein vergleichbares Interesse am Buch, das nur mal zeitweise eingeschlafen war und mittels Buchempfehlungen der Eltern wieder geweckt wurde. Das Buch ist auch in Familie E das primäre »Kindheits-Medium« gewesen. Sowohl der Opa als auch die Mutter berichten für ihre Familien, dass Bücher in großer Menge zur Verfügung standen und entsprechend viel gelesen wurde. Zwischen den Familienmitgliedern der drei Generationen werden auch heute noch nicht nur Leseempfehlungen, sondern die Bücher selbst ausgetauscht. Die drei Familienmitglieder berichten von sehr ähnlichen Vorlieben (Krimi) und Abneigungen (Science Fiction) hinsichtlich konkreter Formate. Sowohl der Opa als auch die Enkelin sind regelmäßige Nutzer der Bibliotheken. Ähnlich wie in Familie E erzählt der Opa der Familie F von der anhaltend großen Bedeutung des Buches und seiner großen Büchersammlung, die er heute allerdings auf Wunsch der Ehefrau nicht mehr durch Neukäufe erweitern darf. Aussortierte Bücher gab und gibt er in die Bibliothek, die er auch heute noch oft frequentiert. Der Vater hat als Kind und Jugendlicher die Sammlung des Opas rege genutzt und schon immer viel und gerne gelesen, während die Enkelin keine vergleichbare Affinität zum Buch äußert.

In Familie C hat zwar keine solche Lesesozialisation wie beispielsweise in den Familien A und B stattgefunden, aber die Mutter hat trotzdem gelesen und die Bibliothek des Ehemanns genutzt. Dieser begeisterte Leser weckte auch bei seiner Tochter (Enkelin) eine bis heute anhaltende Leselust. Auch in Familie D erzählt die Oma davon, die Buchlektüre bei den eigenen Kindern nur wenig gefördert zu haben. Die Mutter hat heute ein durchschnittliches Interesse am Buch, während auch hier der Ehemann eine eigene große Büchersammlung mit in die Familie brachte. Sowohl in diesem Haushalt als auch im eigenen Haushalt der Enkelin (hier aufgrund des elterlichen »Vorbilds«) befinden sich die Bücher in den Schlafzimmern.

Die *Tageszeitung* ist in Familie A von unterschiedlicher Bedeutung: Die Oma hält seit langem ein Abonnement, die Mutter hat nach eigenen Versuchen mit einem Abonnement die Tageszeitungslektüre aus Zeitgründen (»nicht zu schaffen«) eingestellt. Der Enkel kennt zwar das Abonnement der Großmutter und die Versuche des Vaters, ihn zur Tageszeitungslektüre zu bringen, lehnt die Lektüre aber mit Hinweis auf andere Informationsmedien ab. Etwas anders verhält es sich bei Familie B: Auch hier ist die Oma Abonnentin, aber die Mutter liest diese Zeitung als Zweitleserin mit und hat mit ihrer Familie zusätzlich ein eigenes Zeitungsabonnement. Auch hier interessiert sich der Enkel nicht für die Tageszeitung, berichtet aber vom größeren Bruder, der Zeitungsleser ist. In Familie C verfügt die Mutter über kein Zeitungsabonnement (mehr), während die Enkelin gemeinsam mit ihren Freund verschiedene Zeitschriftentitel abonniert hat. Alle drei »Generationenvertreter« der Familie D sind sich darin einig, keine Tageszeitung mehr zu benötigen, die früher von der Oma abonniert worden war.

In Familie E ist nur der Opa Wochenend-Abonnent einer Zeitung, während die Mutter eine Tageszeitung an ihrer Arbeitsstelle durchblättert und die Enkelin gelegentlich während der Busfahrt zur Schule eine Tageszeitung im Kompaktformat nutzt. Im Medienportfolio der Familie F hatten Zeitungen hingegen ihren festen Platz. Seit DDR-Zeiten bezieht der Opa die »Berliner Zeitung«, das »Neue Deutschland« und den »Eulenspiegel« im Abonnement. Einerseits hat er sie aus Bequemlichkeit nie abbestellt, andererseits findet er es gut, damit die Redaktion und den Weiterbestand der Zeitungen zu unterstützen. Der Vater erinnert auch diese Abonnements, nutzt aber in seinem Alltag keine Tageszeitung oder Zeitschrift mehr. Ihm fehlen Zeit und Ort, Tageszeitungen am Morgen zu lesen, Informationen findet er allenfalls in den Onlineausgaben von Zeitungen. Die Enkelin nutzt selten und eher zufällig Zeitungen (Freiexemplare bei Werbeaktionen), ansonsten misst sie diesen keine Bedeutung bei.

Zeitschriften – vor allem politische Zeitschriften wie der Spiegel – spielen in Familie B eine Rolle: Die Oma hatte in der Kindheit der Mutter ein Abonnement des Spiegel, der bis heute in der Familie der Mutter zumindest gelegentlich gelesen wird. Der Enkel zieht den Spiegel auch der Tageszeitungslektüre vor.

Innerhalb des Medienensembles spielen *Computer und das Internet* in Familie A eine große Rolle, wobei der Ausgangspunkt hier die Mutter ist, die den PC angeschafft und dann ihrem Kind auch Computerspiele gekauft hat. Das WWW wird sowohl vom Enkel als auch von der Mutter in der Bandbreite Mediatheken, YouTube, Recherche, Informationsseiten und Social Media – jedoch in unterschiedlicher Intensität – genutzt. E-Mail als Kommunikationsmittel ist für beide selbstverständlich. Unter anderem dieser alltägliche Umgang der Mutter-Familie hat dann auch die Oma zur Anschaffung eines eigenen Laptops bewogen. In Familie B scheint eher der Enkel der ausschlaggebende Faktor für die digitalen Medien (Spielekonsole, Computer, Smartphone) zu sein, sowohl für die Anschaffung als auch für die familiäre Expertise bei technischen Problemen und Bedienungsfragen. Der Computer und das Internet gehören sowohl für die Mutter als auch für die Enkelin von Familie C selbstverständlich zum beruflichen und privaten Alltag. Beide unterstützen die Oma mit Informationen oder Serviceleistungen aus bzw. über das Internet, das sie selbst nicht nutzt. In Familie E verfügen »Mutter« und »Enkelin« im gemeinsamen Haushalt über mehrere Zugangsgeräte (Computer, Laptop und Tablet) zum Internet, wobei die Mutter nicht über ein persönliches Gerät verfügt, sondern die ihrer Tochter eher selten mit benutzt. Auch die Tochter sieht die Onlinemedien durchaus kritisch, zum Beispiel im Hinblick auf Suchtgefahren. Der Opa nutzt einen alten Laptop für digitale Fotos und als Anlass für Gespräche mit seiner Enkelin.

Eine familienbiografische Ausnahme im Hinblick auf Computer und Internet stellt Familie F dar: Der Opa hatte sich ausgehend vom Beruf schon in der DDR-Zeit auch privat mit Computern beschäftigt, und er tut dies bis heute. Im Haushalt seines Sohnes besitzen PC und Onlinemedien für den Vater und die Enkelin eine große alltägliche Bedeutung.

Interessant ist, dass in Familie C nicht nur die Oma kein Handy besitzt und wünscht, sondern auch die Enkelin lange Zeit »diese Fußfessel« ablehnte. Mittlerweile benutzen Mutter- und Enkelgeneration mobile Telefongeräte.

Internetnutzung und die Arbeit am Computer gehören für Mutter und Enkelin der Familie D zum Alltag. Während die Enkelin ihre Medienkompetenz selbst erworben hat, hat sich die Mutter von der Enkelin ihr erstes Mailkonto einrichten lassen. Heute kommuniziert sie per Mail mit ihren Kindern, selbst wenn diese zu Hause sind. Mittlerweile verfügt jedes der noch zu Hause lebenden Kinder über einen eigenen Laptop und ein eigenes Handy. Die Oma erwähnt zwar, dass die Familie auch ihr den Computer und die Internetnutzung gerne nahebringen möchte, hat aber selber kein besonderes Interesse daran. Mutter und Enkelin von Familie E besitzen kein Smartphone, und die Enkelin lehnt dieses auch vehement ab, vor allem weil viele Altersgenossen dem Handy einen zu hohen Rang einräumen und weil es von der direkten Kommunikation ablenke.

Fasst man die *Ergebnisse der drei Mehrgenerationengespräche* im Familienkontext zusammen, so zeigt sich, dass es zwar viele Unterschiede zwischen den Angehörigen der verschiedenen Familiengenerationen gibt, aber auch einige »Familientraditionen« und bis heute geteilte Ähnlichkeiten, die mögliche generationelle Phänomene modulieren oder überlagern. Auch in unserer kleinen Gruppe von Befragten sind es eher die Vertreter der Großeltern-Generation, die noch Tageszeitungen abonnieren, das Radio als Einschaltmedium nutzen und dem Fernsehen eine große Bedeutung einräumen. Aber es sind eben auch nicht alle Vertreter dieser Generation im selben Maße als Vertreter eines solchen Medienstils einzuordnen. Umgekehrt zeigen sich beim Buch und zum Teil beim Kino generationenübergreifende Gemeinsamkeiten, partiell sogar generationenverbindende Nutzungsformen (gemeinsame Kinobesuche, Büchertausch etc.). Für noch im Haushalt ihrer Eltern lebende Kinder (also Eltern- und Enkelgeneration) gilt dies im Einzelfall auch für gemeinsame Fernsehabende und -rituale. Interessant erscheinen uns Lern- und Vererbungseffekte, die sogar über drei Generationen verlaufen können, wie das Beispiel der computeraffinen Familie F zeigt. Generationelle Muster (zumindest aber Stereotype) werden hier durch familienbiografische Besonderheiten oder gar Zufälligkeiten »gebrochen.« Aber auch hier ist das Bild alles andere als einheitlich, wie der Blick auf Buch und Lesen zeigt. In einigen Familien spielte das Bücherlesen bei der Großelterngeneration eine große Rolle und auf eine entsprechende Lesesozialisation wurde Wert gelegt. In der Elterngeneration hat dies bereits zu unterschiedlichen »Erfolgen« geführt, während es bei der Enkelgeneration nahezu folgenlos geblieben ist. Umgekehrt können auch Einflüsse von Dritten, hier in zwei Fällen der eingeheirateten Partner, Nutzung und Bewertung von Büchern grundlegend verändern. Vieles spricht je denfalls dafür, dass Sozialisation wichtiger als Generation ist für die genetische Erklärung aktuellen Medienhandelns sowie des dahinter stehende medialen Habitus.

Sowohl in unseren Einzel- als auch den Familiengesprächen werden die allgemeinen Erkenntnisse zur grundlegenden Relevanz elterlichen Erziehungs- und Kommunikationsverhaltens bestätigt, die Sander formuliert hat:

> »Wie Familien Medien gebrauchen, hängt [...] von den soziokulturellen Voraussetzungen, nicht zuletzt von der Schichtzugehörigkeit sowie den Bildungsmöglichkeiten und außerschulischen Bildungschancen ab. Hinzu kommen sowohl subjektive Nutzenerwartungen als auch übergreifende Leitideen einer Familiengemeinschaft, ferner geschlechts- und generationsspezifische Sozialisations- und Lebenserfahrungen, die allesamt die Art und Weise des Medienumgangs von Familien und ihrer Mitglieder einfärben« (Sander 2001: 46).

Demgegenüber fallen die empirischen Indizien für das Konstrukt Mediengenerationen eher dünn aus: Ins Auge fallen starke Parallelen zwischen den Familien C und D: So berichten beide Enkelinnen sowohl beim Thema Buch, beim Thema Internet und Computer als auch beim Thema Handy sehr ähnliche Erinnerungen.

Das Buch ist ihnen beiden sehr wichtig und ein zentrales Medium sowohl im beruflichen Alltag als auch in der Freizeit. Interessanterweise ist bei beiden der Vater derjenige, der in der Familie die Buchleidenschaft weiter gegeben hat.

Bezogen auf den Besitz eines Computers und den Zugang zum Internet ordnet Enkelin P 39 sich selber als »spät dran« im Vergleich mit Gleichaltrigen ein. Eine Erfahrung, die Enkelin P 37 ebenfalls gemacht hat. Der fehlende häusliche Zugang zu Computer und Internet wurde von beiden in der Schulzeit mit Angeboten der öffentlichen Bibliotheken kompensiert. Den jeweils ersten eigenen Computer haben sie sich dann selber erst für das bzw. während des Studiums angeschafft. Beim Handy berichten beide, erst spät ein eigenes Gerät besessen zu haben. Enkelin P 37 hat sich bewusst – zusammen mit ihrer Wohngemeinschaft – dagegen entschieden (»keine elektronische Fußfessel«), Enkelin P 39 wollte nicht ihr Geld dafür ausgeben. Beide haben letztendlich alte Geräte von Freunden übernommen, seitdem aber immer eines besessen.

Beide Omas nutzen vor allem die ihnen bekannten Medien Radio, Fernseher und (kostenlose) Zeitungen. Mit den neuen digitalen Medien setzen sie sich nur am Rande durch Beobachtung der Enkel oder Berichte in den Medien auseinander. Ein eigenes weiterführendes Interesse wird von keiner der beiden genannt. Während für die Mutter P 17 der Computer auch als Arbeitsmittel schon früh relevant wurde, konnte Mutter P 38 die Auseinandersetzung mit der Technik länger vor sich ›herschieben‹. Erst mit dem Internet und der Möglichkeit über E-Mail in Kontakt mit den Kindern – hier: bei einem Auslandaufenthalt – zu bleiben, wurde der Computer auch für »Mutter« P 38 interessant. Den gleichen Grund gab es auch bei Mutter P 17 sich intensiver mit dem Internet auseinanderzusetzen.

Die zum Teil erstaunlichen Parallelen betreffen zwar auch die Vertreter der jeweils selben Familiengeneration, aber aus unserer Sicht spricht deutlich mehr gegen eine generationelle Erklärung als dafür. Die beiden Familien ähneln sich nämlich nicht nur im Altersgefüge der Generationen und haben am selben Gespräch teilgenommen. Es handelt sich auch um *zwei Familien,* die beide eine *DDR-Geschichte teilen* und *demselben sozio-ökonomischen Milieu* angehören. Die Ähnlichkeiten, z.B. in der Enkelgeneration sind aus unserer Sicht zwar auch ähnlichen Mediensozialisationen geschuldet, aber in wahrscheinlich weitaus größerem Maße dem geteilten Milieu. Ein wichtiges Indiz für diese Annahme besteht darin, dass es vergleichbare Parallelen zwischen den Generationenvertretern der anderen Familien aus unterschiedlichen Milieus bzw. Teilen Deutschlands kaum gibt. Insgesamt sollte man also die Erklärungskraft des Mediengenerationen-Arguments hier eher gering veranschlagen.

Generationelle Differenzen bei Medienhandeln und anderen Indikatoren des medialen Habitus müssen nicht unbedingt mit bewussten Distinktionen verbunden sein. Ob sich Generationen bzw. deren Vertreter durch ihr Medienhandeln nicht nur pragmatisch sondern auch symbolisch unterscheiden, den Unterschieden also Bedeutung beimessen, ist eine wichtige Frage. Wenn man sinnvoll von Mediengenerationszusammenhängen oder gar Mediengenerationseinheiten sprechen möchte, dann müssten solche Identifikationen in Gestalt von mehr oder weniger explizit formulierten »Wir«-Aussagen oder gar als Distinktionsaussagen mit der rhetorischen Figur »Wir vs. die/sie« finden lassen. Wir haben unter diesem Blickwinkel die Transskripte der Mehrgenerationengespräche einer qualitativen Inhaltsanalyse unterzogen. Es lassen sich nur wenige Gesprächspassagen identifizieren, die hier relevant erscheinen, allerdings die Annahme emphatischer Mediengenerationen im Sinne von Mediengenerationseinheiten überhaupt nicht unterstützen und auch nur schwache Belege für eine reflektierte Zugehörigkeit zu bzw. Unterschiedlichkeit von (familiären) Mediengenerationen liefern. So werden beispielsweise »Sonnie«-Heftchen der Großmutter P 32 von der Tochter P 30 pauschal charakterisiert als »Die sind die Fünfziger Jahre meiner Mutter« (F 1; 00:15:37-9). Als familiäre und generationelle Abgrenzung lässt sich auch eine Passage im selben Gespräch identifizieren, bei der es um ein Zeitungsabonnement und die umfassende Zeitungslektüre von Oma P 06 geht, während die Zeitung bei der Mutter P 02 keine Rolle spielt, so dass sie unter Lachen bemerkt: »Ja, also das habe ich nicht geerbt« und P 06 einfällt »nee, ne« (F 1; 00:22:47-0 bis 00:23:20-0). Im Gespräch F 2 finden sich zwar einige Gesprächspassagen, in denen Gemeinsamkeiten und Familientraditionen sowie Differenzen thematisiert werden. Diese Differenzen haben aber keinen generationellen Hintergrund oder Themenrahmen – es geht um unterschiedliche Erinnerungen etc. Manche Unterschiede in der Mediennutzung der Generationen werden zwar benannt, aber rein pragmatisch begründet, etwa mit – vielleicht eher lebensphasentypischem – Zeitmangel oder Alternativen zur gedruckten Zeitung (wie in F 3).

Auch die schlichte Tatsache, dass eine Teilnehmerin im Gespräch F 1 äußerte, die Gespräche wären sehr interessant gewesen, weil sie auf diese Weise einiges über das Medienhandeln und die Medienbewertungen ihrer Familienmitglieder erfahren hätte, deutet auf die geringe Relevanz von Medien bei der Selbstwahrnehmung von (familiären) Generationen und im Alltagsgespräch von Familen hin.

4 Zusammenfassung und Fazit

Ausgangspunkt unserer Studie war der inflationäre und unreflektierte Gebrauch des Topos Mediengeneration in der öffentlichen wie der fachlichen Debatte. Dahinter scheint oftmals die Suche nach einer monokausalen Erklärung für einen als rasant empfundenen Medienwandel zu stehen, wobei den jeweils vermeintlich neuesten Medien eine entscheidende und sozial geradezu disruptive Wirkung zugeschrieben wird. Nach allem, was wir über Medienwirkungen (bzw. »Medium«-Wirkungen) wissen, erscheint uns diese Argumentation weder empirisch haltbar noch theoretisch sinnvoll. Wir suchen nicht nach Medien (Ursache; unabhängige Variable), die Generationen (Wirkung; abhängige Variable) hervorbringen oder »machen«, sondern nach generationellen Prägungen und Kontexten des *Medienhandelns*. Generation soll dabei nicht als Effekt, sondern als ein möglicher sozialer Faktor, neben Milieu, Lebensphase, Geschlecht etc., verstanden werden, der auch das Medienhandeln auf spezifische und typische Weise beeinflusst.

Auf der Suche nach wissenschaftlicher Fundierung eines Generationenbegriffs, der für eine kommunikationswissenschaftliche Forschung taugt, konnten die Überlegungen Karl Mannheims zum Problem der Generationen fruchtbar gemacht werden. Mannheim unterscheidet drei Ebenen: *Generationslagerung, Generationszusammenhang* und *Generationseinheit*. Bereits die Ebene der Generationslagerung geht dabei über das klassische Kohortenkonzept hinaus, das ausschließlich die Geburtsjahrgänge berücksichtigt, aber nicht zwingend und in vielen Fällen auch faktisch nicht die anderen, soziologischen und räumlichen Strukturen. Für ein sozialwissenschaftliches Verständnis von sozialen Tatsachen als generationelle Phänomene bedarf es des Konzepts des Generationszusammenhangs. Erst wenn, ermöglicht durch die Zugehörigkeit zur selben Generationslagerung, tatsächlich Erfahrungen in *konjunktiven Erfahrungsräumen* (Mannheim) gemacht werden, kann von generationentypischer Prägung im Sinne der Generationentheorien seit Schlegel und Dilthey die Rede sein. Dies gilt auch für das Konstrukt Mediengeneration, das im Mittelpunkt dieser explorativen Untersuchung stand. Konjunktive Erfahrungsräume im Sinne Mannheims dürften in medialisierten Gesellschaften in hohem Maße durch Medienerfahrungen, und zwar nicht nur im Sinne von Realitätskonstruktion, sondern von Erfahrungen mit dem eigenen Medienhandeln geprägt sein. Wenn eine generationelle Prägung stattfindet, dann müsste folglich auch die *Medienpraxiskultur* (Schäffer) generationell beeinflusst sein. Gemeint sind hiermit Beschreibungs- und Bestimmungsgrößen des individuellen Medienhandelns, die wir als Medienrepertoire, Mediennutzung und -bewertung sowie Medienstil operationalisiert haben. Unser Verständnis des

Medienhandelns folgt dabei dem von Renckstorff und Teichert entwickelten *Nutzenansatz* (und nicht dem Uses-and-Gratifications-Approach), weil für uns weniger etwaige psychische Motive der Bedürfnisbefriedigung, sondern soziale Faktoren wie eben die Generationszugehörigkeit ausschlaggebend sind.

Das Generationenverständnis Mannheims, das Konzept der Medienpraxiskultur und des aktiven Nutzers im sozialen, d.h. hier Generationskontext rückt auf diese Weise in den Mittelpunkt. Die Zugehörigkeit zu einer (Medien-)Generation dürfte das Medienhandeln des Individuums wohl kaum direkt oder gar deterministisch bestimmen. Es stellt sich also die Frage der *sozialen Vermittlung zwischen Struktur und Handeln.* Zur Modellierung dieses Vermittlungsprozesses haben wir auf die *Kapital-Feld-Habitus*-Theorie von Pierre Bourdieu zurückgegriffen und diese über den bekannten Anwendungskreis der Journalismusforschung hinaus auf das Medienhandeln insgesamt adaptiert. Als individuelles mediales Kapital kann dann die Summe des objektivierten (Medienbesitz und -zugang), des institutionalisierten (formale Medienbildung) und des inkorporierten (Medienkompetenzen) kulturellen, ökonomischen und sozialen Kapitals gelten, das im Feld der Medien symbolische Geltung hat. Dieses Feld der Medien umfasst professionelle Kommunikatoren ebenso wie Rezipienten. Deren ganz unterschiedliche soziale Position im Feld wird durch individuelle Akkumulation und Komposition des medialen Kapitals relational (also zwischen den Akteurspositionen) bestimmt. Die Position im Feld der Medien ist die materielle Grundlage für die Herausbildung eines *medialen Habitus,* also des Teils des individuellen Habitus einer Person, der die Einstellungen, Werte und Bewertungen umschreibt, die das Medienhandeln dieser Person ermöglicht und begrenzt. Der mediale Habitus stellt demnach die Vermittlungsinstanz dar; es ist weder die soziale Struktur noch die individuelle Psyche, die das Handeln bestimmen. Entscheidend ist nun, ob der individuelle mediale Habitus auch *generationelle Prägungen* vermittelt und damit das individuelle Medienhandeln generationelle Muster innerhalb eines Generationslagers aufweist und die Rede von einem *Mediengenerationszusammenhang* rechtfertigt (vgl. Kap. 1).

Empirisch müssten sich also ähnliche Muster des Medienhandelns (Medienpraxiskulturen) nachweisen lassen, die auf ähnlichen Dispositionen und Erfahrungen im medial bestimmten konjunktiven Erfahrungsraum sowie parallelen Medienbiografien beruhen, um das Konstrukt Mediengenerationszusammenhang zu plausibilisieren. Denkbar wäre auch, dass sich innerhalb eines solchen Mediengenerationszusammenhangs zwei oder mehrere distinkte, ggf. sogar antagonistische Mediengenerationseinheiten artikulieren.

Der individuelle mediale Habitus ist wie der Habitus generell nicht direkt beobachtbar, aber er findet eine Grundlage im empirisch erfassbaren medialen *Kapital* und seinen Ausdruck im beobachtbaren *Handeln* sowie in den von den

Menschen selbst artikulierbaren *Dispositionen.* Hier setzte unser Mehrmethodendesign mit standardisierten schriftlichen Befragungen, leitfadengestützten Einzelgesprächen mit medienbiografischem Fokus sowie altershomogenen und mehrgenerationellen Gruppengesprächen an (vgl. Kap. 2).

Fassen wir die wichtigsten Ergebnisse (vgl. Kap. 3) kurz zusammen:

Akkumulation und Komposition des individuellen *medialen Kapitals* lassen sich auf dem von uns eingeschlagenen Weg gut erheben, Es zeigt sich aber, dass sogar in einem bezüglich des aktuellen sozialen Milieus vergleichsweise homogenen Sample sowohl Gesamthöhe wie Zusammensetzung individuell deutlich variieren. Auch die vergleichsweise leicht quantifizierbaren und vergleichbaren Nutzungshäufigkeiten weisen auf starke individuelle Faktoren hin und lassen *keine generationellen Muster* erkennen.

In einer relevanten Teilgruppe (12 von 29 Teilnehmern der geburtenstarken Jahrgänge) konnten einige *typische* Ausprägungen von *Mediendispositionen* und *Medienstilen* festgestellt werden, die auf eine generationelle Prägung *hindeuten:* Präferenz für öffentlich-rechtliche Fernseh- und für nationale öffentlich-rechtliche Radioprogramme; weitgehende Ablehnung kommerzieller Fernsehformate sowie des Formatradios bei gleichzeitig durchaus positiver Grundhaltung zur Medienunterhaltung. Wichtig ist diesen Menschen dabei die selektive und selbstbestimmte Hinwendung, insbesondere zu Spielfilmen und einigen Fernsehserien (Mediathek, DVD, Kino) sowie ein tendenziell nostalgischer Musikgenuss, der an die eigene Jugendzeit erinnert. Und schließlich eine kritische Nutzenabwägung bei medientechnischen Innovationen, insbesondere in der Mobilkommunikation und bei sozialen Netzwerkplattformen, ohne dass es sich um ideologische Technikverweigerer handeln würde. Nur ein kleiner Teil dieser Teilnehmergruppe weist jedoch alle vier dispositiven Muster auf, d.h. bei genauerem Hinsehen kann von einer durchgehenden oder typischen generationellen Prägung *nicht* die Rede sein. Individuelle oder andere soziale Faktoren wie Lebenssituation und Lebensphase dürften hier vermutlich mehr zum Verständnis beitragen als ein Konstrukt Mediengeneration.

Auch *parallele Medienlebensläufe* »durch« einen geteilten, konjunktiven Erfahrungsraum des Medienhandelns konnten allenfalls *ansatzweise* rekonstruiert werden. Die Erhebungen auf der Mesoebene der alterssynchronen und der mehrgenerationellen Gruppengespräche erbrachten einige *Hinweise auf kollektive Medienerfahrungen* und eine *reflexive Wahrnehmung* als generationentypische Medienpraxis bzw. -erfahrung. Kollektive Erfahrungen beziehen sich dabei entweder auf bestimmte Mediendispositive (wie Kassettenrecorder, Videorecorder, Computer/ Internet), typische Formate (zentral die LP inkl. der gestalteten Plattencover) oder bestimmte Mediennarrative (Kinderfernsehen, Mondlandung, nächtliche Liveübertragungen von Boxkämpfen oder Samstagabend-Shows wie »EWG«). Eine besondere Rolle scheinen in der Eigenwahrnehmung der Babyboomer-Generation dabei drei *Medieninnovationen* zu spielen, die sie von älteren oder jüngeren Generationen unterscheiden: (a) die komfortable Möglichkeit der persönlich zusammengestellten Musikaufnahme (»MusiCassette«), (b) portable bzw. ubiquitär verfügbare Musik (in Gestalt von Walkman, Discman und heute MP3-Playern) und (c) die aktive Aneignung von PC- und Internetkompetenzen als bewusste Erschließung einer neuen Medientechnologie und als Herausforderung im Sinne einer Pioniergeneration (im Gegensatz zu den sog. Digital Natives).

Die Babyboomer nutzen in ihrer Jugend den Kassettenrecorder und später zum Teil die technischen »Nachfolge«-Medien aktiv zur Reduktion der formativen Macht der herrschenden Mediendispositive (vgl. Kap. 1.3.2), die aus den starren Programmstrukturen der wenigen Veranstalter sowie den Präferenzen und Restriktionen ihrer eigenen Eltern hervorgingen. *Selektivität* und *Autonomie* der Nutzung, bei der Musik auch *Mobilität* sind die entscheidenden Handlungsziele im Medienumgang. Medienangebote wurden von dieser Generation vielleicht weniger als jemals zuvor als »gesetzt« akzeptiert, die Möglichkeiten und Freiheiten eigener Mitgestaltung, des aktiven Medienhandelns wurden in dieser Breite wahrscheinlich historisch erstmals von der Babyboomer-Generation erfahren.

Konjunktive Medienerfahrungen in der Kindheit, Jugend und jungen Erwachsenenphase scheinen auch dem vergleichsweise schmalen Medienangebot, vor allem im Rundfunk geschuldet zu sein, sie wären dann eher strukturell bestimmt (formative Macht des Dispositivs), aber *nicht* unbedingt prägend für einen dauerhaften medialen Habitus dieser Generation. Ähnliches gilt für die zentralen Medieninnovationserfahrungen Kassettenrecorder und Personal Computer sowie Onlinemedien. Auch hier ist *nicht* erkennbar, dass biografische Parallelen zu anhaltend ähnlichem Medienhandeln geführt hätten.

Als nachhaltiges *generationelles Distinktionsmerkmal* kann der Musikgeschmack gelten: Einerseits ist die Herausbildung von Musikpräferenzen an sich eine Konstante der Lebensphase Jugend, d.h. die Vorliebe für Rock oder Punk unterscheidet Babyboomer deutlich und mit hohem Symbolgehalt von den eigenen Eltern (Volksmusik, Schlager). Die in der Lebensphase herausgebildete Präferenz wird nicht nur als distinktiv, sondern als generationell identifikatorisch bewertet, d.h. auch Jahrzehnte später wird die jeweilige Musikrichtung (stärker als die Kinofilme der Jugend) noch als die »eigene« Musik und als die eigene Generation prägende Musik »unserer Zeit« empfunden.

Als *distinktiv* gegenüber der »Kinder-Generation« wird der Mediennutzungsstil empfunden: Die Babyboomer unserer Gruppengespräche halten sich für die reflektierteren und selektiveren Mediennutzer, die weniger stark in eine vollständig medialisierte Lebenswelt eingebunden sind. Das findet seinen Ausdruck in weniger ausgeprägten Parallelnutzungen von Medien und einer geringen »Abhängigkeit« vom Mobiltelefon bzw. multifunktionalen Smartphone. Allerdings bleibt hierbei abzuwarten, ob es sich bei einigen Unterschieden nicht primär um *Lebensphasenphänomene* handelt. Die vielfach anzutreffende Aversion gegen bestimmte Formate des kommerziellen Rundfunks bzw. Abweichungen der öffentlich-rechtlichen Veranstalter von den in der eigenen Kindheit und Jugend erfahrenen Programmqualität (Frühstücksfernsehen, Talkshows, Formatierung des Hörfunks etc.) erklären sich nicht allein durch die Milieuzugehörigkeit der von uns Befragten, sondern erscheinen generationentypisch – zumindest innerhalb dieser Bildungs- und Sozialmilieus.

Mithilfe der Mehrgenerationen-Gruppengespräche im Familienkontext (Kinder – Eltern – Großeltern) kann die *Vererbung medialen Kapitals* illustriert werden; neben die horizontalen Generationsstrukturen treten also auch vertikale *Familienstrukturen* mit einiger Relevanz. Es geht hier vor allem um Medienkompetenzen und -präferenzen bei Buch und Computer, also bei vergleichsweise voraussetzungsreichen Mediennutzungsformen.

Eine *Abgrenzung* nach Altersgruppen erfolgt am deutlichsten bei den Onlinemedien (zwischen der Großeltern- und der Enkelgeneration) und bei den Rundfunkmedien, die entweder als Programmedien (Eltern- und Großelterngeneration) oder inhaltlich selektiv on-demand genutzt, oder durch Musik- und Videoportale substituiert werden (Enkelgeneration).

Die Ergebnisse unserer Studie sprechen insgesamt *gegen* die populäre Annahme einer Existenz von – anhand welcher Medien auch immer zu definierenden – Mediengenerationen. Legt man ein theoretisch durchdachtes Verständnis von Generation zugrunde, das sich nicht mit der bloßen Zufälligkeit einer Geburtskohorte begnügt, weil diese kalendarische Tatsache keine sozialen Phänomene erklären kann, dann erscheint die Rede von Mediengenerationen wenig sinnvoll. Wir konnten bereits mit einem kleinen, nicht einmal repräsentativen Sample zeigen, wie individuell variabel Medienhandeln geprägt ist und verläuft. Innerhalb derselben Generationslagerung variieren sowohl mediales Kapital als auch aktuelles Medienhandeln, auch wenn das mediale Feld sowie Mediensystem und -angebot durchaus vergleichbar waren und sind.

Wir sind mit einem sehr empfindlichen Sensorium auf die Suche nach generationellen Mustern gegangen und haben uns nicht mit aggregierten Kohortendaten begnügt. Das qualitative und biografisch-narrative Vorgehen auf der Individualebene und das diskursiv-reflexive Verfahren auf der Gruppenebene haben aber *letztlich mehr Unterschiede als Gemeinsamkeiten innerhalb derselben Generationslagerung* offenbart. Ein homogener Generationszusammenhang, der anhand von Positionen im medialen Feld, Dispositionen des medialen Habitus oder Mustern medialen Handelns seinen Ausdruck findet, konnten wir nicht entdecken. Beobachtete Gemeinsamkeiten lösen sich bei näherer Betrachtung rasch in individuelle Varianz auf. Soziales Milieu und die damit korrelierende aktuelle Position im medialen Feld, gemessen in Höhe und Komposition des medialen Kapitals, dominieren offenkundig kollektive medienbiografische Prägungen der Menschen desselben Generationslagers. Im Kontext des Erwerbs und der Verteilung von medialem Kapital spielen *familiäre und außerfamiliäre Mediensozialisation* anscheinend eine wichtige Rolle. Wir vermuten, dass diese höher einzuschätzen ist als die generationelle Medienerfahrung. Das gilt im Grunde auch für die Medienbiografien, die nur partiell parallel verlaufen sind. Damit entfällt aber weitgehend eine valide Rekonstruktion von konjunktiven Medienerfahrungen, die zu einer mediengenerationellen Prägung hätten führen können.

Auf der einen Seite dürften die Befunde unserer Studie enttäuschen, denn der Nachweis oder zumindest das explorative Zeichnen von Umrissen einer Mediengeneration hätte großen diagnostischen, vielleicht sogar prognostischen Wert. Wenn wir generationelle Prägungen auf der Grundlage konjunktiver Medienerfahrungen hätten nachweisen können, würde dies helfen, das aktuelle Medienhandeln zu erklären. Und wenn sich diese mediengenerationellen Prägungen als kollektiv-biografisch nachhaltig im Sinne eines medialen Generationen-Habitus erwiesen hätten, dann wäre sogar die Möglichkeit zur Prognose künftigen Medienhandelns und damit letztlich zukünftiger Medienmarktentwicklungen denkbar gewesen.

Andererseits können unsere Befunde auch positiv als Beitrag zur Aufklärung eines populären Mythos gewertet werden, der in die Irre führt und vielleicht dazu beiträgt stereotype Wahrnehmungen und soziale Ausgrenzungen zu befördern. Wir würden zwar nicht so weit gehen zu behaupten, das Konstrukt Mediengeneration sei falsifiziert, aber durchaus behaupten, dass die weitere Suche nach einer empirisch valide beschreibbaren Mediengeneration wenig sinnvoll erscheint, wenn denn »Generation« hierbei als erklärender oder zumindest Verständnis fördernder Faktor gelten soll. Das Problem lässt sich auch nicht durch eine Vergrößerung des Samples oder die Nutzung quantifizierender Verfahren und großer Datenmengen beheben, wenn man nicht wieder in die aggregatbezogene Kohorten-Forschung »zurückfallen« möchte und damit das soziologische Konzept Generation von Grund auf verfehlen möchte.

Zu den Ergebnissen unsere Forschung zählen mindestens zwei weitere Einsichten, die für die weitere Arbeit relevant erscheinen, nämlich die theoretischen Konstrukte mediales Kapital und medialer Habitus, die beide in der praktischen Operationalisierung getestet werden konnten.

Das auf den Überlegungen von Pierre Bourdieu abgeleitete mediale Kapital hat sich in der empirischen Arbeit gut zur Beschreibung und Einordnung der individuellen Position eines Medienhandelnden im medialen Feld bewährt. Es zeigte sich dabei, dass in Zeiten (und Ländern) medialer Vollausstattung weniger das objektivierte Kapital als vielmehr inkorporiertes und zum Teil auch institutionalisiertes mediales Kapital ausschlaggebend sind.

Bewährt hat sich aus unserer Sicht auch die Differenzierung des Medienbegriffs in Dispositive, Formate und Narrative, denn auf diese Weise wurde es möglich, ganz unterschiedliche begriffliche und sprachliche Ebenen der Medienerfahrung und -bewertung durch die Medienhandelnden (also unsere Befragten selbst) zu erfassen und einzuordnen. Die Unterscheidung erlaubt es zugleich, eine Meta-Aussage darüber zu machen, ob bzw. wann Medien eher als technische Apparatur (Dispositiv), typische Form oder konkrete »Geschichte« wahrgenommen werden und möglicherweise dispositive Folgen haben. Dies wird dem Medienhandeln im Alltag aus unserer Sicht weitaus stärker gerecht als die pauschale Abfrage oder Messung, mit der repräsentative Mediennutzungsforschung sich in der Regel begnügen muss.

Anhang

- **Anhang 1: Fragebogen Biografische Medienerinnerungen**
- **Anhang 2: Leitfaden Einzelgespräch**
- **Anhang 3: Leitfaden Familien-Gruppengespräch**
- **Anhang 4: Leitfaden altershomogenes Gruppengespräch**
- **Anhang 5: Liste der Codes**

Anhang 1: Fragebogen Biografische Medienerinnerungen

Fragen zum Medienbesitz

01. Ich besitze ...(Mehrfachnennungen möglich)
- □ Mindestens ein Fernsehgerät
- □ Einen Flachbildschirm
- □ HDTV (HD Ready)
- □ Elektronischen Programmguide EPG bzw. Programmführer im Fernseher

02. Ich empfange via .../Ich nutze für den TV-Empfang ... (Mehrfachnennungen möglich)
- □ Kabel oder DVB-T
- □ Satellit
- □ Internetfernsehen (IPTV)
- □ Pay-TV-Abo (z. B. Sky)

03. Ich besitze ... (Mehrfachnennungen mgl.)
- □ Mindestens ein Radiogerät
- □ Autoradio
- □ Spezielles Internetradio zum Empfang via Internet

04. Ich besitze ... (Mehrfachnennungen möglich)
- □ HiFi-Anlage (mit z.B. CD-Spieler, Kassettenrekorder, Plattenspieler)
- □ MP3-Player oder iPod
- □ DVD-Player (ausschließlich abspielen)
- □ DVD-Recorder
- □ Blu-ray-Disc Player bzw. Recorder
- □ Festplattenrecorder

05. Ich besitze ... (Mehrfachnennungen möglich)
- □ Einen stationären Computer (Desktop)
- □ Notebook/ Laptop/ Netbook
- □ Tablet (z.B. iPad) / E-Book-Reader (z.B. kindle)

- □ Smartphone
- □ Stationäre Spielekonsole

06. Ich besitze … (Mehrfachnennungen möglich)
- □ Breitbandinternetzugang
- □ W-Lan für zu Hause
- □ Mobiler Internetzugang für unterwegs

Fragen zur Mediennutzung

07. Bitte geben Sie für folgende Medien an, wie häufig Sie diese nutzen:

	Mehr-mals täglich	Täglich	Mehrmals pro Woche	Einmal pro Woche	Mehrmals im Monat	Seltener	Nie
Radio	□	□	□	□	□	□	□
Fernsehen	□	□	□	□	□	□	□
Tageszeitung	□	□	□	□	□	□	□
Zeitschriften/ Magazine	□	□	□	□	□	□	□
Buch	□	□	□	□	□	□	□
Onlinemedien	□	□	□	□	□	□	□
Video/DVD	□	□	□	□	□	□	□
Kino	□	□	□	□	□	□	□

08. Bitte schätzen Sie, wie viele Stunden am Tag oder wie viele Stunden in der Woche sie die folgenden Medien nutzen:

	Stunden am Tag (z.B. gestern)	Stunden in der Woche (z.B. in der letzten Woche)
Radio		
Fernsehen		
Onlinemedien		
Tageszeitung		
Zeitschriften/ Magazine		
Buch		
Video/DVD		

09. Haben Sie privat an einer medienbezogenen Weiterbildung teilgenommen oder einen medienbezogenen Selbstlernkurs absolviert? (z. B. Webpublishing, Foto-/ Videokurs etc.)

□ Ja, Bezeichnung: ______________________________

□ Nein

Persönliche Angaben

10. In welchem Jahr sind Sie geboren? 1 9 __ __

11. Ihr Familienstand ist …
 - □ Verheiratet/Eingetragene Lebenspartnerschaft seit _________
 - □ Partnerschaft seit _________
 - □ Ledig seit _________
 - □ Geschieden/verwitwet seit _________

12. Wie viele Söhne/Töchter haben Sie und wie alt sind diese? (bitte notieren Sie wie im Bsp. vorgegeben)

Tochter/ Sohn	Tochter						
Alter	13						

13. Wie viele Personen leben insgesamt in Ihrer Wohnung?
Anzahl der Personen (Sie selbst einbezogen) __ __

14. Sofern Sie nicht alleine wohnen, um wen handelt es sich bei diesen Personen? (Mehrfachnennungen)
 - □ Partner/in
 - □ Kinder bitte geben Sie die Anzahl an: __ __
 - □ Eltern/Schwiegereltern
 - □ Wohngemeinschaft
 - □ Sonstige: ______________________________ (bitte notieren)

15. In welchem Berliner Bezirk bzw. in welchem Ort wohnen Sie?
____ (bitte notieren)

16. Seit wann leben Sie in Deutschland? (Jahr) __ __ __ __

17. Welches ist Ihr höchster allgemeinbildender Schulabschluss?
    ____________________________________ (bitte notieren)

18. Welche Berufsausbildung haben Sie?
    - □ Noch in der Ausbildung
    - □ Berufsausbildung ohne Abschluss
    - □ Abgeschlossene Berufsausbildung (Lehre, Gewerbe-/Fachhochschule, etc.)
    - □ Fachhochschulabschluss
    - □ Hochschulabschluss
    - □ Nichts davon

19. Welche der folgenden Tätigkeiten führen Sie zurzeit hauptsächlich aus?
    - □ Schüler/in | Student/in | Lehrling
    - □ Erwerbstätig Vollzeit
    - □ Erwerbstätig Teilzeit
    - □ Hausfrau/Hausmann
    - □ Arbeitslos
    - □ Renter/in | Pensionär/in
    - □ Nicht erwerbstätig

20. Sie sind derzeit beruflich tätig als (konkrete Berufsbezeichnung) …
    ____

21. Welche Stellung nehmen Sie derzeit in ihrem Beruf ein?
    - □ Arbeiter/in | Facharbeiter/in
    - □ Angestellte/r | Beamtin/Beamter
    - □ Freiberufler/in | Selbständige/r
    - □ Sonstiges: ______________________________ (bitte notieren)

22. Wer ist in Ihrem Haushalt Haupteinkommensbezieher?
    - □ Ich selbst
    - □ Mein/e Partner/in
    - □ Beide gleich

23. Wenn Sie einmal alles zusammenrechnen, wie hoch ist das monatliche Netto-Einkommen Ihres **Haushaltes**? (Angaben in Euro)

- □ Unter 500
- □ 500 bis 900
- □ 900 bis 1.300
- □ 1.300 bis 1.500
- □ 1.500 bis 2.000
- □ 2.000 bis 2.500
- □ 2.500 bis 3.000
- □ 3.000 bis 4.000
- □ 4.000 und mehr

24. Wie viele Geschwister haben Sie und wie alt sind diese? (bitte notieren Sie wie im Bsp. vorgegeben)

Schwester/ Bruder	Schwester					
Alter	37					

Vielen Dank für Ihre Mitarbeit!

Anhang 2: Leitfaden Einzelgespräch

1. Anfang und biografische Strukturierung

Bevor wir uns nun über Medien im Verlauf Ihres Lebens unterhalten, bitte ich Sie, mir biografische Etappen in Ihrem Leben zu benennen. In welche Altersabschnitte würden Sie Ihr Leben ab Kindheit an einteilen? [nach Gonser 2010]

- von wann bis wann Kindheit/ Jugend/Erwachsenenzeit/Rente
- Umzüge, Krankheiten, (Kriege), *besondere bedeutsame Lebenssituationen/Lebensereignisse von Bedeutung/Umbrüche*
- berufliche Stationen
- Hochzeit(en), Geburten, Todesfälle

mögliche Lebensphasen
- Kindheit
- Jugend
- Junge Erwachsenenzeit
- Fortgeschrittene Erwachsenenzeit
- Renteneintritt
- Etablierte Senioren

Notizen machen, um bei der späteren biografischen Abfrage konkret darauf Bezug nehmen zu können und für mögliche Zusammenhänge nachzufragen.

2. Einstieg in die biografische Erzählung

Nach diesem kurzen Abriss über Ihr Leben – Sie haben erzählt, dass Sie als Kind bei Ihren ... lebten. War das in einem Haus/in einer Wohnung? Wie groß war diese(s)? Gehen Sie bitte noch mal durch die Räume und versuchen Sie zu beschreiben, welche Medien sich darin und wo genau sie sich befanden.

Notizen machen, um anschließend nach dem »Warum« des Besitzes und dem »Wie« der Nutzung zu fragen.

[Alternative bei Problemen]

⇝ ***Beschreiben Sie doch bitte mal Ihren gestrigen Tag inklusive der Mediennutzung.***
⇝ *Sieht so bei Ihnen ein typischer Medientag aus? Seit wann ist das so?*
⇝ *Wie war das früher, in Ihrer Kindheit?*

Die folgenden Bezüge und Stichpunkte sind die uns interessierenden Aspekte **in allen Lebensphasen**, die sofern nicht von selbst angesprochen in angemessener offener Form als Frage **nachträglich** oder um den Erzählfluss wieder **anzuregen** formuliert werden.

- **Familiäre Bezüge:**
  - Lebensumfeld = Beruf Mutter/Vater, soziale Stellung relevanter Bezugspersonen
  - Lebensumfeld = Lebensumstände finanziell/materiell, Wohnort, Möglichkeiten der Freizeitgestaltung
  - **Erziehungsverhalten** der Eltern (insgesamt und auf Medien bezogen) = Verbote, Empfehlungen, Förderung … in anderen Lebensphasen = Restriktionen/Regeln/Übernahmen gemeinsam mit/von Lebenspartner(n) in Bezug auf Medien
  - Mediennutzungsverhalten der Eltern, Geschwister, Lebenspartner
  - gemeinsame Mediennutzung mit anderen – mit wem, warum gemeinsam, was (z. B. Public Viewing), Beschreibung der Situation(en)
  - Mediennutzung im Alltag – typischer/normaler Wochentag im Vergleich mit den Wochenenden
- **Mediale Bezüge/Ausstattung:**
  - **Anschaffung** des jeweiligen Mediums – wann, wer, wonach ausgewählt, warum
  - ⇝ *Mussten Sie für die Anschaffung extra sparen? War es das Geld wert?*
  - für angeschafftes Medium: Standort, technische Ausstattung, Anschaffungskosten
  - für angeschafftes Medium: Einübung/Handhabung – Regeln, Hilfen/Hilfestellungen, Veralltäglichung – mit wem, wie
  - Sammlungen – welche, warum, wer war Sammler
  - Abonnements
  - **Abschaffungen** – was, wann, warum
  - **Ablehnungen** – Medienverweigerung bzw. Medium nicht genutzt, weil … (z. B. fehlende Verfügbarkeit, schlechte Erfahrungen etc.)
- **Mediale Bezüge/Inhalte:**
  - das jeweils Medium der Lebensphase und die Erinnerungen daran – **erster Kontakt, tiefster Eindruck** (persönliches Medienereignis)
  - Regelmäßigkeiten (privat im Alltag) und Rituale (z. B. bei medialen Großereignissen)
  - **Lieblings-** … -Schauspieler/in, -Sänger/in, -Held/Heldin, -Inhalt, -Programm, -Titel
  - Erinnerungen – das 1. Mal mit den anderen Medien,
  - Ablehnungen – Inhalte, noch nie genutzt oder Entscheidung, Erfahrungen damit gemacht

- **<u>Mediale Bezüge/Praktiken:</u>**
  - o solitäre/aufmerksame Mediennutzung vs. Nebenbeinutzung (Intensität, Parallelität)
  - o **Nutzungszeremonien**, Regelmäßigkeiten/Rituale
  - ⇝ *Gab es für die Nutzung immer gleiche oder besondere Rahmungen (z. B. Kinobesuch immer in Verbindung mit Essen gehen)?*
  - o produktiver Medieneinsatz – Bürgerfunk, Filmen und Schneiden, Social Media und sonstige Webanwendungen/Online-Präsentationen, digitale Fotobearbeitung und andere Softwarekenntnisse
  - o mediale Weiterbildungen, Aneignung neuer Kenntnisse bei Technik, Anwendung, Gestaltung jenseits institutionalisierter Ausbildung
- **<u>Mediale Bezüge/Reflexionen I:</u>**

→ gezielte Reflexionen als zusammenfassende Wertung erst am Ende einer Erzählphase (sofern nicht automatisch in Erzählung eingeflochten)

- ⇝ *Erinnern Sie sich, warum Sie die eben genannten Inhalte besonders gern gesehen/gehört/gelesen haben?*
- ⇝ *Wonach haben Sie im Nachhinein betrachtet die Nutzung eines Mediums/eines Inhaltes ausgewählt bzw. sich für diese Nutzung entschieden?*
- ⇝ *Wie viel Zeit oder Geld investieren Sie in Ihre Mediennutzung bzw. haben Sie investiert?*
- ⇝ *Sprechen oder haben Sie mit anderen Personen über Ihre Medienerfahrungen gesprochen?*

3. Die aktuelle Lebensphase

Diese Aspekte sind zusätzlich zu denen aus zu den biografischen Bezügen zu berücksichtigen. Um den Erzählfluss nicht zu unterbrechen, werden diese Fragen erst am Ende der Lebensspanne »Aktuell« gestellt.

- ⇝ *Wenn Sie mal an alle Medien denken, die Sie täglich nutzen: Angenommen Sie müssten sich für ein einziges entscheiden, welches Medium wäre dann Ihre Wahl und würden Sie es z. B. auf eine einsame Insel mitnehmen?*
- ⇝ *Wie sieht heute ein typischer/normaler Wochentag inklusive der genutzten Medien aus? [ACHTUNG: Nur wenn es nicht als alternativer Einstieg genutzt wurde.]*
- ⇝ *Wie unterscheidet sich das Wochenende von einem Wochentag?*
- ⇝ *Welches Medium haben Sie sich als letztes angeschafft? Warum?*
- ⇝ *Welches Medium haben Sie als letztes abgeschafft? Warum?*

4. Allgemeine Reflexionen II

- ⇝ *Welche **Mediengewohnheiten** sehen Sie als **typisch** für sich selbst und Ihre Altersgruppe/Gleichaltrige an?*
- ⇝ *Welche Medien- oder **Nutzungsformen**, halten Sie für eine der genannten Lebensphase als **nicht angemessen**?*
- ⇝ *Welche der zuvor angesprochenen Medien haben Sie als **Innovationen mit Einfluss** auf Ihr Leben erlebt?*
- ⇝ *Wie würden Sie Ihre Mediennutzung **heute im Vergleich** zu Ihrer Mediennutzung früher einschätzen/beschreiben?*

5. Medienmemory

Da wir das Medienmemory in allen Gesprächen einsetzen wollen, soll es wirklich erst am Ende des Gesprächs eingesetzt werden, auch wenn Probleme mit der Erinnerung vorher auftauchen.

Die folgenden Stapel sind einzeln vorzulegen und die Probanden, um kurze Erläuterungen zu Ihrer Auswahl zu bitten.

Apparate | Musik | Fernsehen | Kino | Magazine | Medienereignisse

- ⇝ *Wir haben hier eine bunte Sammlung medialer Bezüge der letzten Jahrzehnte vorbereitet. Wenn Sie sich die verschiedenen Stapel so anschauen, bei welcher der Karten würden Sie jeweils sagen: »das ist meins«/»das bin ich«?*

Anhang 3: Leitfaden Familien-Gruppengespräch

Was wollen wir wissen:

1. Welche Gemeinsamkeiten gibt es hinsichtlich der Mediennutzung und der Medienhandlungen (was, wann, wo, wie, wofür, warum) zwischen den Generationen (i. S. v. Gleichaltrigen?)
    a. Lebensphasen im Vergleich … Kindheit/ Jugend – junges Erwachsenenalter bis Partnerschaft – die Kinder, die Familie – heute
    b. Bedeutung und Funktionen der verschiedenen Medien(geräte) bzw. Inhalte – persönlich und/oder für die Familie
2. Welche Unterschiede gibt es bei den Gleichaltrigen?
3. Welche Gemeinsamkeiten gibt es in den Familien?
4. Welche Unterschiede gibt es in den Familien?
5. Wie werden vor allem die Unterschiede selber erklärt?

➔ Anschaffungen … Bedeutung des Besitzes Medien(technologien), Anzahl , Qualität, Alter (seit wann), Gründe der Beschaffung

➔ Nutzung …

➔ Gemeinsamkeiten und/ oder Rituale … Historie (von wem ging es aus), soziale Bezüge (wer ist involviert), inhaltliche Begründungen (warum genau das)

➔ Was wissen Sie über XY-Nutzung des anderen Familienmitglieds … was ist typisch für Oma, was ist typisch für Mutter, was ist typisch für Enkel?
- o Wie denken sie darüber?

➔ Medienerziehung bzw. Handlungseinwirkungen mit medialem Bezug … welche von wem und wie vom Erzogenen wahrgenommen und erinnert

➔ Ähnlichkeiten der Mediennutzung …
- o bei den Großeltern
- o bei den Kindern
- o bei den Enkeln

Anhang 4: Leitfaden altershomogenes Gruppengespräch

Allgemeines

- **Wichtig im Sinne der dokumentarischen Methode und des konjunktiven gemeinsamen Erfahrungsraumes:**
  Teilnehmer grundsätzlich mit »milieuspezifische(n) Gemeinsamkeiten der Sozialisationsgeschichte etwa generations- und/oder geschlechtstypischer Art, Gemeinsamkeiten der Ausbildung oder solche sozialräumlicher Art« (Lamnek 2005: 61)

- **Formulierung unsere Erkenntnisabsicht/Fragestellung:**
- Anzahl Einzelaspekte klein halten, um detaillierte Diskussion der einzelnen Punkte zu ermöglichen; Reihenfolge ohne Bedeutung, vielmehr sollte Diskussion im besten Falle den Fortgang bestimmen
- **Diskussionsleitfaden:**
  knapp halten, je fundierter das (Vor-)Wissen zum Forschungsproblem umso strukturierter/ gezielter kann er formuliert sein; Schlussfrage in Form »feed back« der Teilnehmer
  - *Eisbrecher:* Gemeinschaftsgefühl zwischen Teilnehmern schaffen, meist nicht ausgewertet, Antworten zum Forschungsthema nicht beabsichtigt, z. B. faktische Informationen erfragen
  - *Schlüsselfragen:* zu analysierende Forschungsfragen
    - Fragen ausschließlich zur Erzählgenerierung (Provokationen vermeiden)
    - mit Bezug zu persönlichen Erlebnisse
    - keine Warum-Fragen (rationale Entscheidungen sind Illusion), Fragen vage formulieren
    - einfache und eindeutige Formulierung
    - vorsichtig mit Beispielen umgehen, keine inhaltlichen Stellungnahmen
    - an kulturellen Hintergrund der Teilnehmer angepasst
  - *Endfragen:* Zusammenfassung der Diskussion um Fehlinterpretationen vorzubeugen (Lamnek 2005: 99 → dort auch ein Beispiel!)
  - Vorab festlegen, wie weit ins Detail gegangen werden soll

- **Ziele/Verlauf:**
  - Selbstläufigkeit »miteinander sprechen, wie sie das innerhalb ihrer Alltagskontexte auch tun« (131);
  - Interventionen/ Zwischenfragen sind immer an die ganze Gruppe, **nicht** an einzelne Personen zu richten;
  - weitgehender Verzicht auf Bestimmung der Redebeiträge bis »immanentes Potential der Gruppe erschöpft« (132);
  - Widersprüche/ Inkonsistenzen erst am Ende ansprechen, hier Konfrontation möglich, argumentative Stellungnahmen besser;
  - Fremdheit und Orientierung am Beginn sollten kurz ausfallen, Vorstellung der TN (verknüpfen mit Kaffee und Häppchen?);
  - Innerhalb Zeitspanne nicht zu viele einzelne Themen ansprechen –unstrukturiert = maximal 2 Themen, stärker strukturiert = 4 bis 5 Fragestellungen
- Vorstellungsrunde: erst Moderator in seiner speziellen Rolle, dann die TN selbst und bezogen auf Diskussionsgegenstand (→ z. B. die persönliche Zusammenfassung der Bedeutung von Medien) – Alter, *Familienstand*, Wohnort/Herkunftsort … – **keine vollen** Namen nennen, sondern Vornamen oder Pseudonyme (Namensschilder), Gefühl der Zugehörigkeit »wir alle« im Bezug zum Diskussionsthema
- Grundreiz: (=Impuls) Thema einführen (a) provokante Formulierung, (b) ambivalente Darstellung, (c) persönliche Bezugnahme
- **Auswertung:** inhaltlich-thematisch *und/oder* gruppendynamisch (?); interpretativ-rekonstruktiv nach Bohnsack = dokumentarische Interpretation erfolgt in vier Schritten
  - ***Formulierende Interpretation***
  - ***Reflektierende Interpretation***
  - ***Fall- bzw. Diskursbeschreibung***
  - ***Typenbildung***

Konkretes

- Einfluss der Familie, Erziehungsverständnis der Eltern = bestimmend oder aushandelnd/erklärend
- Einfluss der Familie, Beziehung der Geschwister = vorlebend/beispielhaft und übernehmend oder ablehnend
- Selbstbestimmung der Mediennutzung:
  - Welche Medien?
  - **Ab wann?**
  - Was?
  - Freiräume vs. Verbote oder Nicht-Akzeptiertes seitens Eltern

- Mitbestimmung der Mediennutzung
- **Biografische Entwicklung zur Selbstbestimmungsfähigkeit/ Herausbildung eigener Vorlieben/ Handlungsweisen in Bezug auf Medien**
- Hauptprägezeit: Teenager- und Jugendphase ...
    - Unterschiede/ Veränderungen im Vergleich mit den Eltern
    - Unterschiede/ Veränderungen im Vergleich mit den Geschwistern
    - Gemeinsamkeiten/ Unterschiede im Vergleich mit den Freunden
    - Verfestigungen/ Routinen im Vergleich darauf folgender Lebensphase
- Einflüsse durch Menschen oder durch »Medien« (Dispositiv, Narrativ, Format)
    - Emotionale oder funktionale Wirksamkeit (= Menschen oder Gesellschaft/Medien)
- Wir haben gefragt: nach **Besitz**, wie mit diesem Besitz **umgegangen wurde und wird**, konkrete **Medienerlebnisse**, die **verschiedensten** Mediengeräte (Buch, TV, Radio, Zeitungen/Zeitschriften, Kassetten, CDs, Platten, DVDs, Telefon/Handy, Computer)
- Beschreibungen des körperlich-räumlichen Verhältnisses bei der Nutzung von Medien?
- **Handlungspraxen** zur Erzählung bringen!!! Umgangsweisen mit Medien, Verwendung und Funktionalitäten und deren Erläuterung/Begründung

Kurzauswertung

- Erzählungen/ Berichte zu konkreten Handlungen/Handlungsweisen
  → Bezug zu konkretem Medium, Bezug zu anderen Personen, Bezug zu Inhalten (über das Dispositiv zum Format und Narrativ)

Impuls-Ideen

- Mittels der Karten des Medien-Memory für die Bereiche »Musik«/ »Filme« , »Geräte« und »TV-Bilder«/ »Ereignisse« Impulse setzen (nur eine geringe Auswahl der Karten – maximal 6 Stück und jeder nimmt sich die, die ihm für sein Leben wichtig erscheint
  → Abgleich mit den zuvor ausgewählten)

- Impuls: »Wählen Sie sich eine Karte, die ihre Lebenserinnerung gut und beispielhaft repräsentiert aus und erklären sie uns bitte kurz warum sie diese ausgewählt haben.« … die anderen hören zu und man kommt darüber ins Gespräch z. B. »hätte ich auch genommen«, »war nicht mein Favorit, weil…«
- Da die Teilnehmer zuvor alle die Gesamtauswahl hatten, können auch Bezüge zu den Karten auftauchen, die hier nicht präsentiert wurden »ihr hattet doch auch, dass fand ich besser…«
- Um es zeitlich nicht zu sehr auszuweiten, sollten nur zwei bis drei unserer Bereiche abgedeckt werden, siehe obige Vorschläge → Bezug »Dispositiv«, »Narrativ« und »Format« zur Orientierung

Lebensphasen nacheinander »abarbeiten«: zu Hause bei den **Eltern** gelebt – **Ausbildung** und/oder erste eigene Wohnung – **Berufstätigkeit** und/oder eigene Familie bis heute

Bezüge zu **den fiktiven Anderen** »Gleichaltrigen« abfragen, Abgrenzungen und Vergleiche zu Eltern/Älteren & Kindern/Jüngeren forcieren

Mediendispositiv & eigene Verfügbarkeiten

- Fernseher
  - Wie wurde/wird Fernseher zu Hause genutzt? (tagsüber, Wochenende, Eltern, frei zugänglich …)
  - Was haben alle gesehen und wie stehen Sie dazu?
  - Sind Sie eine Generation Fernsehen, weil es Geräte schon in ihrer Kindheit gab?

- Platten/Kassetten/ Tonträger (VHS/DVD) → Abspielen und Aufnehmen
  - Sammeln oder nicht?
  - Generation Kassette (Pioniere) oder Generation Transportabel (Pioniere)?

- Buch/Zeitungen/Zeitschriften →

- PC und Online/Internet
  - Computerspiele oder nur berufliche Verwendung?
  - Sind Sie keine Computer-,/Internetgeneration?

1) **Besitz** und Ausstattung (Anschaffungen, Abschaffungen), Worauf kann/konnte man verzichten und worauf nicht?
2) **individuelle** Verfügbarkeit,
3) **funktionale** Verwendung,
4) **Bewertungen** (Relevanz, Wirkung, Nutzen),
5) Einordnung in soziale **Interaktionen** (Personen, Rituale, etc.) …
6) **Neuerungen**: was haben Sie als Innovation empfunden (z. B. DSL)? Wie haben Sie sich Neuerungen gegenüber verhalten (mitgemacht/abgelehnt)? Was wurde ersetzt oder verdrängt?
7) Werden **alle medialen Möglichkeiten** heute genutzt? Wie sieht man sich im Verhältnis zum heute vielfältigen Angebot (Informationsflut/Medienlast)? Fühlen Sie sich gestresst/überfordert? Weil sie es in der Kindheit/Jugend nicht gelernt haben (geringeres Angebot)?

Medienformat:
- Öffentlich-Rechtliches und Privates Fernsehen → Pioniere des Privaten Fernsehens? Veränderte Nutzung?
- Musik/Konzerte
- Kino/Filme/Erzählungen/Serien → Leinwand oder Fernseher
- Nachfragen zu: 1) Vorlieben und Distinktionsfunktionen, 2) Einordnung in soziale Interaktionen …

Mediennarrativ: bedeutende Botschaften und Inhalte
- Generation Lassie/Fury …
- Nachfragen zu: 1) Vorlieben und Distinktionsfunktionen, 2) Vorbildfunktionen, 3) Einordnung in soziale Interaktionen

MEDIENDISPOSITIV

Einstieg: *Ausbreiten der Memory-Karten »Geräte« mit Aufforderung: »Wählen Sie als Gruppe das Gerät oder die Geräte aus, von denen Sie meinen, dass diese typisch für Sie und andere Gleichaltrige sind.«*

Geräte, die biografisch von besonderer Bedeutung in Hinsicht:

a) Erfahrungen: konkrete **Praktiken und Verwendungsweisen**

   a. was besessen
   b. wann, wo, wie verwendet (warum) = Regelmäßigkeiten vs. Besonderheiten
   c. soziale Situationen

b) Erlebnisse: emotionale **Schlüsselerlebnisse**

   a. das erste Mal; welche Gefühle sind mit Gerät verbunden
   b. der Unterschied zu anderen Dispositiven
   c. Funktions- und Verwendungsweisen im Unterschied und Vergleich (zwischen Geräten, zwischen den Teilnehmern …)

c) Erinnerungen: Verbindung von Erfahrungen und Erlebnissen mit Bezug **Biografie**

   a. Memory-Karten: persönlicher Bezug zur Auswahl und welche fehlen?
   b. detaillierte Schilderung von Ereignissen
   c. Kontrolle der Bezüge zu Lebensphasen, möglichst alle ansprechen & wenn möglich gleich verteilt behandeln

<u>MEDIENFORMAT und MEDIENNARRATIV</u>

Einstieg: *Ausbreiten der Memory-Karten »TV«, »Zeitschriften«, »Musik«*

Anhang 5: Liste der Codes

Codesystem [1572]
Bio_Lebensphase* [0]
Bio_Phase1_Kindheit [48]
bis zum 12. Lebensjahr

Bio_Phase2_Teen [97]
Adoleszenz bzw. bis erster Ausbildungsabschluss

Bio_Phase3_junger Erwachsener [77]
bis Abschluss beruflicher Ausbildung

Bio_Phase4_Erwachsener [165]
ab Einstieg Berufsleben bis heute

Bio_Lebenskontext* [0]
Bio_Lebenskontext_eigene Familie [12]
Bio_Lebenskontext_Lebenspartnerschaft [3]
Bio_Lebenskontext_Wohngemeinschaft [8]
Bio_Lebenskontext_alleine [5]
Bio_Lebenskontext_Herkunftsfamilie [0]
Bio_Ökonom* [0]
Angaben zur finanziellen und wirtschaftlichen Lebenslage, sofern sie nicht mit einem der Subcodes wertig eingeordnet werden kann.

Bio_Ökonom_positiv [2]
finanzieller und wirtschaftlicher Wohlstand

Bio_Ökonom_negativ [10]
Mittellosigkeit, negativer finanzieller oder wirtschaftlicher Lebensrahmen

Bio_Ökonom_ambivalent [7]
analog Gonser: zweideutige oder neutrale Angaben zum finanziellen Lebenshintergrund

Bio_Bezugspersonen* [0]
Bezugsperson, mit der Proband in Verhältnis – wenn nicht in Liste aufgeführt wird * gewählt

Bio_Bezugsperson_Eltern [31]
Bio_Bezugsperson_Freunde [23]
Bio_Bezugsperson_Geschwister [9]
Bio_Bezugsperson_Großeltern [15]
Bio_Bezugsperson_Kind [18]

Bio_Bezugsperson_Lebenspartner [14]
Bio_Bezugsperson_Verwandte [14]
Bio_Leben* [0]
Bio_Leben_Geburt [2]
Bio_Leben_Freizeit [1]
alle Freizeitaktivitäten jenseits der Mediennutzung

Bio_Leben_Krankheit [1]
Bio_Leben_Trennung [5]
Bio_Leben_Ehe [0]
Bio_Leben_Ausbildung [9]
Bio_Leben_Schule [5]
Bio_Leben_Beruf [17]
Bio_Leben_Tod [1]
Bio_Raum* [2]
Bio_Raum_Stadt [8]
Bio_Raum_Land [5]
Medien_Dispositiv* [0]
Medien_Dispositiv_Objekt* [1]

Medien_Objekt_sonstige [1]
Fax, AB, Spielekonsole oder sonstige Geräte...

Medien_Objekt_Fotografie [4]
Medien_Objekt_Vidokamera [6]
Medien_Objekt_Videorecorder [2]
Medien_Objekt_Telefon [3]
Medien_Objekt_Handy [8]
Medien_Objekt_Internet [18]
Medien_Objekt_PC [20]
Medien_Objekt_Kino [20]
Medien_Objekt_Tonbandgerät [3]
Medien_Objekt_Kassette [6]
Medien_Objekt_Walkman [4]
Medien_Objekt_CD [9]
Medien_Objekt_Kassettenrekorder [5]
Medien_Objekt_Stereoanlage [4]
Medien_Objekt_Plattenspieler [12]
Medien_Objekt_Platte [20]
Medien_Objekt_Zeitschrift [31]
auch Comic?
Medien_Objekt_Zeitung/Print [24]
Zeitungen, Zeitschriften

Medien_Objekt_Buch [15]
Medien_Objekt_TV [101]
Medien_Objekt_Radio [40]

Medien_Dispositiv_Abschaffung [9]
Medien_Dispositiv_Anschaffung [40]
Medien_Dispositiv_Beschaffenheit [7]
Medien_Dispositiv_Besitz [29]
Medien_Dispositiv_Technik [10]
Medien_Repertoire* [0]
Medien_Repertoire_Narrativ [26]

(fiktive) Personen, Helden, Bands, Namen etc.

Medien_Repertoire_Format* [1]
Medien_Repertoire_Format_Kultur [4]
Medien_Repertoire_Format_Sport [18]
Medien_Repertoire_Format_Film [13]
Medien_Repertoire_Format_Serie [15]
Medien_Repertoire_Format_Musik [55]
Medien_Repertoire_Format_Show/Unterhaltung [6]
Medien_Repertoire_Format_Information [12]
Medien_Repertoire_Format_Kinder [9]
Medien_Repertoire_Ostmedien [6]

kann hierbei in Kombination mit den Dispositiven und anderen Fornaten zur Hervorhebung verwendet werden.

Medien_Stil* [1]
Medien_Stil_Nutzungsgemeinschaft [12]
Medien_Stil_Zugang [33]
Medien_Stil_Nutzungszeit [18]

Angaben zu zeitlichen Habitualisierungen und Regelmäßigkeiten

Medien_Stil_Nutzungshäufigkeit [41]
Medien_Stil_Nutzungsort [0]
Medien_Stil_Nutzungsort_woanders [5]
Medien_Stil_Nutzungsort_öffentlich [9]
Medien_Stil_Nutzungsort_Zu Hause [6]
Medien_Bewertung* [0]
Medien_Bewertung_Medienreflektionen [58]

Vergleich Zeit (damals-heute)

Vergleich Medienbiografie

Altersgruppe

Vergleich mit anderen Gruppen/Personen/Bezugspersonen

Medien_Bewertung_Medienfolgen [9]

Streit, Sucht, Vereinsamung, etc...

Medien_Bewertung_Lieblings* [27]
Medien_Bewertung_Ablehnung [39]

Medien_Bewertung_Zustimmung [30]
ist bekannt, wurde genutzt, aber nicht explizit positiv oder negativ konnotiert

Medien_Bewertung_Medienerziehung [19]
Medien_Bewertung_Anschaffung [4]
Medien_Bewertun_Nutzungsmotiv [30]
funktional, ästhetisch, normativ, emotional

Gruppe_Sprecher [0]
P08 [0]
P07 [0]
P06 [0]
P05 [0]
P04 [0]
P03 [0]
P02 [0]
P01 [0]
TB [0]
CS [0]
Sets [59]
Set 2 [0]
Medienhandeln_Medienstil [59]
Medien_Dispositiv*\Medien_Dispositiv_Objekt*\Medien_Objekt_Radio [40]
Medien_Dispositiv*\Medien_Dispositiv_Objekt* [1]
Medien_Stil*\Medien_Stil_Nutzungszeit [18]
Angaben zu zeitlichen Habitualisierungen und Regelmäßigkeiten

Literatur

Abbott, H. Porter (2002): The Cambridge Introduction to Narrative. Cambridge: Cambridge University Press.

Altheide, David L./ Snow, Robert P. (1979): Media Logic. Beverly Hills u. London: Sage.

Altmeppen, Klaus-Dieter/ Hanitzsch, Thomas/ Schlüter, Carsten (Hrsg.) (2007): Journalismustheorie: Next Generation. Soziologische Grundlegung und theoretische Innovation. Wiesbaden: VS.

Aroldi, Piermarco (2011): Generational Belonging Between Media Audiences and ICT Users. In: Colombo, Fausto /Fortunati, Leopoldina (Hrsg.): Broadband Society and Generational Change. Frankfurt a. Main: Peter Lang, S. 51-67.

Ascheberg, Carsten (2006): Milieuforschung und Transnationales Zielgruppenmarketing. *Aus Politik und Zeitgeschichte (44-45/2006)*, S. 16-25.

Atchley, Robert C. (1989): Continuity theory of normal aging. In: *Gerontologist; Vol. 6,* S. 183-190.

Aufenanger, Stefan (1997): Medienpädagogik und Medienkompetenz. Eine Bestandsaufnahme. In: Enquete-Kommission Zukunft der Medien in Wirtschaft und Gesellschaft – Deutschlands Weg in die Informationsgesellschaft und Deutscher Bundestag (Hrsg.): Medienkompetenz im Informationszeitalter. Bonn: ZV, S. 15-22.

Aufenanger, Stefan (2006): Medienbiographische Forschung. In: Krüger, Heinz-Hermann/ Marotzki, Winfried (Hrsg.): Handbuch erziehungswissenschaftliche Biographieforschung. 2. Aufl.: VS, S. 515-525.

Ayaß, Ruth/ Bergmann, Jörg (Hrsg.) (2006): Qualitative Methoden der Medienforschung. Reinbek bei Hamburg: Rowohlt.

Baacke, Dieter (1999): Die neue Medien-Generation im New Age of Visual Thinking. In: Gogolin, Ingrid/ Lenzen, Dieter (Hrsg.): Medien-Generation. Beiträge zum 16. Kongreß der Deutschen Gesellschaft für Erziehungswissenschaft. Opladen: Leske + Budrich, S. 137-149.

Bachmair, Ben/ Diepold, Peter/ de Witt, Claudia (Hrsg.) (2003): Jahrbuch Medienpädagogik 3. Opladen: Leske + Budrich.

Barthelmes, Jürgen/ Sander, Ekkehard (2001): Erst die Freunde, dann die Medien: Medien als Begleiter in Pubertät und Adoleszenz. München: DJI.

Barthelmes, Jürgen/ Sander, Ekkehard (1999): Medien in Familie und Peer-Group. Vom Nutzen der Medien für 13- und 14jährige.München: DJI.

Barthes, Roland (1988): Einführung in die strukturale Analyse von Erzählungen. In: Barthes, Roland (1988): Das semiologische Abenteuer. Frankfurt am Main: Suhrkamp Verlag, S. 102-143.

Barz, Heiner/ Tippelt, Rudolf (2010): Lebenswelt, Lebenslage, Lebensstil und Erwachsenenbildung. In: Tippelt, Rudolf/ von Hippel, Aiga (Hrsg.): Handbuch Erwachsenenbildung/Weiterbildung. Wiesbaden: VS, S. 117-136.

Bastin, Gilles (2003): Ein Objekt, das sich verweigert: Der Journalismus in der Theorie Pierre Bourdieus. Einige Bemerkungen über das ›journalistische Feld‹. *Publizistik, 48. Jg., Nr. 3,* S. 258-273.

Baudry, Jean-Louis (1975): Das Dispositiv: Metapsychologische Betrachtungen des Realitätseindrucks. In: Pias, Claus u.a. (Hrsg.) (2000): Kursbuch Medienkultur. Die maßgeblichen Theorien von Brecht bis Baudrillard. Stuttgart: Deutsche Verlags-Anstalt, S. 381-404.

Beck, Klaus (1994): Medien und die soziale Konstruktion von Zeit. Über die Vermittlung von gesellschaftlicher Zeitordnung und sozialem Zeitbewußtsein. Wiesbaden: Westdeutscher Verlag.

Beck, Klaus (2010): Kommunikationswissenschaft. 2. Aufl. Konstanz: UVK.

Beck, Klaus/ Büser, Till/ Schubert, Christiane (2013): Medialer Habitus, mediales Kapital, mediales Feld – oder: vom Nutzen Bourdieus für die Mediennutzungsforschung. In: Wiedemann, Thomas/ Meyen, Michael (Hrsg.): Pierre Bourdieu und die Kommunikationswissenschaft. Internationale Perspektiven. Köln: v. Halem 2013, S. 234-262.

Beinzger, Dagmar (2004): Filmerfahrung im biographischen Rückblick. Über den Zusammenhang zwischen Filmrezeption und Geschlechtsidentität. Eine erziehungs- und medienwissenschaftliche Studie. Dissertation. Johann Wolfgang Goethe-Universität, Frankfurt am Main.

Bengston, Verne/ Rosenthal, Carolyn/ Burton, Linda (1990): Families and Aging: Diversity and Heterogeneity. In: Binstock, Robert/ George Linda (Hrsg.): Handbook of Aging and Social Sciences. San Diego: Academic Press, S. 263-287.

Benson, Rodney (1998): Field theory in comparative context: A new paradigm for media studies. *Theory and Society, Vol. 28,* S. 463-498.

Benson, Rodney/ Neveu, Erik (2005): Introduction: Field Theory as a Work in Progress. In: Benson, Rodney/ Neveu, Erik (Hrsg.): Bourdieu and the Journalistic Field. Cambridge u. Malden: Polity Press, S. 1-25.

Benson, Rodney/ Neveu, Erik (Hrsg.) (2005): Bourdieu and the Journalistic Field. Cambridge u. Malden: Polity Press.

Berg, Klaus/ Kiefer, Marie-Luise (Hrsg.) (1996): Massenkommunikation V. Eine Langzeitstudie zur Mediennutzung und Medienbewertung 1965-1995. Baden-Baden: Nomos.

Berg, Klaus/ Kiefer, Marie-Luise (Hrsg.) (2002): Massenkommunikation VI. Eine Langzeitstudie zur Mediennutzung und Medienbewertung 1965-2000. Baden-Baden: Nomos.

Berg, Klaus/ Ridder, Christa-Maria (Hrsg.) (2006): Massenkommunikation VII. Eine Langzeitstudie zur Mediennutzung und Medienbewertung 1965-2005. Baden-Baden: Nomos.

Best, Stefanie/ Engel, Bernhard (2011): Alter und Generation als Einflussfaktoren der Mediennutzung. Kohortenanalysen auf Basis der ARD/ZDF-Langzeitstudie Massenkommunikation. *Media Perspektiven, 11/2011,* S. 525-542.

Biermann, Ralf (2009a): Der mediale Habitus von Lehramtsstudierenden. Eine quantitative Studie zum Medienhandeln angehender Lehrpersonen. Wiesbaden: VS.

Biermann, Ralf (2009b): Hysteresis und Habitus als Ansätze für die Alter(n)smedienforschung. Zur Genese generationenspezifischer habitueller Muster am Beispiel der Computerspielnutzung. In: Schorb, Bernd/ Hartung, Anja/ Reißmann, Wolfgang (Hrsg.): Medien und höheres Lebensalter. Theorie – Forschung – Praxis. Wiesbaden: VS, S. 51-59.

Bohnsack, Ralf (2003): Dokumentarische Methode und sozialwissenschaftliche Hermeneutik. *Zeitschrift für Erziehungswissenschaft, 6. Jg., Nr. 4,* S, 550-570.

Bohnsack, Ralf (2007): Typenbildung, Generalisierung und komparative Analyse: Grundprinzipien der dokumentarischen Methode. In: Bohnsack, Ralf/ Nentwig-Gesemann, Iris/ Nohl, Arnd-Michael (Hrsg.): Die dokumentarische Methode und ihre Forschungspraxis. Grundlagen qualitativer Sozialforschung. 2. Aufl. Wiesbaden: VS, S. 225-253.

Bohnsack, Ralf/ Schäffer, Burkhard (2002): Generation als Konjunktiver Erfahrungsraum. Eine empirische Analyse generationsspezifischer Medienpraxiskulturen. In: Burkart, Günther/ Wolf, Jürgen (Hrsg.): Lebenszeiten. Erkundungen zur Soziologie der Generationen. Opladen: Leske & Budrich, S. 249-273.

Bohnsack, Ralf/ Nentwig-Gesemann, Iris/ Nohl, Arnd-Michael (2007): Einleitung: Die dokumentarische Methode und ihre Forschungspraxis. In: Dies. (Hrsg.): Die dokumentarische Methode und ihre Forschungspraxis. Grundlagen qualitativer Sozialforschung. 2. Aufl. Wiesbaden: VS, S. 8-27.

Bohnsack, Ralf/ Przyborski, Aglaja/ Schäffer, Burkhard (Hrsg.) (2006): Das Gruppendiskussionsverfahren in der Forschungspraxis. Opladen: Leske + Budrich.

Bortz, Jürgen/ Döring, Nicola (2006): Forschungsmethoden und Evaluation. Für Human- und Sozialwissenschaftler. 4. Aufl. Heidelberg: Springer-Medizin-Verl.

Bourdieu, Pierre (1963): Sociologues des Mythologies et Mythologies des Sociologues. *Les Temps Modernes. 19ème année, N°206, Juillet 1963,* S. 998-1021.

Bourdieu, Pierre (1974): Zur Soziologie der symbolischen Formen. Frankfurt am Main: Suhrkamp 1974, 1991.

Bourdieu, Pierre (1983a): Ökonomisches Kapital, kulturelles Kapital, soziales Kapital. In: Kreckel, Reinhard (Hrsg.): Soziale Ungleichheiten. Soziale Welt, Sonderband 2. Göttingen: Otto Schwarz, S. 183-198.

Bourdieu, Pierre (1983b): Über einige Eigenschaften von Feldern. In: Ders.: Soziologische Fragen. Frankfurt am Main: Suhrkamp, S. 107-114.

Bourdieu, Pierre (1983c): Die Zensur. In: Ders. Soziologische Fragen. Frankfurt am Main: Suhrkamp, S. 131-135.

Bourdieu, Pierre (1983d): Die öffentliche Meinung gibt es nicht. In: Ders.: Soziologische Fragen. Frankfurt am Main: Suhrkamp, S. 212-223.

Bourdieu, Pierre (1985): Sozialer Raum und ›Klassen‹. Frankfurt am Main: Suhrkamp.

Bourdieu, Pierre (1987a): Sozialer Sinn. Kritik der theoretischen Vernunft. Frankfurt am Main: Suhrkamp.

Bourdieu, Pierre (1987b): Die feinen Unterschiede. Kritik der gesellschaftlichen Urteilskraft. Frankfurt am Main: Suhrkamp.

Bourdieu, Pierre (1990): Was heißt Sprechen? Die Ökonomie des sprachlichen Tausches. Wien: Braumüller.

Bourdieu, Pierre (1997): Zur Genese der Begriffe Habitus und Feld. In: Ders.: Der Tote packt den Lebenden. Schriften zu Politik & Kultur 2. Hrsg. v. Margareta Steinrücke. Hamburg: VSA, S. 59-78.

Bourdieu, Pierre (1998a): Praktische Vernunft. Zur Theorie des Handelns. Frankfurt am Main: Suhrkamp.

Bourdieu, Pierre (1998b): Über das Fernsehen. Frankfurt am Main: Suhrkamp.

Bourdieu, Pierre (1998c): Das ökonomische Feld. In: Bourdieu, Pierre u. a. : Der Einzige und sein Eigenheim. Schriften zu Politik und Kultur 3. Hrsg. v. Margareta Steinrücke. Hamburg: VSA, S. 162-204.

Bourdieu, Pierre (1998d): Die Biografische Illusion. In: Ders.: Praktische Vernunft. Zur Theorie des Handelns. Frankfurt am Main: Suhrkamp. S. 75-83.

Bourdieu, Pierre (2001a): Die Regeln der Kunst. Genese und Struktur des literarischen Feldes. Frankfurt am Main: Suhrkamp.

Bourdieu, Pierre (2001b): Das politische Feld. Zur Kritik der politischen Vernunft. Konstanz: UVK.

Bourdieu, Pierre (2005): The Political Field, the Social Science Field, and the Journalistic Field. In: Benson, Rodney/ Neveu, Erik (Hrsg.): Bourdieu and the Journalistic Field. Cambridge u. Malden: Polity Press, S. 28-47.

Bourdieu, Pierre u.a. (1961): Un art moyen. Essai sur les usages sociaux de la photographie. Paris: Les Editions de Minuit.

Bourdieu, Pierre/ Nice, Richard (1980): The production of belief: contribution to an economy of symbolic goods. *Media Culture Society, Vol. 2, July,* S. 261-293.

Bourdieu, Pierre/ Wacquant, Loïc J. D. (1996): Die Ziele der reflexiven Soziologie. Chicago-Seminar, Winter 1987. In: Bourdieu, Pierre/ Wacquant, Loïc J. D. (Hrsg.): Reflexive Anthropologie. Frankfurt am Main : Suhrkamp, S. 95-249.

Bremer, Helmut/ Lange-Vester, Andrea (Hrsg.) (2006): Soziale Milieus und Wandel der Sozialstruktur. Wiesbaden: VS.

Bucher et al. (2010): Medienformate: Ausdifferenzierung und Konvergenz – zum Zusammenhang von Medienwandel und Formatwandel. In: Bucher et al. (2010): Neue Medien – neue Formate. Ausdifferenzierung und Konvergenz in der Medienkommunikation. Frankfurt am Main: Campus, S. 9-38.

Bude, Heinz (2000): Die biographische Relevanz der Generation. In: Kohli, Martin (Hrsg.): Generationen in Familie und Gesellschaft. Opladen: Leske + Budrich, S. 19-35.

Bührmann, Andrea D./ Schneider, Werner (2008): Vom Diskurs zum Dispositiv. Eine Einführung in die Dispositivanalyse. Bielefeld: transcript.

Büsch, Andreas (2014): Lesen, Surfen, Chatten, Sliden. Medienkompetenz als generationsübergreifende Bildungsaufgabe. *Bibliotheksdienst, Bd. 48, Nr. 6,* S. 369-383.

Burkart, Günter (2008): Lebensalter. In: Willems, Herbert (Hrsg.): Lehr(er)buch Soziologie. Für die pädagogischen und soziologischen Studiengänge Band 2. Wiesbaden: VS, S. 533-549.

Burkart, Günter/ Wolf, Jürgen (Hrsg.) (2002): Lebenszeiten. Erkundungen zur Soziologie der Generationen. Martin Kohli zum 60. Geburtstag. Opladen: Leske + Budrich.

Burmeister, Klaus/ Daheim, Cornelia (2004): Demographische Entwicklung – Konsequenzen für Medien und Werbung. *Media Perspektiven, 4/2004,* S. 176-183.

Busemann, Katrin/ Engel, Bernhard (2012): Wandel der Mediennutzungsprofile im Zeitalter des Internets. *Media Perspektiven, 3/2012,* S. 133-146.

Champagne, Patrick (1971): La télévision et son langage: l'influence des conditions sociales de réception sur le message. *Revue française de sociologie, 12. Jg., Nr. 3;* S. 406-430.

Champagne, Patrick (1997): Die Sicht der Medien. In: Bourdieu, Pierre et al. (Hrsg.): Das Elend der Welt. Zeugnisse und Diagnosen alltäglichen Leidens an der Gesellschaft. Konstanz: UVK 1997, S. 75-86.

Champagne, Patrick (1999): Les médias et l'espace public. *Modern & Contemporary France, 7. Jg., Nr. 3,* S. 351-360.

Champagne, Patrick (2005): The »Double Dependency": The Journalistic Field Between Politics and Markets. In: Benson, Rodney/ Neveu, Erik (Hrsg.): Bourdieu and the Journalistic Field. Cambridge u. Malden: Polity Press, S. 48-63.

Coenen-Huther, Josette (2002): Das Familiengedächtnis. Wie Vergangenheit rekonstruiert wird. Konstanz: UVK.

Colombo, Fausto (2011): The Long Wave of Generations. In: Colombo, Fausto/ Fortunati, Leopoldina (Hrsg.): Broadband Society and Generational Changes. Frankfurt am Main u.a.: Lang, S. 19-35.

Corsten, Michael (2011): Media as the »Historical New« for Young Generations. In: Colombo, Fausto/ Fortunati, Leopoldina (Hrsg.): Broadband Society and Generational Changes. Frankfurt am Main u.a.: Lang, S. 37-49.

Couldry, Nick (2003): Media meta-capital: Extending the range of Bourdieu's field theory. *Theory and Society, Vol. 32,* S. 653-657.

Cutler, Neal E./ Danowski, James A. (1980): Process gratification in aging cohorts. *Journalism Quarterly, Vol.57, Nr. 2,* S. 269-276.

Dammann, Günther (2002): ›Le dispositif‹ als ›das Dispositiv‹. Bemerkungen zum Fall einer Nicht-Übersetzung. *Zentrum für Medien und Medienkultur der Universität Hamburg.* WS 2002/03, S. 4-6.

Deleuze, Gilles (1991): Was ist ein Dispositiv? In: Ewald, Francois/ Waldenfels, Bernhard (Hrsg.): Spiele der Wahrheit. Michel Foucaults Denken. Frankfurt am Main: Suhrkamp, S. 153-162.

Dickmann, Nicola (2005): Grundlagen der demographischen Entwicklung. In: Institut der deutschen Wirtschaft Köln (Hrsg.): Perspektive 2050. Ökonomik des demographischen Wandels. 2., aktualisierte Auflage. Köln: Deutscher Instituts-Verlag, S 11-33.

Dilthey, Wilhelm (1964): Über das Studium der Wissenschaft vom Menschen, der Gesellschaft und dem Staat (1875). In: Geistige Welt Einleitung in die Philosophie des Lebens. Gesammelte Schriften, Bd. V. Stuttgart u. Göttingen: Teubner, Vandenhoeck & Ruprecht.

Dittler, Ullrich/ Hoyer, Michael (Hrsg.) (2010): Zwischen Kompetenzerwerb und Mediensucht. Chancen und Gefahren des Aufwachsens in digitalen Erlebniswelten aus medienpsychologischer und medienpädagogischer Sicht. Medienkongress Villingen-Schwenningen. München: kopaed.

Dogruel, Leyla (2008): Computerspiele und 50+. Akzeptanz und Potentiale von Computerspielen bei Personen ab 50 Jahren. München R. Fischer.

Ebrecht, Jörg (2001): Die Kreativität der Praxis. Überlegungen zum Wandel von Habitusformationen. In: Ebrecht, Jörg/ Hildebrandt, Frank (Hrsg.): Bourdieus Theorie der Praxis. Erklärungskraft, Anwendung, Perspektiven. Wiesbaden: Westdeutscher Verlag, S. 225-241.

Ebrecht, Jörg (2002): Bourdieus Theorie der Praxis: Erklärungskraft – Anwendung – Perspektiven. Wiesbaden: Westdeutscher Verlag.

Ecarius, Jutta (Hrsg.) (2007): Handbuch Familie. Wiesbaden: VS.

Edmunds, June/ Turner, Bryan S. (2002): Generations, Culture and Society. Buckingham u. Philadelphia: Open University Press.

Egger, Andreas/ van Eimeren, Birgit: Die Generation 60plus und die Medien. *Media Perspektiven 11/2008,* S. 577-588.

Engel, Bernhard/ Best, Stefanie (2001): Mediennutzung und Medienbewertung im Kohortenvergleich. Ergebnisse der ARD/ZDF Langzeitstudie. *Media Perspektiven 11/2001,* S. 554-563.

Esser, Hartmut (1993): Soziologie. Frankfurt am Main u. New York: Campus.

Enquete-Kommission Zukunft der Medien in Wirtschaft und Gesellschaft – Deutschlands Weg in die Informationsgesellschaft/ Deutscher Bundestag (Hrsg.) (1997): Medienkompetenz im Informationszeitalter. Deutschland. Bonn: ZV; online verfügbar unter http://www.gbv.de/dms/goettingen/239250796.pdf [12.3.2015].

Eurich, Claus (1985): Computerkinder. Wie die Computerwelt das Kindsein zerstört. Reinbek: Rowohlt.

Fahr, Andreas (2001): Katastrophale Nachrichten? Eine Analyse der Qualität von Fernsehnachrichten. München: Reinhard Fischer.

Feibel, Thomas (2001): Die Internet-Generation. Wie wir von unseren Computern gefressen werden. München: Langen Müller.

Feierabend, Sabine (2010): Biografien im Wandel. Wie sich Jugendliche die Medienwelt erobern. In: Dittler, Ulrich/ Hoyer, Michael (Hrsg.): Zwischen Kompetenzerwerb und Mediensucht. Chancen und Gefahren des Aufwachsens in digitalen Erlebniswelten aus medienpsychologischer und medienpädagogischer Sicht. München: kopaed, S. 15-32.

Fietze, Beate (2009): Historische Generationen. Über einen sozialen Mechanismus kulturellen Wandels und kollektiver Identität. Bielefeld.: transcript.

Fischer, Wolfram/ Kohli, Martin (1987): Biographieforschung. In: Voges, Wolfgang (Hrsg.): Methoden der Biographie- und Lebenslaufforschung. Opladen: Leske & Budrich, S. 25-50.

Fischer-Rosenthal, Wolfram (1995a): Biographische Methoden in der Soziologie. In: Flick, Uwe/ von Kardorff, Ernst/ Keupp, Heiner (Hrsg.): Handbuch qualitative Sozialforschung. Grundlagen, Konzepte, Methoden und Anwendungen. 2. Aufl. Weinheim: Beltz, S. 253-256.

Fischer-Rosenthal, Wolfram (1995b): Zum Konzept der subjektiven Aneignung von Gesellschaft. In: Flick, Uwe/ von Kardorff, Ernst/ Keupp, Heiner (Hrsg.): Handbuch qualitative Sozialforschung. Grundlagen, Konzepte, Methoden und Anwendungen. 2. Aufl. Weinheim: Beltz, S. 89-102.

Flaig, Berthold Bodo et al. (1993): Alltagsästhetik und politische Kultur: zur ästhetischen Dimension politischer Bildung und politischer Kommunikation. Bonn: Dietz.

Flick, Uwe (2005): Qualitative Sozialforschung. Eine Einführung. Reinbek bei Hamburg: Rowohlt.

Flick, Uwe/ von Kardorff, Ernst/ Keupp, Heiner (Hrsg.): Handbuch qualitative Sozialforschung. Grundlagen, Konzepte, Methoden und Anwendungen. 2. Aufl. Weinheim: Beltz.

Fortunati, Leopoldina (2011): Digital native generations and the new media. In: Colombo, Fausto/ Fortunati, Leopoldina (Hrsg.): Broadband Society and Generational Changes. Frankfurt am Main u.a.: Lang, S. 201-219.

Fröhlich, Gerhard (1994): Kapital, Habitus, Feld, Symbol. Grundbegriffe der Kulturtheorie bei Pierre Bourdieu. In: Mörth, Ingo/ Fröhlich, Gerhard (Hrsg.): Das symbolische Kapital der Lebensstile. Zur Kultursoziologie der moderne nach Pierre Bourdieu. Frankfurt am Main u. New York: Campus, S. 31-54.

Fuchs-Heinritz, Werner (2009): Biographische Forschung. Eine Einführung in Praxis und Methoden. 4. Aufl. Wiesbaden: VS.

Fuchs-Heinritz, Werner (2010): Biographieforschung. In: Kneer, Georg Kneer/ Schroer, Markus (Hrsg.): Handbuch Spezielle Soziologien. Wiesbaden: VS, S. 85-104.

Fuchs-Heinritz, Werner/ König, Alexandra (2005): Pierre Bourdieu. Konstanz: UVK/ UTB.

Ganguin, Sonja (2008): Biographische Medienforschung. In: Sander, Uwe/ Gross, Friederike/ Hugger, Kai-Uwe (Hrsg.): Handbuch Medienpädagogik. Wiesbaden: VS, S. 335-340.

Ganguin, Sonja/ Meister, Dorothee (Hrsg.) (2012): Digital native oder digital naiv? Medienpädagogik der Generationen. München: kopaed.

Gerhards, Maria/ Grajczyk, Andreas/ Klingler, Walter (2001): Programmangebote und Spartennutzung im Fernsehen 2000. Eine Analyse auf Basis der GfK-Sendungskodierung. *Media Perspektiven 5/2001,* S. 247-257.

Giesen, Bernhard (2009): Ungleichzeitigkeit, Erfahrung und der Begriff der Generation. In: Kraft, Andreas/ Weißhaupt, Mark (Hrsg.): Generationen: Erfahrung – Erzählung – Identität. Konstanz: UVK, S. 191-216.

Glotz, Peter (2001): Medienkompetenz als Schlüsselqualifikation. In: Ingrid Hamm (Hrsg.): Medienkompetenz. Wirtschaft, Wissen, Wandel. Gütersloh: Verl. Bertelsmann Stiftung.

Gogolin, Ingrid/ Lenzen, Dieter (Hrsg.) (1999): Medien-Generation. Beiträge zum 16. Kongreß der Deutschen Gesellschaft für Erziehungswissenschaft. Deutsche Gesellschaft für Erziehungswissenschaft. Opladen: Leske + Budrich.

Goldhammer, Klaus (1995): Formatradio in Deutschland. Konzepte, Techniken und Hintergründe der Programmgestaltung von Hörfunkstationen. Berlin: Volker Spiess.

Gonser, Nicole (2010): Rundfunkbiographien. Medienwandel und Mediennutzung: Zur Aneignung und zum Gebrauch von Radio und Fernsehen im Lebens(ver-)lauf älterer Menschen. Berlin, Hannover: Logos.

Göttlich, Udo (2006): Die Kreativität des Handelns in der Medienaneignung. Konstanz: UVK.

Gries, Rainer (2006): Das generationengeschichtliche Paradigma in der Kommunikationshistorie. Ein kursorischer Überblick. *Medien & Zeit, 21. Jg., Nr. 3*, S. 4-20.

Gries, Rainer (2008): Kommunikationshistorie aus generationengeschichtlicher Perspektive. In: Arnold, Klaus/ Behmer, Markus/ Semrad, Bernd (Hrsg.): Kommunikationsgeschichte. Positionen und Werkzeuge. Ein diskursives Hand- und Lehrbuch. Berlin: LIT, S. 235-258.

Groeben, Norbert/ Hurrelmann, Bettina (Hrsg.): Medienkompetenz. Voraussetzungen, Dimensionen, Funktionen. Weinheim u. München: Juventa.

Groh-Samberg, Olaf/ Hertel, Florian R. (2011): Laufbahnklassen. Zur empirischen Umsetzung eines dynamisierten Klassenbegriffs mithilfe von Sequenzanalysen. *Berliner Journal für Soziologie, 21 Jg., Nr. 1*, S. 115-145.

Grundmann, Matthias (Hrsg.) (2000): Sozialökologische Sozialisationsforschung. Ein anwendungsorientiertes Lehr- und Studienbuch. Konstanz: UVK.

Gumpert, Gary/ Cathcart, Robert (1985): Media Grammars, Generations, and Media Gaps. *Critical Studies in Mass Communication, Vol. 2,* S. 23-35.

Haas, Alexander (2007): Medienmenüs. Der Zusammenhang zwischen Mediennutzung, SINUS-Milieus und Soziodemographie. München: Nomos Ed. Fischer.

Hackl, Christiane (2001): Fernsehen im Lebenslauf. eine medienbiographische Studie. Konstanz: UVK.

Hallenberger, Gerd (2002): Fernsehformate und internationaler Programmhandel. In: Hans-Bredow-Institut (Hrsg.): Internationales Handbuch Medien 2002/2003. Baden-Baden: Nomos, S. 130-137.

Hamm, Ingrid (Hrsg.) (2001): Medienkompetenz. Wirtschaft, Wissen, Wandel. Gütersloh: Bertelsmann Stiftung.

Hanitzsch, Thomas (2007): Die Struktur des journalistischen Felds. In: Altmeppen, Klaus-Dieter/ Hanitzsch, Thomas/ Schlüter, Carsten (Hrsg.): Journalismustheorie: Next Generation. Soziologische Grundlegung und theoretische Innovation. Wiesbaden: VS, S. 239-260.

Hans Bredow Institut (Hrsg.) (2008): Medienrepertoires sozialer Milieus im medialen Wandel – Perspektiven einer medienübergreifenden Nutzungsforschung. (Abstracts zum Symposium am 11./12. September 2008 in Hamburg). Online verfügbar: hans-bredow-institut.de/webfm_send/154 [20.07.2012].

Hartmann, Maren/ Hepp, Andreas (Hrsg.) (2010): Die Mediatisierung der Alltagswelt. Wiesbaden: VS.

Hartmann, Peter H./ Höhne, Inga (2007): MNT 2.0 – Zur Weiterentwicklung der Medien-NutzerTypologie. Veränderungen gegenüber der MNT 98. *Media Perspektiven 5/2007,* S. 235-241.

Hasebrink, Uwe/ Domeyer, Hanna (2010): Zum Wandel von Informationsrepertoires in konvergierenden Medienumgebungen. In: Hartmann, Maren/ Hepp, Andreas (Hrsg.): Die Mediatisierung der Alltagswelt. Wiesbaden: VS, S. 49-64.

Hasebrink, Uwe/ Popp, Jutta (2006): Media repertoires as a result of selective media use. A conceptual approach to the analysis of patterns of exposure. *Communications, Vol. 31,* S. 369-387.

Hebecker, Eike (2001): Die Netzgeneration. Jugend in der Informationsgesellschaft. Berlin u. New York: Campus.

Hein, Dörte (2009): Erinnerungskulturen online. Angebote, Kommunikatoren und Nutzer von Websites zu Nationalsozialismus und Holocaust. Konstanz: UVK.

Heinrich, Jürgen (1994): Medienökonomie I: Zeitung, Zeitschrift, Anzeigenblatt. Opladen: Westdeutscher Verlag.

Heinrich, Jürgen (1999): Medienökonomie II: Hörfunk und Fernsehen. Opladen: Westdeutscher Verlag.

Herzig, Bardo et al. (Hrsg.) (2010): Jahrbuch Medienpädagogik 8. Medienkompetenz und Web 2.0. Wiesbaden: VS.

Hesmondhalgh, David (2006): Bourdieu, the media and cultural production. *Media, Culture & Society, Vol. 28, 2,* S. 211-231.

Hickethier, Knut (1991): Apparat – Dispositiv – Programm. Skizze einer Programmtheorie am Beispiel des Fernsehens. In: Hickethier, Knut/ Zielinski, Siegfried (Hrsg.): Medien/Kultur. Schnittstellen zwischen Medienwissenschaft, Medienpraxis und gesellschaftlicher Kommunikation. Berlin: Spiess, S. 421-447.

Hickethier, Knut (1995): Dispositiv Fernsehen. Skizze eines Modells. *montage/av 4. Jg., Nr. 1,* S. 63-83.

Hickethier, Knut (2001): Das Medien-Dispositiv oder eine Theorie des Mediensubjekts. Eine Erwiderung. *tiefenschärfe. Zentrum für Medien und Medienkultur der Universität Hamburg. SoSe 2002,* S. 28-30.

Hickethier, Knut (2006): Genre. In: Tsvasman, Leon R. (Hrsg.) (2006): Das große Lexikon Medien und Kommunikation. Würzburg: Ergon, S. 126-127.

Hickethier, Knut (2007a): Film- und Fernsehanalyse. Stuttgart: Metzler.

Hickethier, Knut (2007b): Fernsehen in der Erinnerung seiner Zuschauerinnen und Zuschauer. Medienbiografien, historische Rezeptionsforschung und die Verhäuslichung des Fernsehens in den 1950er Jahren. In: Röser, Jutta (Hrsg.): MedienAlltag. Domestizierungsprozesse alter und neuer Medien. Wiesbaden: VS, S. 57-69.

Hirzinger, Maria (1991): Biographische Medienforschung. Wien: Böhlau.

Hitzler, Ronald/ Honer, Anne/ Pfadenhauer, Michaela (Hrsg.) (2009): Posttraditionale Gemeinschaften. Theoretische und ethnografische Erkundungen. Wiesbaden: VS.

Hoffmann, Bernward (2011): Medien und Biografie: »Sie sind ein Stück Leben von Deinem Leben«. In: Hölzle, Christina/ Jansen, Irma (Hrsg.): Ressourcenorientierte Biografiearbeit. Grundlagen – Zielgruppen – Kreative Methoden. 2. Aufl. Wiesbaden: VS, S. 273-278.

Hoffmann, Dagmar/ Kutscha, Annika (2010): Medienbiographien – Konsequenzen medialen Handelns, ästhetischer Präferenzen und Erfahrungen. In: Hoffmann, Dagmar/ Mikos, Lothar (Hrsg.): Mediensozialisationstheorien. 2. Aufl. Wiesbaden: VS, S. 221-243.

Hoffmann, Dagmar/ Mikos, Lothar (Hrsg.) (2010): Mediensozialisationstheorien. 2. Aufl. Wiesbaden: VS.

Hölzle, Christina/ Jansen, Irma (Hrsg.) (2011): Ressourcenorientierte Biografiearbeit. Grundlagen – Zielgruppen – Kreative Methoden. 2. Aufl. Wiesbaden: VS.

Hörisch, Jochen (1997): Was generiert Generationen: Literatur oder Medien? In: Ders. (Hrsg.): Mediengenerationen. Frankfurt am Main: Suhrkamp, S. 7-15.

Horx, Matthias (1984): Chip Generation. Ein Trip durch die Computerszene. Reinbek: Rowohlt.

Hradil, Stefan (2007): Soziale Milieus und Lebensstile: Ein Angebot zur Erklärung von Medienarbeit und Medienwirkung. In: Altmeppen, Klaus-Dieter/ Hanitzsch, Thomas/ Schlüter, Carsten (Hrsg.): Journalismustheorie: Next Generation. Soziologische Grundlegung und theoretische Innovation. Wiesbaden: VS, S. 165-187.

Hurrelmann, Bettina (1999): Medien – Generationen – Familie. In: Gogolin, Ingrid/ Lenzen, Dieter (Hrsg.): Medien-Generation. Beiträge zum 16. Kongreß der Deutschen Gesellschaft für Erziehungswissenschaft. Opladen: Leske + Budrich, S. 99-124.

Hussy, Walter/ Schreier, Margrit/ Echterhoff, Gerald (2010): Forschungsmethoden in Psychologie und Sozialwissenschaften für Bachelor. Berlin: Springer.

Jäckel, Michael (1992): Mediennutzung als Niedrigkostensituation. Anmerkungen zum Nutzen- und Belohnungsansatz. *Zeitschrift für Medienpsychologie, 4. Jg.,* S. 246-266.

Jäckel, Michael (2010): Was unterscheidet Mediengenerationen? *Media Perspektiven 5/2010,* S.247-257.

Jahn, Manfred (2005): Narratology: A Guide to the Theory of Narrative. Köln: English Department, University of Cologne.

Jureit, Ulrike (2006): Generationenforschung. Göttingen: Vandenhoeck & Ruprecht.

Jurt, Joseph (1995): Das literarische Feld. Das Konzept Pierre Bourdieus in Theorie und Praxis. Darmstadt: Wiss. Buchgesellschaft.

Karis, Tim (2012): Massenmediale Eigenlogiken als diskursive Machtstrukturen. Oder: Ich lasse mir von einem kaputten Fernseher nicht vorschreiben, wann ich ins Bett zu gehen habe. In: Dreesen, Phillipp/ Kumiega, Lukasz/ Spieß, Constanze (2012): Mediendiskursanalyse: Diskurse - Dispositive - Medien - Macht. Wiesbaden: VS, S. 47-72.

Karnowksi, Veronika (2003): Von den Simpsons zur Rundschau: Wie sich Fernsehnutzung im Laufe des Lebens verändert ; eine Sekundäranalyse von Daten aus dem AGF/ GfK-Fernsehpanel. München: R. Fischer.

Kaufmann, Franz-Xaver (1997): Generationsbeziehungen und Generationenverhältnisse im Wohlfahrtsstaat. In: Mansel, Jürgen/ Rosenthal, Gabriele/ Tölke, Angelika (Hrsg.): Generationenbeziehungen, Austausch und Tradierung. Opladen: Leske + Budrich: 17-30.

Kaufmann, Franz-Xaver (2005): Schrumpfende Gesellschaft. Vom Bevölkerungsrückgang und seinen Folgen. Frankfurt am Main: Suhrkamp.

Keil, Klaus/ Milke, Felicitas (2007): Demografie und Filmwirtschaft. Studie zum demografischen Wandel und seinen Auswirkungen auf Kinopublikum und Filminhalte in Deutschland. Berlin: Vistas.

Keller, Reiner (2011): Wissenssoziologische Diskursanalyse. Grundlegung eines Forschungsprogramms. 3. Aufl. Wiesbaden: VS.

Kiefer, Marie-Luise (1988): Freizeitsozialisation und Fernsehen. *Publizistik, 33. Jg., Nr. 2-3,* S. 264- 276.

Kiefer, Marie-Luise (1996): Schwindende Chancen für anspruchsvolle Medien? Langzeitstudie Massenkommunikation: Generationenspezifisch veränderte Mediennutzung. *Media Perspektiven 11/1996,* S. 589-597.

Kleemann, Frank/ Krähnke, Uwe/ Matuschek, Ingo (2009): Interpretative Sozialforschung. Eine praxisorientierte Einführung. Wiesbaden: VS.

Kneer, Georg/ Schroer, Markus (Hrsg.) (2010): Handbuch Spezielle Soziologien. Wiesbaden: VS.

Koch, Thomas (2010): Macht der Gewohnheit? Der Einfluss der Habitualisierung auf die Fernsehnutzung. Wiesbaden: VS.

Kohli, Martin (1985): Institutionalisierung des Lebenslaufs. Historische Befunde und theoretische Argumente. *Kölner Zeitschrift für Soziologie und Sozialpsychologie, 37. Jg., Nr. 1,* S. 1-29.

Kohli, Martin (1992): Altern in soziologischer Perspektive. In: Baltes, Paul/ Mittelstraß, Jürgen (Hrsg.): Zukunft des Alterns und gesellschaftliche Entwicklung. Berlin: de Gruyter, S. 231-259.

Kohli, Martin (2007): von der Gesellschaftsgeschichte zur Familie. Was leistet das Konzept der Generationen? In: Lettke, Frank/ Lange, Andreas (Hrsg.): Generationen und Familien. Frankfurt am Main: Suhrkamp, S. 47-68.

Kohli, Martin/ Szydlik, Marc (2000): Einleitung. In: Dies. (Hrsg.): Generationen in Familie und Gesellschaft. Leske + Budrich: Opladen, S. 7-18.

Kommer, Sven (2010): Kompetenter Medienumgang? Eine qualitative Untersuchung zum medialen Habitus und zur Medienkompetenz von SchülerInnen und Lehramtsstudierenden. Opladen: Budrich UniPress.

Kondratowitz, Hans-Joachim von (2002): Generation als Chiffre. Zur Dynamik von Produktion und Konsumption musikalischer Genres in der Gegenwart. In: Burkart, Günter/ Wolf, Jürgen (Hrsg.): Lebenszeiten. Erkundungen zur Soziologie der Generationen. Martin Kohli zum 60. Geburtstag. Opladen: Leske + Budrich, S. 229-247.

Kortti, Jukka (2011): The Problem of Generations and Media History. In: Colombo, Fausto/ Fortunati, Leopoldina (Hrsg.): Broadband Society and Generational Changes. Frankfurt am Main u.a.: Lang, S. 69-93.

Kraft, Andreas/ Weißhaupt, Mark (Hrsg.): (2009a): Generationen: Erfahrung – Erzählung – Identität. Konstanz: UVK.

Kraft, Andreas/ Weißhaupt, Mark (Hrsg.): (2009b): Generationen: Erfahrung – Erzählung – Identität und die »Grenzen des Verstehens«: Überlegungen zum Generationenbegriff. In: Kraft, Andreas/ Weißhaupt, Mark (Hrsg.): (2009a): Generationen: Erfahrung – Erzählung – Identität. Konstanz: UVK, S. 17-47.

Krais, Beate/ Gebauer, Gunter (2002): Habitus. Bielefeld: Transcript.

Krey, Kerstin/ Meier, Bernd (2005): Innovationsfähigkeit. In: Institut der deutschen Wirtschaft Köln (Hrsg.): Perspektive 2050. Ökonomik des demographischen Wandels. 2., aktualisierte Auflage. Köln: Deutscher Instituts-Verlag, S. 145-172.

Krotz, Friedrich (1991): Lebensstile, Lebenswelten und Medien: Zur Theorie und Empirie individuenbezogener Forschungsansätze des Mediengebrauchs. *Rundfunk & Fernsehen, 39. Jg., Nr. 3,* S. 317-342.

Krotz, Friedrich/ Wagner, Ulrike (2014): Medienwandel durch generationenspezifisches Medienhandeln. In: Krotz, Friedrich et al. (Hrsg.): Die Mediatisierung sozialer Welten. Meiden, Kultur, Kommunikation. Wiesbaden: Springer VS; S. 189-212.

Krüger, Heinz-Hermann/ Marotzki, Winfried (Hrsg.) (2006): Handbuch erziehungswissenschaftliche Biographieforschung. 2. Aufl. Wiesbaden: VS.

Kruse, Jörn (2000): Details für ökonomische Probleme der deutschen Fernsehlandschaft. In: Ders. (Hrsg.): Ökonomische Perspektiven des Fernsehens in Deutschland. München: R. Fischer, S. 7-47.

Kübler, Hans-Dieter (1998): Mediengenerationen oder Medien für »Generationen«? Heuristische Überprüfung eines neuen Paradigmas. *Medien praktisch. Zeitschrift für Medienpädagogik. 22. Jg, Nr.2,* S. 10-16.

Kübler, Hans-Dieter (2012): Mediengenerationen – gibt's die? Theoretische und analytische Sondierungen. In: Hartung, Anja/ Schorb, Bernd/ Kuttner, Claudia (Hrsg.): Generationen und Medienpädagogik. Annäherungen aus Theorie, Forschung und Praxis. München: kopaed, S. 41-64.

Kuckartz, Udo/ Grunenberg, Heiko/ Dresing. Thorsten (Hrsg.) (2007): Qualitative Datenanalyse: computergestützt. Methodische Hintergründe und Beispiele aus der Forschungspraxis. 2. Aufl. Wiesbaden: VS.

Kumiega, Lukasz (2012): Medien im Spannungsfeld zwischen Diskurs und Dispositiv. In: Dreesen, Phillipp/ Kumiega, Lukasz/ Spieß, Constanze (2012): Mediendiskursanalyse: Diskurse – Dispositive – Medien – Macht. Wiesbaden: VS, S. 25-45.

Lamnek, Siegfried (2005): Gruppendiskussion. Theorie und Praxis. Weinheim u. Basel: Beltz.

Lange, Andreas (2000): Sozialisation durch Medien. In: Grundmann, Matthias (Hrsg.): Sozialökologische Sozialisationsforschung. Ein anwendungsorientiertes Lehr- und Studienbuch. Konstanz: UVK, S. 305-332.

Lange, Andreas/ Lettke, Frank (2007): Schrumpfung, Erweiterung, Diversität. Konzepte zur Analyse von Familien und Generationen. In: Lettke, Frank/ Lange, Andreas (Hrsg.): Generationen und Familien. Analysen – Konzepte – gesellschaftliche Spannungsfelder. Frankfurt am Main: Suhrkamp, S. 14-43.

Lempp, Reinhart (2011): Generation 2.0 und die Kinder von morgen. Stuttgart: Schattauer.

Leppa, Steffen/ Krotz, Friedrich/ Hoklas, Anne-Kathrin (2014): Vom »Medium« zum »Mediendispositiv«. Medientheoretische Überlegungen zur Integration von Situations- und Diskursperspektive bei der empirischen Analyse mediatisierter sozialer Welten. In: Krotz, Friedrich et al. (Hrsg.): Die Mediatisierung sozialer Welten. Meiden, Kultur, Kommunikation. Wiesbaden: Springer VS, S. 115-141.

Lettke, Frank/ Lange, Andreas (Hrsg.) (2007): Generationen und Familien. Analysen – Konzepte – gesellschaftliche Spannungsfelder. Frankfurt am Main: Suhrkamp.

Liegle, Ludwig (2007): Weltgesellschaft als Erwartungshorizont für Generationenlernen und Generationenpolitik. In: Lettke, Frank/ Lange, Andreas (Hrsg.): Generationen und Familien. Analysen – Konzepte – gesellschaftliche Spannungsfelder. Frankfurt am Main: Suhrkamp, S. 69-95.

Lüdicke, Jörg/ Diewald, Martin (Hrsg.) (2007): Soziale Netzwerke und soziale Ungleichheit. Zur Rolle von Sozialkapital in modernen Gesellschaften. Wiesbaden: VS.

Lünenborg, Margreth (2006): Format. In: Hans-Bredow-Institut (Hrsg.) (2006): Medien von A bis Z. Wiesbaden: VS, S. 74.

Lüscher, Kurt (1993): Generationsbeziehungen. Neue Zugänge zu einem alten Thema. In: Lüscher, Kurt (Hrsg.): Generationsbeziehungen in »postmodernen« Gesellschaften. Analysen zum Verhältnis von Individuum, Familie, Staat und Gesellschaft. Konstanz: UVK, S. 17-47.

Lüscher, Kurt et al. (2010): Generationen, Generationenbeziehungen, Generationenpolitik. Ein dreisprachiges Kompendium. Bern: Schweizerische Akademie der Geistes- und Sozialwissenschaften.

Lüscher, Kurt/ Liegle, Ludwig (2003): Generationsbeziehungen in Familie und Gesellschaft. Konstanz: UVK/ UTB.

Mannheim, Karl (1964): Wissenssoziologie. Neuwied: Luchterhand.

Mannheim, Karl (1980): Strukturen des Denkens. Hrsg. v. David Kettler, Volker Meja u. Nico Stehr. Frankfurt am Main: Suhrkamp.

Matthes, Joachim (1985): Karl Mannheims »Das Problem der Generationen«, neu gelesen. *Zeitschrift für Soziologie, 14. Jg., Nr. 5,* S. 363-372.

Mayer, Karl-Ulrich (1990): Lebensverläufe und sozialer Wandel. Opladen: Westdeutscher Verlag.

Mayer, Karl-Ulrich (1998): Lebensverlauf. In: Schäfers, Bernhard/ Zapf, Wolfgang (Hrsg.): Handwörterbuch zur Gesellschaft Deutschlands. Opladen: Leske + Budrich, S. 438-451.

Mayer, Karl Ulrich (2000): Promises fulfilled? A review of 20 years of life course research. *Europäisches Archiv für Soziologie, 41. Jg. Nr.2, S.* 259-282.

Mayring, Philipp (2007): Qualitative Inhaltsanalyse. Grundlagen und Techniken. 9. Aufl. Weinheim: Beltz.

Mayring, Philipp (2010): Qualitative Inhaltsanalyse. In: Mey, Günter/ Mruck, Katja (Hrsg.): Handbuch Qualitative Forschung in der Psychologie. Wiesbaden: VS, S. 601-613.

Mayring, Philipp/ Hurst, Alfred (2005): Qualitative Inhaltsanalyse. In: Mikos, Lothar/ Wegener, Claudia (Hrsg.): Qualitative Medienforschung: ein Handbuch. Konstanz: UVK, S. 436-444.

Mende, Annette/ Oehmichen, Ekkehardt/ Schröter, Christian (2012): Medienübergreifende Informationsnutzung und Informationsrepertoires. *Media Perspektiven, 1/2012,* S. 2-17.

Meuser, Michael (2007): Repräsentation sozialer Strukturen im Wissen. Dokumentarische Methode und Habitusrekonstruktion. In: Bohnsack, Ralf/ Nentwig-Gesemann, Iris/ Nohl, Arnd-Michael (Hrsg.): Die dokumentarische Methode und ihre Forschungspraxis. Grundlagen qualitativer Sozialforschung. 2. Aufl. Wiesbaden: VS, S. 209-224.

Meyen, Michael (2006): Wir Mediensklaven. Warum die Deutschen ihr halbes Leben auf Empfang sind. Hamburg: Merus.

Meyen, Michael (2007): Medienmenüs als kulturelles Kapital und Distinktionsmerkmale. *Medien & Kommunikationswissenschaft, 55. Jg., Nr. 3,* S. 333-353.

Meyen, Michael et al. (2009): Zuhause im Netz: Eine qualitative Studie zu Mustern und Motiven der Internetnutzung. *Publizistik, 54. Jg., Nr. 4,* S. 513-532.

Meyen, Michael/ Pfaff-Rüdiger, Senta (2009): Internet, Kapital, Identität. In: Dies. (Hrsg.): Internet im Alltag. Qualitative Studien zum praktischen Sinn von Onlineangeboten. Berlin: Lit, S. 11-40.

Meyen, Michael/ Riesmeyer, Claudia (2009): Diktatur des Publikums: Journalisten in Deutschland. Konstanz: UVK Verlags-Gesellschaft.

Michel, Burkard (2006): Bild und Habitus. Wiesbaden: VS.

Michel, Burkard (2015): Thomas Wiedemann/ Michael Meyen (Hrsg.): Pierre Bourdieu und die Kommunikationswissenschaft. [Rezension]. *Medien & Kommunikationswissenschaft, 63. Jg., Nr. 1,* S. 98-102.

Miebach, Bernhard (2006): Soziologische Handlungstheorie. Eine Einführung. 2., grundlegend überarb. und aktual. Aufl. Wiesbaden: VS.

Moebius, Stephan/ Quadflieg, Dirk (Hrsg.) (2006): Kultur: Theorien der Gegenwart. Wiesbaden: VS.

Moser, Heinz (2010a): Einführung in die Medienpädagogik: Aufwachsen im Medienzeitalter. Wiesbaden: VS.

Moser, Heinz (2010b): Die Medienkompetenz und die ›neue‹ erziehungswissenschaftliche Kompetenzdiskussion. In: Bardo, Herzig et al. (Hrsg.): Jahrbuch Medienpädagogik 8. Medienkompetenz und Web 2.0. Wiesbaden: VS, S. 59-79.

Müller-Funk, Wolfgang (2008): Die Kultur und ihre Narrative. Wien: Springer.

Müller-Schneider, Thomas (1996): Wandel der Milieulandschaft in Deutschland. Von hierarchisierenden zu subjektorientierten Wahrnehmungsmustern. *Zeitschrift für Soziologie, 25 Jg., Nr. 3,* S. 190-206.

Müller-Schneider, Thomas (2000): Stabilität subjektzentrierter Strukturen. Das Lebensstilmodell von Schulze im Zeitvergleich. *Zeitschrift für Soziologie, 29. Jg., Nr. 5,* S. 361-374.

Müller-Schneider, Thomas (2003): Differenzierung des Milieugefüges? Eine zeitvergleichende Klassifikationsanalyse. *Kölner Zeitschrift für Soziologie und Sozialpsychologie, 55. Jg., Nr. 4,* S. 782-794.

Nave-Herz, Rosemarie (2008): Ehe und Familie. In: Willems, Herbert (Hrsg.): Lehr(er)-buch Soziologie. Für die pädagogischen und soziologischen Studiengänge. Wiesbaden: VS, S. 703-720.

Neuberger, Christoph (2004): Qualität im Onlinejournalismus. In: Beck, Klaus/ Schweiger, Wolfgang/ Wirth, Werner (Hrsg.): Gute Seiten – schlechte Seiten. Qualität in der Onlinekommunikation. München: R. Fischer, S. 32-57.

Neun, Oliver (2009): Zur Kritik am Generationenbegriff von Karl Mannheim. In: Kraft, Andreas/ Weißhaupt, Mark (Hrsg.): Generationen: Erfahrung – Erzählung – Identität. Konstanz: UVK, S. 191-216.

Neveu, Erik (2005): Bourdieu, the Frankfurt School, and Cultural Studies: On Some Misunderstandings. In: Benson, Rodney/ Neveu, Erik (Hrsg.): Bourdieu and the Journalistic Field. Cambridge u. Malden: Polity Press, S. 195-213.

Niethammer, Lutz (2006): Generation und Geist. Eine Station auf Karl Mannheims Weg zur Wissenssoziologie. In: Tänzler, Dirk/ Knoblauch, Hubert/ Soeffner, Hans-Georg (Hrsg.): Neue Perspektiven der Wissenssoziologie. Konstanz: UVK, S. 209-234.

Nohl, Arnd-Michael (2006): Interview und dokumentarische Methode. Anleitung für die Forschungspraxis. Wiesbaden: VS.

Nohl, Arnd-Michael (2007): Komparative Analyse: Forschungspraxis und Methodologie dokumentarischer Interpretation. In: Bohnsack, Ralf/ Nentwig-Gesemann, Iris/ Nohl, Arnd-Michael (Hrsg.): Die dokumentarische Methode und ihre Forschungspraxis. Grundlagen qualitativer Sozialforschung. 2. Aufl. Wiesbaden: VS, S. 254-276.

Oehmichen, Ekkehardt (2007): Die neue MedienNutzerTypologie MNT 2.0. Veränderungen und Charakteristika der Nutzertypen. *Media Perspektiven 5/2007,* S. 226-234.

Opaschowski, Horst W. (1999): Generation@. Die Medienrevolution entläßt ihre Kinder. Leben im Informationszeitalter. Hamburg: American British Tobacco.

Otte, Gunnar (2005): Hat die Lebensstilforschung noch eine Zukunft? Eine Auseinandersetzung mit aktuellen Bilanzierungsversuchen. *Kölner Zeitschrift für Soziologie und Sozialpsychologie 57. Jg., Nr. 1,* S. 1-31.

Ottinger, Leonhard (2011): Fernsehprogrammformat. In: Sjurts, Insa (Hrsg.) (2011): Gabler-Lexikon Medienwirtschaft. Wiesbaden: Gabler, S. 187.

Paech, Joachim (1997): Überlegungen zum Dispositiv als Theorie medialer Topik. *Medienwissenschaft, 14. Jg., Nr. 4,* S. 400-420.

Park, David D. (2009): Pierre Bourdieu's »Habitus« and the political economy of the media. *Democratic Communiqué, Vol. 23, Nr. 1,* S. 1-21.

Park, David W. (2014): Pierre Bourdieu. A Critical Introduction to Media and Communication Theory. New York u.a.: P. Lang.

Paus-Hasebrink, Ingrid (2010): Lebens-Herausforderungen: Medienumgang und Lebensaufgaben. Was muss kommunikationswissenschaftliche Forschung leisten? In: Hartmann, Maren/ Hepp, Andreas (Hrsg.): Die Mediatisierung der Alltagswelt. Wiesbaden: VS, S. 195-209.

Peiser, Wolfram (1996): Die Fernsehgeneration. Eine empirische Untersuchung ihrer Mediennutzung und Medienbewertung. Opladen: Westdeutscher Verlag.

Peiser, Wolfram (1999): Die Verbreitung von Medien in der Gesellschaft: Langfristiger Wandel durch Kohortensukzession. *Rundfunk und Fernsehen, 47. Jg., Nr. 4,* S. 485-498.

Peter L. Berger/ Thomas Luckmann (1969/1989). Die gesellschaftliche Konstruktion der Wirklichkeit. Eine Theorie der Wissenssoziologie. Frankfurt am Main: Fischer.

Pethig, Rüdiger/ Blind, Sofia (1998): Fernsehfinanzierung: Ökonomische, rechtliche und ästhetische Perspektiven. Opladen: Westdeutscher Verlag.

Pfaff-Rüdiger, Senta/ Meyen, Michael (2007): Alltag, Lebenswelt und Medien. Qualitative Studien zum subjektiven Sinn von Medienangeboten. Berlin: Lit.

Pietraß, Manuela/ Funiok, Rüdiger (Hrsg.) (2010): Mensch und Medien. Philosophische und sozialwissenschaftliche Perspektiven. Wiesbaden: VS

Pietraß, Manuela/ Schmidt, Bernhard/ Tippelt, Rudolf (2005): Informelles Lernen und Medienbildung. Zur Bedeutung sozio-kultureller Voraussetzungen. *Zeitschrift für Erziehungswissenschaft, 8. Jg., Nr. 3,* S. 412-426.

Prensky, Marc (2001): Digital Natives, Digital Immigrants. *On The Horizon, Vol. 9, No. 5;* online verfügbar: marcprensky.com/writing/Prensky%20-%20Digital%20Natives,%20Digital%20Immigrants%20-%20Part1.pdf [1.4.2015].

Prommer, Elizabeth (1999): Kinobesuch im Lebenslauf. eine historische und medienbiographische Studie. Konstanz: UVK.

Prommer, Elizabeth (2005): Codierung. In: Mikos, Lothar/ Wegener, Claudia (Hrsg.): Qualitative Medienforschung. ein Handbuch. Konstanz: UVK/ UTB, S. 404-413.

Pross, Harry (1972): Medienforschung: Film, Funk, Presse, Fernsehen. Darmstadt: Habel.

Przyborski, Aglaja/ Riegler, Julia (2010): Gruppendiskussion und Fokusgruppe. In: Mey, Günter/ Mruck, Katja (Hrsg.): Handbuch Qualitative Forschung in der Psychologie. Wiesbaden: VS, S. 436-448.

Przyborski, Aglaja/ Wohlrab-Sahr, Monika (2010): Qualitative Sozialforschung. Ein Arbeitsbuch. 3. Aufl. München: Oldenbourg.

Quandt, Thorsten/ Scheufele, Betram (Hrsg.)(2011): Ebenen der Kommunikation. Mikro-Meso-Makro-Links in der Kommunikationswissenschaft. Wiesbaden: VS.

Raabe, Johannes (2000): Journalisten in der Gesellschaft. Zur Verortung journalistischer Akteure im gesellschaftlichen Raum. In: Brosius, Hans-Bernd (Hrsg.): Kommunikation über Grenzen und Kulturen. Konstanz: UVK, S. 227-243.

Raabe, Johannes (2005): Die Beobachtung journalistischer Akteure. Optionen einer empirischen Journalismusforschung. Wiesbaden: VS.

Reitze, Helmut/ Ridder, Christa-Maria (Hrsg.) (2011): Massenkommunikation. Eine Langzeitstudie zur Mediennutzung und Medienbewertung. Baden-Baden: Nomos.

Renckstorf, Karsten (1963): Alternative Ansätze der Massenkommunikationsforschung: Wirkungs- vs. Nutzenansatz. *Rundfunk und Fernsehen, 21. Jg., Nr. 2-3,* S. 183-197.

Renckstorf, Karsten (1989): Mediennutzung als soziales Handeln. Zur Entwicklung einer handlungstheoretischen Perspektive der empirischen (Massen-)Kommunikationsforschung. In: Kaase, Max/ Schulz, Winfried (Hrsg.): Massenkommunikation. Theorien, Methoden, Befunde. Sonderheft der KZfSS. Opladen: Westdeutscher Verlag, S. 314-336.

Richter, Katrin (2007): Literatur. In: Ecarius, Jutta (Hrsg.): Handbuch Familie. Wiesbaden: VS, S. 441-454.

Rosengren, Karl Erik (1994): Culture, Media and Society: agency and structure, continuity and change. In: Ders. (Hrsg.): Media Effects and Beyond. Culture Socialization and Lifestyles. New York: Routledge, S. 3-28.

Rosengren, Karl Erik (1995): Substantive theories and formal models – Bourdieu confronted. *European Journal of Communication, 10. Jg., Nr. 1,* S. 7-39.

Rosengren, Karl Erik (1996): Inhaltliche Theorien und formale Modelle in der Forschung über individuelle Mediennutzung. In: Hasebrink, Uwe/ Krotz, Friedrich (Hrsg.): Die Zuschauer als Fernsehregisseure? Zum Verständnis individueller Nutzungs- und Rezeptionsmuster. Baden-Baden: Nomos, S. 13-36.

Rosenstock, Roland/ Schubert, Christiane/ Beck, Klaus (Hrsg.) (2007): Medien im Lebenslauf. Demographischer Wandel und Mediennutzung. München: kopaed.

Rosenthal, Gabriele (2000): Historische und familiale Generationenabfolge. In: Kohli, Martin/ Szydlik, Marc (Hrsg.): Generationen in Familie und Gesellschaft. Opladen: Leske + Budrich, S. 162-178.

Röser, Jutta (2007): Der Domestizierungsansatz und seine Potenziale zur Analyse alltäglichen Medienhandelns. In: Dies. (Hrsg.): MedienAlltag. Domestizierungsprozesse alter und neuer Medien. Wiesbaden: VS, S. 15-30.

Rössel, Jörg (2005): Plurale Sozialstrukturanalyse. Eine handlungstheoretische Rekonstruktion der Grundbegriffe der Sozialstrukturanalyse. Wiesbaden: VS.

Rössel, Jörg (2006): Kostenstruktur und Ästhetisierung? Zur Erklärungskraft von Lebensstilen. *Kölner Zeitschrift für Soziologie und Sozialpsychologie, 58. Jg., Nr. 3,* S. 453-467.

Röttger, Ulrike (1994): Medienbiographien von jungen Frauen. Münster: Lit.

Rusch, Gebhard/ Volkmer, Ingrid (2006): Germany. In: Volkmer, Ingrid (Hrsg.): News in Public Memory. An international study of media memories across generations. New York: Lang, S. 69-93.

Ryan, Marie-Laure (2005): Narrative. In: Herman et.al (2005) (Hrsg.): Routledge Encyclopedia of Narrative Theory. New York: Routledge, S. 344-348.

Ryder, Norman B. (1965): The cohort as a concept in the study of social change. *American Sociological Review, Vol. 30,* S. 843-861.

Sackmann, Reinhold (2007): Lebenslaufanalyse und Biografieforschung. Eine Einführung. Wiesbaden: VS.

Sander, Ekkehard (2001): Common Culture und neues Generationenverhältnis. Die Medienerfahrungen jüngerer Jugendlicher und ihrer Eltern im empirischen Vergleich. Opladen: Leske + Budrich.

Sander, Ekkehard/ Lange, Andreas (2005): Der medienbiografische Ansatz. In: Mikos, Lothar/ Wegener, Claudia (Hrsg.): Qualitative Medienforschung. Ein Handbuch. Konstanz: UVK, S. 115-129.

Sander, Uwe/ Gross, Friederike/ Hugger, Kai-Uwe (Hrsg.) (2008): Handbuch Medienpädagogik. Wiesbaden: VS.

Saxer, Ulrich (1980): Grenzen der Publizistikwissenschaft. *Publizistik, 25. Jg., Nr. 4,* S. 525-543.

Schäfer, Sabine (2004): Journalismus als soziales Feld. Das relationale Denken Pierre Bourdieus als Grundlage für eine Journalismustheorie. In: Löffelholz, Martin (Hrsg.): Theorien des Journalismus. Ein diskursives Handbuch. Wiesbaden: VS, S. 321-344.

Schäffer, Burkhard (2001): »Kontagion« mit dem Technischen. Zur generationsspezifischen Einbindung in die Welt der medientechnischen Dinge. In: Bohnsack, Ralf/ Nentwig-Gesemann, Iris/ Nohl, Arnd-Michael (Hrsg.): Die dokumentarische Methode und ihre Forschungspraxis. Grundlagen qualitativer Sozialforschung. Opladen: Leske + Budrich, S. 43-64.

Schäffer, Burkhard (2003): Generation – Medien – Bildung. Medienpraxiskulturen im Generationenvergleich. Opladen: Leske + Budrich.

Schäffer, Burkhard (2006): Gruppendiskussion. In: Ayaß, Ruth/ Bergmann, Jörg (Hrsg.): Qualitative Methoden der Medienforschung. Reinbek bei Hamburg: Rowohlt, S. 115-145.

Schäffer, Burkhard (2009): Mediengenerationen, Medienkohorten und generationsspezifische Medienpraxiskulturen. Zum Generationenansatz in der Medienforschung. In: Schorb, Bernd/ Hartung, Anja/ Reißmann, Wolfgang (Hrsg.): Medien und höheres Lebensalter. Theorie – Forschung – Praxis. Wiesbaden: VS, S. 31-50.

Schatz, Heribert/ Schulz, Winfried (1992): Qualität von Fernsehprogrammen. Kriterien und Methoden zur Beurteilung von Programmqualität im dualen Fernsehsystem. *Media Perspektiven 11/1992,* S. 690-712.

Schaumburg, Heike/ Hacke, Sebastian (2010): Medienkompetenz und ihre Messung aus Sicht der empirischen Bildungsforschung. In: Herzig, Bardo et al. (Hrsg.): Jahrbuch Medienpädagogik 8. Medienkompetenz und Web 2.0. Wiesbaden: VS, S. 147-161.

Scherer, Helmut/ Schneider, Beate/ Gonser, Nicole (2006): »Am Tage schaue ich nicht fern!« Determinanten der Mediennutzung älterer Menschen. *Publizistik, 51. Jg., Nr. 3,* 333-348.

Schmid, Wolf (2005): Elemente der Narratologie. Berlin: de Gruyter.

Schmitt, Marco/ Florian, Michael/ Hillebrandt, Frank (Hrsg.) (2006): Reflexive soziale Mechanismen. Von soziologischen Erklärungen zu sozionischen Modellen. Wiesbaden: VS.

Schneider, Silvia (1991): Biographisches Interview und Erinnerungsaktivierung – das Erhebungsinstrument »(Medien-)Kaleidoskop«. Forschungsberichte des Psychologischen Instituts der Albert-Ludwigs-Universität Freiburg I.BR., Nr. 70, Juli 1991.

Schneider, Silvia (1993): Medienerfahrungen in der Lebensgeschichte. Methodische Wege der Erinnerungsaktivierung in biographischen Interviews. *Rundfunk und Fernsehen, 41. Jg., Nr. 3,* S. 378-392.

Schorb, Bernd/ Hartung, Anja/ Reißmann, Wolfgang (Hrsg.) (2009): Medien und höheres Lebensalter. Theorie – Forschung – Praxis. Wiesbaden: VS.

Schubert, Christiane (2007): Kommentierte Auswahlbibliographie zum Thema »Medien im Lebenslauf« (KAMIL). In: Rosenstock, Roland/ Schubert, Christiane/ Beck, Klaus (Hrsg.): Medien im Lebenslauf. Demographischer Wandel und Mediennutzung. München: kopaed, S. 197-258.

Schubert, Christiane/ Büser, Till (2014): Medienhandeln als generationenspezifisches Phänomen. *Medien & Altern, Nr. 5,* S. 83-89.

Schuegraf, Martina (2008): Medienkonvergenz und Subjektbildung. Wiesbaden: VS.

Schulte Berge, Gerlind et al. (2002): Medienkompetenz und gesellschaftliche Handlungsfähigkeit von Jugendlichen im Lichte biographischer Forschung. Zwei medienbiographische Fallstudien zum Zusammenhang von familialer Gewalterfahrung und der Rezeption von Gewalt im Fernsehen. In: Groeben, Norbert (Hrsg.): Medienkompetenz. Voraussetzungen, Dimensionen, Funktionen. Weinheim u.a.: Juventa, S. 255-268.

Schulze, Gerhard (1992): Die Erlebnisgesellschaft: Kultursoziologie der Gegenwart. Frankfurt am Main: Campus.

Schweiger, Wolfgang (2006): Transmedialer Nutzungsstil und Rezipientenpersönlichkeit. Theoretische Überlegungen und empirische Hinweise. *Publizistik, 51. Jg., Nr. 3,* S. 290-312.

Schweiger, Wolfgang (2007): Theorien der Mediennutzung. Eine Einführung. Wiesbaden: VS.

Schweiger, Wolfgang/ Beck, Klaus (Hrsg.) (2010): Handbuch Online-Kommunikation. Wiesbaden: VS.

Schwingel, Markus (1995): Pierre Bourdieu zur Einführung. Hamburg: Junius.

Siebert, Horst (2002): Economic Perspectives for Aging Societies – the issues. In: Ders. (Hrsg.): Economic Policy in Aging Societies. Berlin u. a.: Springer, S. 1-6.

Silverstone, Roger/ Hirsch, Eric/ Morley, David (1992): Information and Communication Technologies and the Moral Economy of the Household. In: Silverstone, Roger/ Hirsch, Eric (Hrsg.): Consuming Technologies. Media and Information in Domestic Spaces. London u. New York: Rouledge, S. 15-31.

SINUS Markt- und Sozialforschung GmbH (2011): Informationen zu den SINUS-Milieus 2011. Stand 04/2011. Hrsg. v. Berthold Bodo Flaig und Manfred Tautscher. Heidelberg; online verfügbar: sinus-institut.de/uploads/tx_mpdownloadcenter/ Informationen_Sinus-Milieus_042011.pdf [28.03.2012].

Sloterdijk, Peter (2014) Die schrecklichen Kinder der Neuzeit. Über das antigenealogische Experiment der Moderne. Frankfurt am Main: Suhrkamp.

Spanhel, Dieter (2010): Entwicklung und Erziehung unter den Bedingungen von Medialität. In: Pietraß, Manuela/ Funiok, Rüdiger (Hrsg.): Mensch und Medien. Philosophische und sozialwissenschaftliche Perspektiven. Wiesbaden: VS, S. 65-89.

Statistisches Bundesamt (Hrsg.) (2006): Bevölkerung Deutschlands bis 2050. 11. Koordinierte Bevölkerungsvorausberechnung. Wiesbaden.

Stecher, Ludwig/ Zinnecker, Jürgen (2007): Kulturelle Transferbeziehungen. In: Ecarius, Jutta (Hrsg.): Handbuch Familie. Wiesbaden: VS, S. 389-405.

Straub, Ingo (2006): Medienpraxiskulturen männlicher Jugendlicher. Wiesbaden: DUV.

Šuber, Daniel (2006): »Existenz« und »Denken«. Zu den (lebens)philosophischen Grundlagen der Wissenssoziologie Mannheims. In: Tänzler, Dirk/ Knoblauch, Hubert/ Soeffner, Hans-Georg Soeffner (Hrsg.): Neue Perspektiven der Wissenssoziologie. Konstanz: UVK, S. 235-270.

Süss, Daniel (2004): Mediensozialisation von Heranwachsenden. Dimensionen – Konstanten – Wandel. Wiesbaden: VS.

Süss, Daniel/ Lampert, Claudia/ Wijnen, Christine W. (2010): Medienpädagogik. Ein Studienbuch zur Einführung. Wiesbaden: VS.

Sutter, Tilmann (2010): Medienkompetenz und Selbstsozialisation im Kontext Web 2.0. In: Herzig, Bardo et al. (Hrsg.): Jahrbuch Medienpädagogik 8. Medienkompetenz und Web 2.0. Wiesbaden: VS, S. 41-58.

Szydlik, Marc (2000): Lebenslange Solidarität? Generationenbeziehungen zwischen erwachsenen Kindern und Eltern. Opladen: Westdeutscher Verlag.

Tänzler, Dirk/ Knoblauch, Hubert/ Soeffner, Hans-Georg (Hrsg.) (2006): Neue Perspektiven der Wissenssoziologie. Konstanz: UVK.

Tapscott, Don (1998): Net Kids: Die digitale Generation erobert Wirtschaft und Gesellschaft. Wiesbaden: Gabler.

Tapscott, Don (2008): Grown Up Digital: How the Net Generation is Changing Your World, McGraw-Hill Professional.

Teichert, Will (1972): ›Fernsehen‹ als soziales Handeln. *Rundfunk und Fernsehen, 20. Jg., Nr. 4,* S. 421-439.

Teichert, Will (1973): ›Fernsehen‹ als soziales Handeln (II). *Rundfunk und Fernsehen, 21. Jg., Nr. 4,* S. 356-382.

Thier, Michaela/ Lauffer, Jürgen (Hrsg.) (1993): Medienbiographien im vereinten Deutschland. Dokumentation der Potsdamer Tagung vom 5./6. Februar 1993. Gesellschaft für Medienpädagogik und Kommunikationskultur in der Bundesrepublik Deutschland; Tagung Medienbiographien im Vereinten Deutschland. Bielefeld: GMK.

Tippelt, Rudolf/ von Hippel, Aiga (Hrsg.) (2010): Handbuch Erwachsenenbildung/ Weiterbildung. Wiesbaden: VS.

Treumann, Klaus Peter et al. (2002): Medienkompetenz im digitalen Zeitalter. Wie die neuen Medien das Leben und Lernen Erwachsener verändern. Opladen: Leske + Budrich.

Treumann, Klaus Peter et al. (2007): Medienhandeln Jugendlicher. Wiesbaden: VS.

Tulodziecki, Gerhard/ Herzig, Bardo/ Grafe, Silke (2010): Medienbildung in Schule und Unterricht. Grundlagen und Beispiele. Bad Heilbrunn: Klinkhardt.

Volkmer, Ingrid (Hrsg.) (2006): News in Public Memory. An international study of media memories across generations. New York: Lang.

Vollbrecht, Ralf (1993): Lebensläufe und sozialer Wandel. Das Krisenkonzept der Erfahrung als Grundlage medienbiographischer Reflexion. In: Thier, Michaela/ Lauffer, Jürgen (Hrsg.): Medienbiographien im vereinten Deutschland. Dokumentation der Potsdamer Tagung vom 5./6. Februar 1993. Bielefeld: GMK, S. 10-29.

Vollbrecht, Ralf (2009): Der medienbiographischen Ansatz in der Altersmedienforschung. In: Schorb, Bernd/ Hartung, Anja/ Reißmann, Wolfgang (Hrsg.): Medien und höheres Lebensalter. Theorie – Forschung – Praxis. Wiesbaden: VS, S. 21-30.

Wacquant, Loïc J. D. (1996) : Auf dem Weg zu einer Sozialpraxeologie. Struktur und Logik der Soziologie Pierre Bourdieus. In: Bourdieu, Pierre/ Wacquant, Loïc J. D. (Hrsg.): Reflexive Anthropologie. Frankfurt am Main : Suhrkamp 1996, S. 17-93.

Wagner, Hans et al. (2008): Qualitative Methoden in der Kommunikationswissenschaft. Ein Lehr- und Studienbuch. Vollst. überarb., erw. und erg. Neuaufl. München: R. Fischer.

Wahl, Anke (2003): Die Veränderung von Lebensstilen. Generationenfolge, Lebenslauf und sozialer Wandel. Frankfurt am Main u. Berlin: Campus.

Weigel, Sigrid (2006): Genea-Logik. Generation, Tradition und Evolution zwischen Kultur- und Naturwissenschaften. München: Fink.

Weiler, Stefan (1999): Die neue Mediengeneration. Medienbiographien als medienpädagogische Prognoseinstrumente. Eine empirische Studie über die Entwicklung von Medienpräferenzen. München: R. Fischer.

Weiß, Ralph (1996): Soziographie kommunikativer Milieus. Wege zur empirischen Rekonstruktion der sozialstrukturellen Grundlagen alltagskultureller Handlungsmuster. *Rundfunk und Fernsehen. 44. Jahrgang, Nr. 3,* S. 325-345.

Weiß, Ralph (1999): »Praktischer Sinn«, soziale Identität und Medienrezeption. In: Hasebrink, Uwe/ Rössler, Patrick (Hrsg.): Publikumsbindungen. Medienrezeption zwischen Individualisierung und Integration. München: R. Fischer, S. 113-136.

Weiß, Ralph (2000): »Praktischer Sinn«, soziale Identität und Fern-Sehen. *Medien & Kommunikationswissenschaft, 48. Jg., Nr. 1,* S. 42-62.

Weiß, Ralph (2001): Der praktische Sinn des Mediengebrauchs im Alltag. In: Maier-Rabler, Ursula/ Latzer, Michael (Hrsg.): Kommunikationskulturen zwischen Kontinuität und Wandel. Universelle Netzwerke für die Zivilgesellschaft. Konstanz. UVK, S. 347-369.

Weymann, Ansgar (2000): Sozialer Wandel, Generationsverhältnisse und Technikgenerationen. In: Kohli, Martin/ Szydlik, Marc (Hrsg.): Generationen in Familie und Gesellschaft. Opladen: Leske + Budrich, S. 36-58.

Willems, Herbert (2007): Elemente einer Journalismustheorie nach Bourdieu. In: Altmeppen, Klaus-Dieter/ Hanitzsch, Thomas/ Schlüter, Carsten (Hrsg.): Journalismustheorie: Next Generation. Soziologische Grundlegung und theoretische Innovation. Wiesbaden: VS, S. 215-238.

Willems, Herbert (2008b): Figurationen, Felder, Habitus und Kapital. In: Ders. (Hrsg.): Lehr(er)buch Soziologie. Für die pädagogischen und soziologischen Studiengänge Band 1. Wiesbaden: VS, S. 67-87.

Willems, Herbert (Hrsg.) (2008a): Lehr(er)buch Soziologie. Für die pädagogischen und soziologischen Studiengänge Band 2. Wiesbaden: VS.

Wittpoth, Jürgen (1999): Gute Medien, schlechte Medien? Ästhetische Einstellung, Milieu und Generation. In: Gogolin, Ingrid/ Lenzen, Dieter (Hrsg.): Medien-Generation. Opladen: Leske + Budrich, S. 209-222.

Wolf, Jürgen; Burkart, Günter (2002): Einleitung. In: Burkart, Günter/ Wolf, Jürgen (Hrsg.): Lebenszeiten. Erkundungen zur Soziologie der Generationen. Martin Kohli zum 60. Geburtstag. Opladen: Leske + Budrich, S. 9-23.

Wüllenweber, Walter (1994): Wir Fernsehkinder. Eine Generation ohne Programm. Berlin: Rowohlt.